FiNALEonline.de

FiNALEonline.de ist die digitale Ergänzung zu deinem Arbeitsbuch. Hier findest du eine Vielzahl an Angeboten, die dich zusätzlich bei deiner Prüfungsvorbereitung in Deutsch unterstützen!

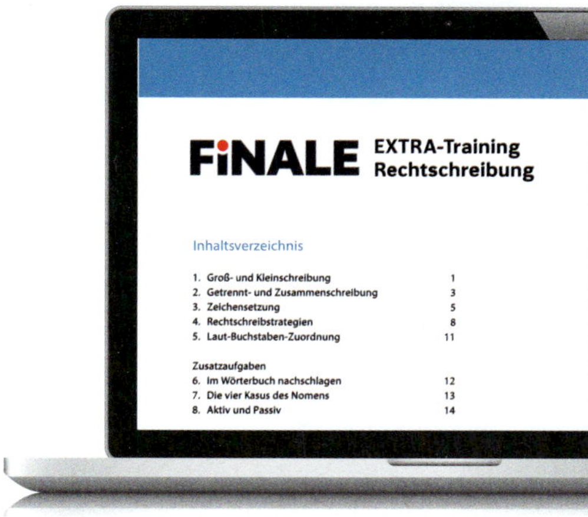

Rechtschreibung schnell aufgefrischt!

Das EXTRA-Training Rechtschreibung überprüft, ob die wichtigsten Themen der Rechtschreibung für die Abschlussprüfung beherrscht werden. Kurze, verständliche Erklärungen frischen wichtiges Regelwissen noch einmal auf.

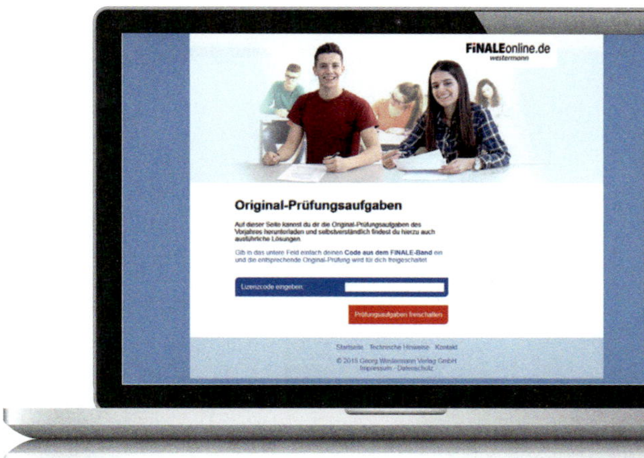

Original-Prüfungsaufgaben

Einfach den Code aus dem FiNALE Arbeitsbuch (S. 2) eingeben und die Original-Prüfung des Vorjahres mit ausführlichen Lösungen herunterladen.

Für Lehrerinnen und Lehrer:
Die Lehrerhandreichung für den optimalen Einsatz der Arbeitsbücher im Unterricht zum kostenlosen Download!

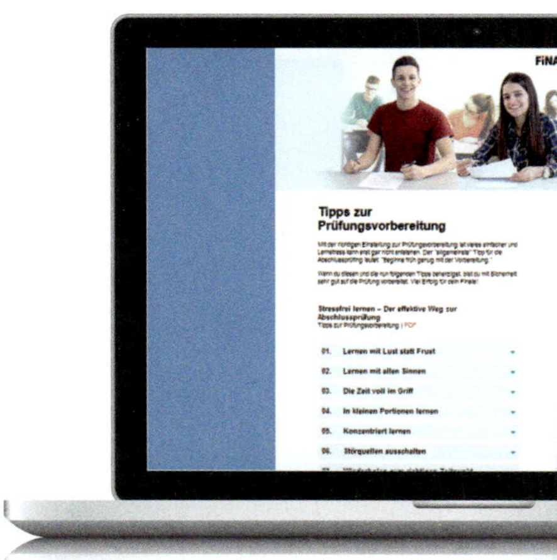

Tipps zur Prüfungsvorbereitung

Eine erfolgreiche Abschlussprüfung erfordert eine gezielte Vorbereitung ohne unnötigen Lernstress.
Auf FiNALEonline.de findest du jede Menge Tipps, die dir das Lernen erleichtern.

FiNALE Online-Grundlagentraining

Du hast noch Lücken aus den vorherigen Schuljahren? Kein Problem! Das Online-Grundlagentraining auf FiNALEonline.de hilft dir dabei, wichtigen Lernstoff nachzuarbeiten und zu wiederholen.
Und so funktioniert es:

Für das Fach Deutsch stehen dir über 100 Aufgaben zu prüfungsrelevanten Grundlagen in kurzen Trainingseinheiten zur Verfügung.

Entscheide selbst, ob du alle Trainingseinheiten nacheinander bearbeiten möchtest oder lieber das gewünschte Thema gezielt auswählst.

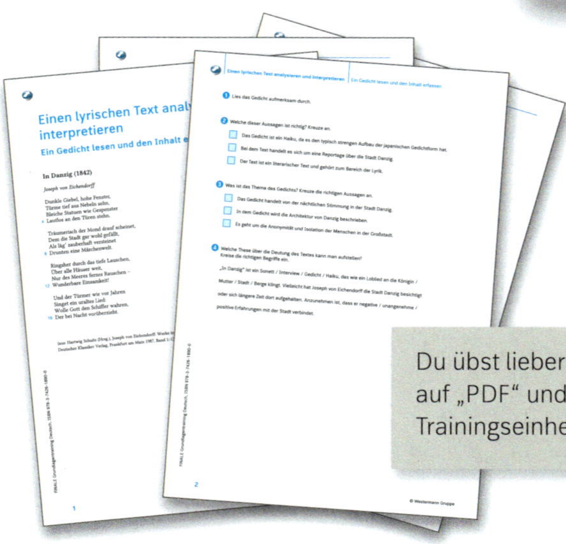

Du übst lieber auf Papier? Dann klicke auf „PDF“ und drucke dir die gewünschte Trainingseinheit einfach aus.

Unser Tipp für Lehrerinnen und Lehrer:
Nutzen Sie unsere vielfältigen Arbeitsblätter auch für Ihren Unterricht.

Die Kombination aus Arbeitsbuch und FiNALEonline.de bietet dir die optimale Vorbereitung und begleitet dich sicher auf deinem Weg zu einer erfolgreichen Abschlussprüfung.

westermann

FiNALE Prüfungstraining

Mittlerer Schulabschluss 2020

Deutsch

Nordrhein-Westfalen

Lösungen

Andrea Heinrichs
Martina Wolff

Mit Beiträgen von
Peter Delp
Harald Stöveken

Bei allen Lösungen zu Original-Prüfungsaufgaben, die in diesem Lösungsheft zu finden sind, handelt es sich um nicht amtliche Lösungen.

A Vorbereitung auf die Abschlussprüfung

A 1.1 Die Zeitvorgaben in der Prüfung

Seite 5

1. Teil I der Prüfung: 8.00 bis 8.30 Uhr /
   Auswahl für Teil II: 8.30 bis 8.40 Uhr /
   Teil II der Prüfung: 8.40 bis 10.40 Uhr (mögliches Beispiel)

2. – Prüfungsbeispiele zum **Leseverstehen:** S. 7–11, 56–61, 62–65, 84–89, 90–94, 113–118, 119–123
   – Prüfungsbeispiele zum **Aufgabentyp 2:** S. 25–33, 69–74, 75–79, 80–83
   – Prüfungsbeispiele zum **Aufgabentyp 4a:** S. 12–17, 34–41, 42–48, 98–103, 104–108, 109–110, 111–112
   – Prüfungsbeispiele zum **Aufgabentyp 4b:** S. 49–55, 127–132, 133–135, 136–138

A 2.1 Die Überprüfung des Leseverstehens

Seite 8

❶ Laut Text hat sich die „Welt des Lesens" durch die zunehmende Digitalisierung des Lesens gewaltig verändert (Zeile 1–7).

Seite 9

❷–❻ Die Antworten sind korrekt.

Seite 10

❼ Der Schüler/die Schülerin hat nur zwei anstatt der geforderten drei Gründe genannt.

Weitere Gründe folgen:
Die Menschen haben weiterhin Freude am Lesen von Gedrucktem, weil ...
- viele Menschen beim Lesen gerne ein Buch aus Papier in der Hand halten, bei dem man die Seiten umblättern und das Papier fühlen kann.
- man das gedruckte Buch ins Regal stellen kann und es dort gut aussieht.

Einer dieser Gründe muss als wichtigster genannt und begründet werden. Die Begründung fehlt in der Schülerantwort.

Beispiel: Wenn ich zum Genuss ein Buch lese, möchte ich die Seiten umblättern und das Papier fühlen können. Viele gedruckte Bücher sind zudem noch hübsch gestaltet und schön illustriert. Daran erfreue ich mich beim Lesen auch. Ein E-Book kann hier meiner Meinung nach nur schwer mithalten.

❽ Hier war sich der Schüler/die Schülerin unsicher, hat aber die richtige Antwort angekreuzt, nämlich „Ellipse". Eine Ellipse ist ein unvollständiger Satz, der aber leicht sinngemäß zu ergänzen ist.
Da zwei Fragezeichen neben der ersten Antwortmöglichkeit stehen, hat der Schüler/die Schülerin wohl überlegt, ob es sich bei der Formulierung auch um eine rhetorische Frage handeln könnte. Eine rhetorische Frage setzt aber voraus, dass jeder die Antwort darauf kennt. Dies ist hier nicht der Fall.

Seite 10/11

❾/❿ Die Antworten sind korrekt.

Seite 11

⓫ Der Schüler/die Schülerin hat angegeben, dass das Lesen im Jahr 2013 einen Anteil von ca. 15 Prozent an der Freizeitgestaltung der Jugendlichen hatte. Um auf diesen Wert zu kommen, hat er/sie die Werte in Bezug auf das Lesen von Büchern (10,8 Prozent), Zeitschriften (2,4 Prozent) und Comics (1,5 Prozent) zusammengerechnet (insgesamt 14,7 also ca. 15 Prozent).

⓬/⓭ Die Antworten sind korrekt.

A 2.2 Die Schreibaufgabe: ein Beispiel (Aufgabentyp 4a)

Seite 14

3. a) Gliederung und Unterthemen der Schreibaufgabe:
   - Einleitung (Z. 1–3):
     Benennung von Titel, Autor, Textart (Kurzgeschichte, Erzählung), Thema
   - Hauptteil (Z. 4–62):
     Z. 4–11: inhaltliche Zusammenfassung der Erzählung
     Z. 12–28: Darstellung dazu, welche Personen sich gegenüberstehen und welche Absichten sie verfolgen
     Z. 29–39: Beschreibung der Beziehung zwischen Mutter und Tochter; Einbezug von Textbelegen
     Z. 40–62: Untersuchung dazu, wie der innere Zwiespalt von Elsa durch sprachliche und formale Mittel deutlich gemacht wird (Wortwahl, Satzbau, Erzählform und Erzählverhalten); Erläuterung des Textendes
   - Schluss (Z. 63–80):
     Text aus der Sicht von Elsa, aus dem deutlich wird, warum Elsa fluchtartig die Wohnung der Mutter verlässt, in dem die Gedanken deutlich werden, die Elsa hat, als sie durch die Stadt läuft, und der angibt, welche Sorgen sie sich macht.

   b) Untersuchung des Schülertextes:
   - Aspekte der Aufgabenstellung:
     – Aufgabe ❶ a: Z. 1–3
     – Aufgabe ❶ b: Z. 4–11
     – Aufgabe ❶ c: Z. 12–28
     – Aufgabe ❶ d: Z. 29–39
     – Aufgabe ❶ e: Z. 40–62
     – Aufgabe ❶ f: Z. 63–80
   - Überprüfung, ob Absätze sinnvoll gesetzt sind:
     Der Schüler hat durchgängig passende Absätze gesetzt. Sie erleichtern den Lesefluss und die

Bewertung, da er nach Beendigung eines jeden Aufgabenaspektes mit einem neuen Absatz beginnt.

- Genannte Textart und ihre Merkmale:
  Der Schüler hat die Textart „Kurzgeschichte“ richtig zugeordnet und in seiner Einleitung benannt. Da die Aufgaben dies nicht erfordern, muss er in seiner Aufgabe nicht weiter darauf eingehen. Er hätte ebenso schreiben können, dass es sich bei dem Text um eine kurze Erzählung, also einen epischen Text, handelt.
- Aussagen mit Textbelegen:
  Z. 13–14: wörtliches Zitat zur Verdeutlichung von Elsas Situation
  Z. 16–19: wörtliches Zitat als Beleg für Elsas Flucht
  Z. 18–19: Textbelege zur Verdeutlichung von Elsas Zielen
  Z. 19–21: Textbelege zum Verhalten Elsas in der Stadt
  Z. 22–23: Textbelege zum Verhalten nach ihrer Rückkehr
  Z. 22–28: Textbelege zu den Gefühlen Elsas sowie zum Verhalten und zum Zustand der Mutter
  Z. 29–31: wörtliches Zitat zur Erläuterung der Gründe für das Verhalten der Mutter
  Z. 33–35: Textbelege und wörtliches Zitat zum Verhalten von Elsa
  Z. 43–46 und Z. 55–58: Textbelege und wörtliche Zitate zu den sprachlichen und formalen Mitteln
  Z. 46–48, Z. 51–54 und Z. 62: Textbelege und wörtliches Zitat zur Darstellung von Elsas Gedanken und Zielen und Erläuterung ihres Verhaltens
- Ergänzungen oder Streichungen:
  - Der Schüler hat die Absätze bereits sinnvoll gesetzt, um die Erarbeitungen zu den einzelnen Aufgabenaspekten voneinander abzugrenzen. Er hätte weitere Absätze dort setzen können, wo die Aufgaben durch zwei Operatoren noch einmal geteilt sind und zwei Arbeitsschritte erfordern, das heißt in Z. 23 (Trennung der Darstellung zu den beiden Personen), Z. 54 (innerer Zwiespalt, Ende der Kurzgeschichte).
  - In der Einleitung wird zwar das Thema der Kurzgeschichte dargestellt, doch die Absicht des Verfassers könnte als Vermutung ebenfalls einbezogen werden, um das erste Verständnis des Textes zu verdeutlichen, z. B.: *„Der Autor Walter Helmut Fritz möchte den Beziehungskonflikt zwischen einer Mutter und ihrer heranwachsenden Tochter verdeutlichen, der entsteht, weil die Tochter erwachsener wird und auf eigenen Beinen stehen will, die Mutter dies aber nicht realisiert.“*
  - Insgesamt finden sich an einigen Stellen aufgrund der Ausführlichkeit Wiederholungen, so dass sich die Ausarbeitungen zu den einzelnen Aspekten überschneiden. Diese Stellen sowie auch die Anzahl der Textbelege und wörtlichen Zitate könnten bei Zeitmangel gekürzt werden.
- Text aus der Sicht von Elsa nachvollziehbar:
  Der abschließende Text aus der Sicht von Elsa ist recht ausführlich. Hier könnte bei Zeitmangel gekürzt werden (s. o.). Wichtig ist, dass der Text in der Ich-Form verfasst ist, die Fragen aus der Aufgabenstellung entsprechend beantwortet werden und der Text zum Inhalt der Erzählung passt.
- Ausdrücke und Wendungen, die ich mir merken sollte:
  In der Kurzgeschichte ... von ... aus dem Jahr ... geht es um ... / Also ... / Deswegen ... / Einerseits ... / Andererseits ... / Deshalb ... / Dadurch wird ... / Dieser wird durch die Er-/Sie-Erzählform und das personale Erzählverhalten für den Leser deutlich, denn der Erzähler übernimmt den Blickwinkel ... / ... deutet an, dass .../ Die Darstellung der Gedanken legt offen, dass ... / Hier wird durch eine Personifikation der innere Konflikt betont, denn ... / Damit wird ein Kontrast zwischen ... klar. Es zeigt sich, dass ... / ...

Seite 17

1. Bewertung:
   Die Lösung zur Analyse scheint insgesamt sinnvoll hergeleitet und verständlich. Sie enthält Erarbeitungen zu allen Aufgabenaspekten, ist sachlich richtig und stellenweise sehr genau und ausführlich. Ebenso werden im gesamten Text Textbelege oder wörtliche Zitate zur Veranschaulichung herangezogen. Stellenweise ließe sich der Text etwas straffen. So kann man aber erkennen, dass der Schüler sich sehr genau mit der Kurzgeschichte und den Teilaufgaben dazu beschäftigt hat. Diese Art der Darstellung entspricht in allen Teilen dem Bewertungsraster und ist daher sehr gut gelungen.

B Arbeitstechniken und Strategien zur Bearbeitung von Schreibaufgaben

B 1 Arbeitstechnik: Im Wörterbuch nachschlagen

Seite18

1. – **exzessive** Nutzung: übertrieben, übermäßig, maßlos
   – **Risiken** (Mehrzahl von Risiko): Gefahren, Gefährdung
   – die **Probanden** (Mehrzahl von Proband): Testpersonen oder Versuchspersonen
   – **permanentem** Kommunikationsdruck: ununterbrochen, dauernd, ständig

2. diskutieren, einzigen, Menge, überflüssige (ein Wort), Mitteilungen, gestresst

B 2 Arbeitstechnik: Texte erschließen und Inhalte zusammenfassen – literarische Texte

Seite 19

1. individuelle Schülerlösung

B 3 Arbeitstechnik: Texte erschließen und Inhalte zusammenfassen – Sachtexte

Seite 21

1. individuelle Schülerlösung

B 4 Arbeitstechnik: Schaubilder auswerten

Seite 23/24
Schaubild A:

a) Thema: Medienbeschäftigung von Jugendlichen in der Freizeit (2018); Zahlenangaben: in Prozent; hellgraue Balken: tägliche Nutzung; dunkelgraue Balken: wöchentliche Nutzung; Vergleich zwischen täglicher und wöchentlicher Nutzung verschiedener Medien

b) Bei der täglichen Mediennutzung der Zwölf- bis 19-Jährigen sind Smartphone- (94 Prozent), Internet- (91 Prozent) und Musiknutzung (84 Prozent) an erster Stelle zu finden. Beliebt sind außerdem Online-Videos. Zwei Drittel der Jugendlichen (65 Prozent) sehen täglich Online-Videos. Immerhin noch knapp die Hälfte hört täglich Radio und 42 Prozent sehen täglich fern. Der Verbreitungsweg spielt dabei keine Rolle.

c) Bei der regelmäßigen Mediennutzung (also mehrmals pro Woche) sind wieder Internet-, Smartphone- und Musiknutzung an erster Stelle zu finden. Für neun von zehn Jugendlichen gehören Online-Videos zu den regelmäßig genutzten Inhalten. Das Fernsehen wird von fast drei Viertel der Jugendlichen mehrmals pro Woche genutzt, das Radio immerhin noch von 70 Prozent

Schaubild B:

a) Thema: Unterschiedliche Lebensweisen (Familie, Paare ohne Kinder, Alleinstehende); Zahlenangaben: in Prozent; Kreisausschnitte: unterschiedliche Farben zur Kennzeichnung der verschiedenen Lebensweisen; Vergleiche zwischen: 1996 und 2012

b) In je einem Kreisdiagramm für das Jahr 1996 und 2012 wird der Anteil von Familien, Paaren ohne Kinder und Alleinstehenden an Gesamtbevölkerung wiedergegeben. Auffällig ist, dass sich die Anzahl der Paare ohne Kinder so gut wie gar nicht verändert hat. Die Anzahl der Familien hingegen hat um sieben Prozent abgenommen, während die Anzahl der Alleinstehenden um sechs Prozent zugenommen hat.

c) Am meisten zugenommen hat die Lebensweise der Alleinstehenden. Die Anzahl der Paare ohne Kinder hat sich nicht wesentlich verändert. Auffällig ist, dass die Anzahl der Familien um sieben Prozent abgenommen hat, während die Anzahl der Alleinstehenden um sechs Prozent zugenommen hat.

Schaubild C:

a) Thema: Preisentwicklung für Telekommunikation, Zahlenangaben: ausgehend vom Verbraucherpreisindex für 2010 = 100; dunkelgraue Kurve: Festnetz und Internet, hellgraue Kurve: Mobilfunk, blaue Kurve: Gesamt; Vergleiche zwischen: Festnetz und Internet, Mobilfunk sowie Telekommunikation insgesamt im Zeitraum von 2000 bis 2013

b) Die Preise für Telekommunikation stiegen zwischen 2001 und 2003 besonders stark für den Mobilfunk an. Nachdem die Preise bis 2001 für Mobilfunk, Festnetz und Internet gefallen sind, stiegen die Kosten für Mobilfunk bis 2003 stark an, während Festnetz und Internet nur etwas teurer wurden. Bis 2006 glichen sich die Kosten in allen Bereichen an und fallen seitdem jedes Jahr. Telekommunikation wird immer günstiger.

c) In einem Kurvendiagramm wird die Preisentwicklung für Telekommunikation im Zeitraum von 2000 bis 2013 dargestellt. Verglichen wird dabei die Preisentwicklung für Mobilfunk mit der für Festnetz und Internet. Außerdem wird die Preisentwicklung für den gesamten Bereich dargestellt. Nachdem die Preise bis 2001 für Mobilfunk, Festnetz und Internet gefallen sind, stiegen die Kosten für Mobilfunk bis 2003 stark an, während Festnetz und Internet nur etwas teurer wurden. Bis 2006 glichen sich die Kosten in allen Bereichen an und fallen seitdem jedes Jahr. Telekommunikation wird immer günstiger.

B 5 Schreibaufgabe zu einem informierenden Text in sechs Schritten bearbeiten (AT 2)

Seite 25

2. Adressat: Schülerinnen/Schüler, Lehrerinnen/Lehrer, Eltern
   Situation/Thema: Namensgebung; Schule soll nach der Autorin Mirjam Pressler benannt werden
   Schreibziel: Adressaten gut über die Autorin Mirjam Pressler zu informieren

3./4. individuelle Schülerlösung

Seite 30/31
5.–10. siehe Seite 29 im Lösungsheft

Seite 32
11. Mögliche Schülerlösung:

Wissenswertes über die Autorin Mirjam Pressler

Unsere Schule soll nun nach der Autorin Mirjam Pressler benannt werden. Deshalb sollten alle Beteiligten genauer wissen, wer Mirjam Pressler eigentlich ist. Die Autorin wurde 1940 in Darmstadt geboren. Bevor sie zum Schreiben kam, übte sie unterschiedliche Jobs aus, unter anderem war sie Inhaberin eines Jeansladens. Aber auch ein einjähriger Aufenthalt in einem Kibbuz in Israel ist in ihrem Lebenslauf zu finden. Heute lebt sie in Bayern.

Mirjam Pressler ist aus einem ganz naheliegenden Grund zum Schreiben gekommen, nämlich weil sie Geld benötigte. Sie hatte dabei das Glück, sofort den richtigen Verlag zu finden. Doch erst durch das Schreiben selbst hat sie festgestellt, dass ihr diese Tätigkeit viel Spaß macht. Literatur hat für Mirjam Pressler eine große Bedeutung. Schon in früher Kindheit dachte sie sich Geschichten aus, einerseits weil sie nicht einschlafen konnte, andererseits weil sie sich langweilte. Sie selber bezeichnet sich als „Tagträumerin" (M2, Zeile 26).

Presslers Bücher sind sicher deshalb so beliebt, weil sie darin Themen aufgreift, die für uns alle eine große Bedeutung haben und mit denen sich viele identifizieren können, zum Beispiel geht es um Außenseiter, um Flucht und Vertreibung, das Leben mit Behinderungen oder um Kinder, die in schlimmen sozialen Verhältnissen aufwachsen. Ihre eigenen Lebenserfahrungen lässt Pressler dabei nicht außen vor, sie lassen sich gut mit der Welt der Figuren ihrer Bücher verknüpfen. Das Leben der Figur „Halinka" aus dem Buch „Wenn das Glück kommt, muss man ihm einen Stuhl hinstellen" weist große Ähnlichkeit mit Presslers Kindheit auf. Auch Mirjam Pressler verbrachte ihre Kindheit bei Pflegeeltern und in einem Heim. So wie Halinka in ihrer Phantasie mit Huckleberry Finn auf Reisen geht, sponn Pressler in Gedanken die Geschichten von Karl May weiter. Sicher haben Presslers eigene Erfahrungen als Heimkind dazu beigetragen, die Gefühle des Heimkindes Halinka so einfühlsam wiedergeben zu können. Auch die Eigenart von Halinka, sich Sprüche und Sätze aufzuschreiben, die ihr durch den Kopf gehen, hat sicher etwas damit zu tun, dass für Pressler selbst das Erfinden und Schreiben von Geschichten immer von großer Bedeutung war. Hier finden sich also einige Parallelen. Da Presslers Mutter Jüdin war und sie selber auch ein Jahr in Israel verbracht hat, kann man davon ausgehen, dass auch die Übersetzung des „Tagebuch der Anne Frank" aus dem Niederländischen ins Deutsche durch die Autorin stark mit ihrem eigenen Leben verknüpft ist.

Für Mirjam Pressler sind wir Jugendlichen und Kinder eine wichtige Lesergruppe, da es ihr ein besonderes Anliegen ist, Kinder ernst zu nehmen und sie darin zu bestärken, stabile Persönlichkeiten zu werden. Sie zeigt dabei großes Einfühlungsvermögen. Zugrunde liegt ihrer Haltung der Begriff der „beschädigten Kindheit". Sie meint damit Zustände, in denen Kinder aufwachsen, die fern der „heilen" Welt sind. Sie stellt fest, dass Kinder an der Situation, in der sie sich befinden, selbst nichts ändern können. Sie dürfen daran aber nicht zerbrechen, daher will Pressler ihnen durch ihre Bücher vermitteln, dass sie selbst keine Schuld an den Verhältnissen haben. Sie möchte, dass sie frei über ihre Situation reden, um sie so bewältigen zu können. Ganz wichtig dabei ist ihr, ihnen klar zu machen, dass ihnen die Situation an sich und das Sprechen darüber nicht peinlich sein muss. Sie möchte die Kinder so vor allem entlasten.

Durch ihr großes Einfühlungsvermögen und ihren Einsatz für das Kindeswohl ist Mirjam Pressler sicher eine würdige Namensgeberin für unsere Schule.

Ich habe für meinen Text Informationen aus den Materialien M1 bis M6 genutzt.

B 6 Schreibaufgabe zu einem erzählenden Text in sechs Schritten bearbeiten (AT 4a)

Seite 34
2. – eine Einleitung schreiben (Titel, Autor, Textart, Erscheinungsjahr, Thema)
   – den Inhalt zusammenfassen
   – die Entwicklung der Sportlerkarriere des Sohnes darstellen und erklären, warum er die Ziele jeweils erreicht oder nicht
   – Beziehung zwischen Vater und Sohn erläutern und Textbelege anführen
   – untersuchen, wie verdeutlicht wird, dass der Druck des Vaters auf den Sohn diesen sein Leben lang begleitet und dies durch sprachliche und formale Mittel belegen (Satzbau, sprachliche Gestaltungsmittel, Erzählform und -haltung)
   – Auseinandersetzung mit der Äußerung, eigene Meinung darstellen, Begründung und Textbezüge

3./4. individuelle Schülerlösung

5. Druck, den ein Vater auf seinen Sohn ausübt; Erziehung des Vaters begleitet den Sohn, bis er sich auf seine Weise an seinem Vater rächen kann; Befreiung des Sohnes von den Zwängen seines Vaters

Seite 37 – 40
6.–12. siehe Seite 30/31 im Lösungsheft

Seite 41
13. Mögliche Schülerlösung:

In der kurzen Erzählung „Marathon" von Reinhold Ziegler, die dieser im Jahre 2001 verfasst hat, geht es um das schwierige Verhältnis eines Sohnes zu seinem Vater. Die Beziehung zwischen den beiden ist gestört, da der Vater den Sohn aufgrund seines übermäßigen Ehrgeizes so lange beeinflusst, bis dieser sich endlich von dem Druck befreien kann.

Bereits als der Sohn noch ganz klein ist, hat sein Vater große Erwartungen an ihn, denn dieser ist ebenfalls Sportler. Wenn der Sohn zurückdenkt, erinnert er sich an seine Kindheit, in der der Vater bereits ungeduldig auf den Laufstil seines Sohnes geachtet hat, denn er ist stolz auf ihn und glaubt an sein Talent und seine

Karriere. Mit 13 Jahren nimmt er an einem Laufwettbewerb teil und tritt gegen Ältere an. Sein Vater feuert ihn hemmungslos an und er beißt sich durch, sodass der Vater ihn lobt, weil der Ausgang des Rennens so knapp gewesen ist. Im Folgejahr gewinnt der Sohn das Rennen tatsächlich und wird als deutsches Talent und Olympiahoffnung gefeiert. Er vergisst, dass er seinen Vater aufgrund des ständigen Drucks eigentlich hasst. Der Sohn beginnt, Sport zu studieren, und trainiert weiter, verpasst aber die olympische Qualifikation. Er fängt nun an, für den Marathonlauf zu trainieren, ist aber nicht gut genug. Während des Besuchs zu Hause bei seinen Eltern fühlt er sich als Versager. Er geht mit seinem Vater einen Marathon laufen, obwohl dieser noch nie so lange gerannt ist. Doch der Sohn möchte sich insgeheim für den ständigen Druck in der Jugend rächen. Der Vater ist völlig erschöpft und muss aufgeben. Nach einer Weile realisiert er aber die eigentlichen Gefühle seines Sohnes und ist entsetzt. Der Sohn bemerkt, dass er seinen Vater nun nicht mehr hasst.

Der Sohn „muss“ schon als Kind lernen, wie er richtig zu laufen hat (Z. 4). Der Vater trainiert ständig mit ihm und feuert ihn an (Z. 4 – 34). Er ist stolz auf ihn und gibt mit ihm an (Z. 35 – 37). Mit 13 läuft er zum ersten Mal einen 5000-Meter-Lauf (Z. 40 – 47). Doch er tritt gegen 18-Jährige an. Die Vereinsmitglieder und der Vater feuern ihn an. Sein Vater läuft sogar neben ihm her. Der Sohn gewinnt zwar nicht, doch der Vater scheint dennoch zufrieden zu sein (Z. 61 – 67), sodass der Sohn dieses Lob in sich aufsaugt. Der Vater setzt das Ziel, den Lauf im folgenden Jahr zu gewinnen. Und so kommt es: im nächsten Jahr gewinnt der Sohn dasselbe Rennen (Z. 80 – 83). Der Druck auf ihn verstärkt sich durch die Medien: „das große deutsche Talent“ (Z. 85), „unsere Olympiahoffnung“ (Z. 86). Durch diesen Erfolg wird aber der Hass auf den Vater geringer. Während des Sportstudiums wird das Training professioneller (Z. 91 – 98), doch der Sohn verpasst die Olympianorm. Das führt zu einer Ernüchterung und zur Umstellung des Trainings mit Ziel des Marathonlaufes (Z. 101 – 102). Doch auch dafür ist er nicht gut genug, sodass die Trainingsmethoden des Vaters nicht den gewünschten Erfolg bringen.

Vater und Sohn haben ein schwieriges Verhältnis, da der Vater seinen Sohn von klein auf durch das Training und seine Erwartungshaltung unter Druck gesetzt hat (Z. 1 – 39). Der Ich-Erzähler meint sogar, seinen Vater später zu hassen, während er dies als Kind noch nicht tat (Z. 1 – 3). Somit handelt es sich nicht um ein normales Vater-Sohn-Verhältnis, sondern der Vater erscheint durch seinen übermäßigen Ehrgeiz wie ein Antreiber. Solange das Training und der Sport Erfolge bringen, scheint das Verhältnis für den Sohn in Ordnung zu sein und er wächst innerlich durch das Lob des Vaters (Z. 61 – 67, Z. 80 – 90). Als Kind jedoch und als die gewünschten Erfolge ausbleiben, hasst der Junge seinen Vater für den ständigen Erfolgsdruck und – wie sich später herausstellt – er kann der Erwartungshaltung des Vaters nicht gerecht werden (Z. 106 – 110).

Durch die verwendete Form und Sprache wird deutlich, dass der Druck des Vaters den Sohn bis zu dem Ereignis bei seinem Besuch begleitet hat, denn der Sohn denkt immer wieder an die Anweisungen seines Vaters – auch als er schon studiert. Dies wird zum Beispiel durch die Wiederholungen erkennbar: „Auf, auf!“ (Z. 25, 38 /39, 53, 96) oder „Schritt, Schritt, ein – Schritt, Schritt, aus“ (Z. 28 /29, 57 /58 ...). Die Äußerungen verfolgen ihn, weil der Vater sie immer wieder beim Training gerufen hat. Der Ich-Erzähler nutzt viele Vergleiche, wie z. B. „[...] der eben ging, wie ein Kind geht [...]“ (Z. 14/15). Hier wird deutlich, dass er eigentlich ein ganz normales Kind war. Auch die Beschreibungen seines Bemühens während der Wettkämpfe („[...] lief wie bewusstlos [...]“, Z. 57) verdeutlichen, dass er zwar sein Bestes gegeben hat, aber doch nie der Erwartungshaltung des Vaters gerecht werden konnte, da diese im Grund viel zu hoch war. Zudem wird sie später im Studium durch die Medien noch gesteigert (Z. 85/86). Der Sohn klammert sich an das Lob des Vaters: „Gut gemacht, Läuferlein“ (Z. 61), weil er selber nach Bestätigung sucht. Durch einen metaphorischen Vergleich wird deutlich, wie sehr der Sohn sich nach der Anerkennung des Vaters sehnt: „Und ich nahm diese Worte und schloss sie ein wie einen Edelstein, den man immer wieder ganz allein hervorholt, um ihn zu betrachten.“ (Z. 62 – 66). Später im Studium wird deutlich, dass das ganze Training in der Jugend nicht zu dem gewünschten Erfolg geführt hat: „[...] für die Welt, die ganze, große Welt, war ich auch hier nicht gut genug.“ (Z. 108 – 110).

Durch die Ich-Erzählform und die teilweise eher distanzierte Erzählhaltung wirkt die Darstellung zuweilen wie ein Bericht, in dem der Sohn den Verlauf von Kindheit und Jugend zusammenfasst. Damit leitet er auf das Ende hin. Und so behandelt der Sohn den Vater bei seinem Besuch zu Hause ebenso, wie dieser ihn in all den Jahren seiner Jugend behandelt hat: Sie laufen gemeinsam einen Marathon und der Sohn treibt den Vater an, obwohl er weiß, dass dieser seine Grenzen überschreiten muss, denn er ist mittlerweile alt. Außerdem ist er noch nie Marathon gelaufen (Z. 127 – 129), kann es also gar nicht schaffen. Dazu nutzt er dieselbe Wortwahl wie sein Vater damals: „Auf, auf!“ (Z. 155). Fast schadenfroh wünscht er sich, ihn umzubringen (Z. 143), will ihn „winseln“ (Z. 144) hören. Der Ausdruck „das letzte Rennen meines Lebens“ (Z. 164 – 165) zeigt, dass der Sohn in dieser Situation mit dem Vater abrechnet, und er geht als Sieger hervor: „[...] und niemand konnte mich daran hindern, es für immer zu gewinnen.“ (Z. 166 – 167). Als der Vater hilflos zusammenbricht, merkt der Sohn, dass ihm diese Reaktion als Rache reicht. Der Text endet mit den parataktischen Sätzen (Z. 194 – 195): „Ganz ruhig, fast gelassen. Nebeneinander.“, die einen Abschluss des Konflikts signalisieren.

Ein Mitschüler sagt über den Text, er finde, der Sohn sei zu seinem Vater zu gemein gewesen, obwohl dieser doch nur sein Bestes wollte. Er meint damit, dass er den Vater zu einem Marathonlauf gezwungen habe, obwohl er genau weiß, dass der Vater noch keinen gelaufen (Z. 127 – 129) und zudem auch schon alt ist. Meiner Ansicht nach ist die Reaktion des Sohnes aber nachvollziehbar, da der Vater durch seine übermäßige Erwartungshaltung den Alltag des Sohnes von Kind an bestimmt hat. So hat er Druck aufgebaut und im Prinzip verursacht, dass der Sohn keine richtige Kindheit hatte (Z. 20–39), weil er immer nur trainieren und an Wettkämpfen teilnehmen musste. Der Sohn musste sich ständig mit anderen messen (Z. 40–47) und durfte nicht selber über sein Leben entscheiden. Ein offenes Gespräch mit dem Vater wäre vermutlich nicht möglich gewesen. Der Sohn will den Vater am eigenen Leib spüren lassen, wie es ist, ständig angetrieben zu werden, aber letztlich doch zu versagen. Und so merkt der Vater abschließend doch, dass er sich nicht richtig verhalten hat. Daher denke ich, dass der Test des Sohnes am Ende nicht gemein war, sondern eher sinnvoll für die Beziehung der beiden gewesen ist.

B 7 Schreibaufgabe zu einem Gedicht in sechs Schritten bearbeiten (AT 4a)

Seite 42

2. – Einleitung formulieren (Titel, Autor, Textart, Thema, Erscheinungsjahr)
   - Inhalt zusammenfassen
   - dargestellte Beziehung beschreiben + Textbelege
   - untersuchen, wie durch Sprache und Form verdeutlicht wird, dass Liebe verloren gegangen ist (Strophen, Reimschema, Wortwahl, sprachliche Gestaltungsmittel)
   - Erklärung des Titels „Sachliche Romanze" + Textbelege
   - Text aus der Sicht einer Figur in der Ich-Form verfassen

3./4. individuelle Schülerlösung

5. Beziehung zwischen zwei Partnern nach acht Jahren; Alltagstrott, Gewohnheit, verlorene Liebe, ggf. gescheiterte Ehe; Kommunikationsprobleme zwischen zwei Partner (Mann und Frau), die mit ihren Problemen nicht umgehen können

Seite 44–47

6.–12. siehe Seite 32/33 im Lösungsheft

Seite 47

13. Mögliche Schülerlösung:

In dem Gedicht „Sachliche Romanze" von Erich Kästner, das dieser im Jahre 1928 verfasst hat, geht es um eine Beziehung zwischen zwei Partnern, die nach acht Jahren der Gewohnheit zum Opfer fällt und daher lieblos erscheint. Beide Partner – Frau und Mann – können nichts dagegen unternehmen.

Ein Paar stellt nach acht Jahren Beziehung fest, dass die Liebe plötzlich nicht mehr da ist. Obwohl sie versuchen, die Beziehung durch den Austausch von Zärtlichkeiten aufrecht zu erhalten, sind sie traurig und ratlos, denn ihre Bemühungen haben keinen Erfolg. Am Nachmittag besuchen sie wie immer ein Café im Ort und vertreiben sich die Zeit, indem sie aus dem Fenster schauen und den Geräuschen rundherum lauschen. Sie bleiben dort sprachlos bis zum Abend sitzen.

Die Beziehung der beiden ist dem Alltagstrott und der Gewohnheit verfallen (V. 2), denn Frau und Mann stellen fest, dass ihre Liebe „abhanden" (V. 3) gekommen ist. Das belastet die beiden Partner, doch sie wollen diese Tatsache nicht wahrhaben (V. 5), denn sie verhalten sich anders als sie eigentlich fühlen (V. 5) und verharren eher passiv in ihren Rollen. Frau und Mann gehen mit dieser Feststellung unterschiedlich um, denn die Frau weint und er steht nur hilflos daneben (V. 8), doch beide wissen sich im Grunde nicht zu helfen (V. 7). Daher scheint die Beziehung eigentlich am Ende zu sein, obwohl am Schluss deutlich wird, dass sie diese Tatsache nicht begreifen können (V. 17).

Die Partner müssen nach acht Jahren feststellen, dass die Liebe ein Gefühl ist, das vergehen kann (V. 3). Dieser Vorgang wird durch einen Vergleich (V. 4) als gewöhnlich dargestellt. Er wirkt ein wenig alltäglich, da die Liebe hier mit einem „Hut" oder „Stock" verglichen wird. Unterstützt wird dieser Eindruck durch die verwendeten Kreuzreime sowie durch den gleichmäßig klingenden Rhythmus, der zum Teil fast ironisch klingt. Die Beschreibung „[sie] versuchten Küsse" (V. 6) zeigt, dass Frau und Mann sich durchaus bemühen, die Beziehung aufrecht zu erhalten, doch der folgende Vergleich („[...] als ob nichts sei", V. 6) zeigt, dass sie sich nicht mit den wahren Gründen auseinandersetzen, sondern einfach in ihrem Alltagstrott weitermachen. Verstärkt wird dieser Eindruck durch die Verknüpfung der Sätze mit der Konjunktion „und" (V. 7), wodurch der Alltagstrott deutlich wird. Ihre Hilflosigkeit zeigt sich besonders in den aufeinanderfolgenden Hauptsätzen („Da weinte sie schließlich. Und er stand dabei.", V. 8). Die Frau reagiert emotional, der Mann sollte sie eigentlich trösten, doch er weiß nicht, was er machen soll. In der dritten Strophe wird das unpersönliche Fürwort „man" (V. 9) verwendet, wodurch die Situation versachlicht und allgemein übertragbar gestaltet wird. Auch Nebensächliches wird erwähnt: „Nebenan übte ein Mensch Klavier." (V. 12). In der vierten Strophe werden Parallelismen als Aufzählung der Handlungen verwendet (V. 13–V. 17): Die Partner sitzen wortlos bis zum Abend nebeneinander. Obwohl sie die schwierige Situation und ihr Beziehungsproblem erfasst haben, unternehmen sie nichts, sondern können „[...] es einfach nicht fassen." (V. 17).

Der Titel „Sachliche Romanze" ist ein Oxymoron, d.h. eine Verknüpfung von sich eigentlich ausschließenden Begriffen. Damit verdeutlicht Kästner die verlorene Liebe, denn die Beziehung ist keinesfalls romantisch oder als liebevoll zu bezeichnen, sondern wirkt nach außen hin gefühlskalt und ist durch Untätigkeit geprägt. Zwar befinden sich beide Partner in einer Beziehung (V. 1, V. 3, V. 17), doch das Verhältnis ist mit Unterstützung durch die formale und sprachliche Darstellung als eher „sachlich" zu beschreiben, was z.B. durch den parataktischen Satzbau und die Parallelismen deutlich wird. Die Partner haben sich nichts mehr zu sagen und auch der Austausch von Zärtlichkeiten wirkt gewöhnlich. Der Sprecher im Gedicht ist gestaltlos und beschreibt die Situation als Beobachtender, was den sachlichen Charakter ebenfalls verstärkt. Insofern beschreibt der Titel genau den Inhalt des Gedichts.

<u>Text aus Sicht der Frau:</u>

Was ist nur passiert? Wir kennen uns seit 8 Jahren und auf einmal ist alles so gleichgültig geworden.

Keiner will sich eingestehen, dass unsere Beziehung dem Alltag zum Opfer gefallen ist und wir uns nichts mehr zu sagen haben. Manchmal bin ich deswegen so traurig, dass ich nicht mehr weiterweiß, aber er tröstet mich nicht einmal. Stattdessen steht er einfach nur sprachlos neben mir. Dass von ihm so überhaupt keine Reaktion kommt, finde ich am allerschlimmsten. Als ich neulich weinen musste, hat er mich nicht einmal in den Arm genommen. Momentan weiß ich deshalb nicht, was ich noch für ihn fühlen soll, bin irgendwie nur noch aus Gewohnheit mit ihm zusammen. Aber irgendetwas in mir, und vielleicht auch in ihm, will die Beziehung doch aufrecht erhalten, sonst hätten wir doch neulich nicht noch den ganzen Nachmittag gemeinsam in dem Café gesessen, sondern wären da schon getrennte Wege gegangen. Ich kann einfach nicht fassen, dass das gerade uns passiert ist. Schließlich waren wir so verliebt und haben uns fest vorgenommen, gut auf unsere Beziehung Acht zu geben. Trotzdem sind wir jetzt in dieser schrecklichen Situation.

B 8 Schreibaufgabe zu Sachtext und Schaubild in sechs Schritten bearbeiten (AT 4b)

Seite 49

2. Ich soll die Materialien M1 und M2 in einem zusammenhängenden Text untersuchen und miteinander vergleichen. Dazu bearbeite ich verschiedene Teilaufgaben.

3./4. individuelle Schülerlösung

5. Material 1:
   - Computerspielen als Chance?
   - Spiele fördern verschiedenste Fähigkeiten und Kompetenzen
   - auch Computerspiele sind Spiele und fordern von den Spielern verschiedene Fähigkeiten und Fertigkeiten, sie sind somit Lernspiele und Lernhilfen
   - man muss mit einer Menge an Informationen umgehen können, um bei einem Computerspiel erfolgreich zu sein
   - Computerspiele fördern Kompetenzen in fünf verschiedenen Dimensionen: Förderung von Sensomotorik, Förderung kognitiver Kompetenz, Förderung von Medienkompetenz, Förderung sozialer Kompetenz, Förderung persönlichkeitsbezogener Kompetenz → diese Fähigkeiten sind für das Berufsleben des 21. Jahrhunderts enorm wichtig
   - Risiken im Zusammenhang mit Computerspielen: mehrere Stunden am Tag spielen → Rückenbeschwerden vom stundenlangen Sitzen, Augenschmerzen vom unentwegten Anstarren des Bildschirms, Verspannungen und Krämpfe durch fehlende Bewegung
   - als computerspielsüchtig bzw. gefährdet gelten ungefähr drei Prozent der Jungen und 0,4 Prozent der Mädchen, sie spielen täglich mehr als fünf Stunden, also pro Woche mehr als 35 Stunden
   - Auswirkungen von Computerspielen mit gewalttätigen Inhalten auf die Spielenden sind nach wie vor umstritten, die meisten Forscher sind sich darüber einig, dass die Spiele allein keine Gewalttaten hervorrufen, aber eine deutlich aggressionsfördernde Wirkung auf die Persönlichkeit des Spielers haben können → Abstumpfen gegenüber Gewalt sowie ein verringertes Mitleidsgefühl

6. Material 2:
   - Diagramm (JIM-Studie 2017, Medienpädagogischer Forschungsverbund Südwest)
   - Thema: Nutzungsfrequenz digitaler Spiele 2017
   - digitale Spiele = Computer-, Konsolen-, Online-, Tablet- und Handyspiele
   - Nutzungshäufigkeit wird folgendermaßen angegeben: täglich/mehrmals pro Woche; einmal pro Woche – einmal pro 14 Tage; einmal im Monat – seltener; nie
   - befragt wurden: Jungen und Mädchen im Alter von 12 – 13, 14 – 15, 16 – 17 und 18 – 19 Jahren
   - aufgegliedert wird nach Schulformen (Haupt-/Realschule und Gymnasium)
   - Insgesamt spielen rund 62 Prozent aller Jugendlichen im Alter von 12 – 19 Jahren täglich bzw. mehrmals pro Woche digitale Spiele.
   - Jungen spielen deutlich häufiger als Mädchen → 83 Prozent der Jungen im Alter von 12 bis 19 Jahren spielen täglich bzw. mehrmals pro Woche digitale Spiele, aber nur 41 Prozent der Mädchen.
   - Der Anteil der Jugendlichen, die täglich bzw. mehrmals pro Woche digitale Spiele spielen, sinkt mit zunehmendem Alter. Während in der Altersgruppe der 12- bis 13-Jährigen 70 Prozent täglich bzw. mehrmals pro Woche spielen, sinkt der Anteil unter den 16- bis 17-Jährigen bzw. den 18- bis 19-Jährigen auf 58 Prozent. Im Vergleich dazu steigt auch der Anteil der Jugendlichen, die niemals digitale Spiele spielen (12 – 13 Jahre: 6 Prozent; 16 – 17 bzw. 18 – 19 Jahre: 14 Prozent bzw. 12 Prozent).
   - Schüler der Haupt-/Realschule spielen häufiger digitale Spiele als Schüler des Gymnasiums (Haupt-/Realschule: 67 Prozent spielen täglich/mehrmals die Woche, Gymnasium: 60 Prozent).

Seite 52 – 54

7. – 14. siehe Seite 34/35 im Lösungsheft

Seite 54

12. Ein Medienforscher hat gesagt, dass er dafür ist, dass Jugendliche unter 18 Jahren Computerspiele mit aggressivem Inhalt nicht kaufen dürfen. Der Grund dafür ist, dass er nicht möchte, dass Spieler unter 18 Jahren süchtig bzw. sozial auffällig werden.

14. Meiner Meinung nach kann man zwar fordern, dass Spiele mit gewalttätigem Inhalt nicht an Jugendliche unter 18 Jahren verkauft werden dürfen, aber in der Wirklichkeit lässt sich das nicht so leicht durchsetzen. Ein Verbot des Verkaufs von solchen Spielen, die oft über das im Internet vertrieben werden, lässt sich nur schwer kontrollieren. Ich selbst habe einige Freunde, die bereits 18 sind, und die mir ein entsprechendes Spiel besorgen würden, wenn ich sie darum bitten würde.

Außerdem ist noch nicht sicher nachgewiesen worden, dass sich Computerspiele mit gewalttätigem Inhalt negativ auf die Spielenden auswirken.

Seite 55

15. Mögliche Schülerlösung:
In beiden Materialien geht es um das Thema Computerspiele bzw. digitale Spiele. Material 1 mit dem Titel „Computerspielen als Chance?" beschreibt die positiven Auswirkungen von Computerspielen, gleichzeitig werden aber auch Risiken im Zusammenhang mit Computerspielen genannt. Der Text von Harald Stöveken aus dem Jahr 2016 basiert auf verschiedenen Internetartikeln und Zeitschriftenbeiträgen.
Das Material 2 trägt den Titel „Digitale Spiele: Nutzungsfrequenz 2017". Das Diagramm aus der JIM-Studie 2017 des Medienpädagogischen Forschungsverbundes Südwest gibt an, wie häufig Jugendliche der Altersgruppen 12 – 13 Jahre, 14 – 15 Jahre, 16 – 17 Jahre und 18 – 19 Jahre digitale Spiele spielen. Darüber hinaus gibt es noch Informationen zur Spielhäufigkeit nach Geschlecht und Schulform.
Material 1 befasst sich mit dem Thema, ob Computerspiele als Chance zu bewerten sind. In diesem Zusammenhang wird zunächst einmal einleitend festgestellt, dass Spiele an sich durchaus positive Auswirkungen auf den Spielenden haben. Und da auch Computerspiele Spiele sind, haben sie auch positive Auswirkungen auf die Spieler, da sie ihnen –je nach Aufbau– unterschiedlichste Fähigkeiten und Kompetenzen abfordern und somit auch als Lernspiel und Lernhilfe dienen.
Der Text verweist in diesem Zusammenhang auf Untersuchungen, die ergeben haben, dass Computerspiele bei den Spielenden Kompetenzen und Fähigkeiten fördern, die im Berufsleben heutzutage grundlegend sind. Der Text lässt aber auch die negativen Auswirkungen, die Computerspiele unter Umständen haben können, nicht außer Acht. So führt insbesondere übermäßiges Spielen zu körperlichen Beschwerden wie Krämpfen oder Rücken- und Augenschmerzen ausgelöst durch mangelnde Bewegung und das ständige Starren auf den Bildschirm. Auch wenn die Frage, ob Computerspiele mit gewalttätigem Inhalt sich negativ auf die Spielenden auswirken, noch nicht abschließend geklärt werden konnte, lässt sich auf jeden Fall sagen, dass gerade diese Spiele zu einem Abstumpfen gegenüber Gewalt sowie einem verringerten Mitleidsgefühl führen können.
Jugendliche in Deutschland spielen heutzutage regelmäßig digitale Spiele. Material 2 zeigt in diesem Zusammenhang, dass digitale Spiele, zu denen ja auch Computerspiele zählen, bei Jugendlichen sehr beliebt sind. Insgesamt spielen 62 Prozent aller Jugendlichen im Alter von 12 – 19 Jahren täglich bzw. mehrmals pro Woche digitale Spiele, das sind mehr als die Hälfte aller Jugendlichen im Alter von 12 – 19 Jahren.
Jungen spielen dabei deutlich häufiger digitale Spiele als Mädchen: 83 Prozent der Jungen im Alter von 12 bis 19 Jahren spielen täglich bzw. mehrmals pro Woche digitale Spiele, aber nur 41 Prozent der Mädchen.
Der Anteil der Jugendlichen, die täglich bzw. mehrmals pro Woche digitale Spiele spielen, sinkt insgesamt gesehen mit zunehmendem Alter. Während in der Altersgruppe der 12- bis 13-Jährigen 70 Prozent täglich bzw. mehrmals pro Woche spielen, sinkt der Anteil unter den 16- bis 17-Jährigen bzw. 18- bis 19-Jährigen auf 58 Prozent. Im Vergleich dazu steigt auch der Anteil der Jugendlichen, die niemals digitale Spiele spielen (12 – 13 Jahre: 6 Prozent; 16 – 17 Jahre: 14 Prozent, 18 – 19 Jahre: 12 Prozent). Schüler der Haupt-/Realschule spielen insgesamt häufiger digitale Spiele als Schüler des Gymnasiums (Haupt-/Realschule: 67 Prozent spielen täglich/mehrmals die Woche, am Gymnasium sind es nur 60 Prozent der Schüler).
Computerspiele können, wie alle Spiele, positive Auswirkungen auf die Spielenden haben. Material 1 beschreibt einige dieser positiven Auswirkungen von Computerspielen auf die Spieler genauer. Computerspiele fördern demnach verschiedenste Fähigkeiten und Kompetenzen, wie z. B. die Sensomotorik (z. B. in der Auge-Hand-Koordination), kognitive Kompetenzen (z. B. im logischen Denken), die Medienkompetenz (z. B. im Umgang mit Computersoftware), soziale Kompetenz (z. B. Teamfähigkeit durch das Spiel in der Gruppe) oder persönlichkeitsbezogene Kompetenzen (z. B. im Umgang mit Erfolg und Misserfolg). All diese Fähigkeiten werden im Berufsleben des 21. Jahrhunderts unbedingt benötigt. Computerspiele sind damit immer auch Lernspiele und gleichzeitig Lernhilfen.
Aber natürlich müssen auch die Probleme erwähnt werden, die im Zusammenhang mit Computerspielen auftreten können. Wer mehrere Stunden am Tag spielt, kann gesundheitliche Probleme bekommen, wie Rückenbeschwerden vom stundenlangen Sitzen, und Augenschmerzen vom unentwegten Anstarren des Bildschirms. Wer ständig mehr als 35 Stunden pro Woche spielt, gilt als computerspielsüchtig bzw. gefährdet. Das sind in Deutschland derzeit ungefähr drei Prozent der Jungen und 0,4 Prozent der Mädchen (siehe M1, Z. 81 – 84).
M2 nennt nicht direkt positive oder negative Auswirkungen von Computerspielen. Stattdessen informiert das Diagramm ganz allgemein über die Nutzungshäufigkeit digitaler Spiele. Gerade im Hinblick auf M1 sind sind die Zahlen aus M2 aber sehr interessant. Dort wird angegeben, dass im Jahr 2017 83 Prozent der Jungen im Alter von 12 bis 19 täglich bzw. mehrmals die Woche digitale Spiele spielen. Wenn man bedenkt, wie wenig Freizeit neben der Schule noch bleibt, macht diese Zahl deutlich, wie wichtig das Spielen digitaler Spiele für Jugendliche, insbesondere Jungen heute ist. Da Jungen auch besonders gefährdet sind, was die Sucht nach Computerspielen angeht (siehe M1), sollte man die Jugendlichen diesbezüglich gut aufklären. Hier könnten die Schulen aktiv werden. Da in M2 deutlich wird, dass viele Schüler der Haupt- und Realschule täglich bzw. mehrmals pro Woche digitale Spiele spielen, könnte ich mir vorstellen, dass es sinnvoll wäre, gerade an diesen Schulformen Aufklärungsarbeit über die Chancen und Risiken von Computerspielen zu leisten.
Somit ergänzt Material 2 die Aussagen aus Material 1, indem es unterstreicht, dass der übermäßige Konsum

vom Computerspielen und die damit verbundenen negativen Auswirkungen (wie gesundheitliche Probleme oder gar eine Abhängigkeit) realistische Gefahren sind, die trotz aller positiven Auswirkungen, die Computerspiele auch haben können, bestehen.
Im Zusammenhang mit den negativen Auswirkungen von Computerspielen sind auch immer diejenigen Spiele mit aggressiven Inhalten zu nennen. Die meisten Medienforscher sind sich laut M1 zwar darüber einig, dass Spiele mit aggressivem Inhalt allein keine Gewalttaten hervorrufen. Aber sie können eine deutlich aggressionsfördernde Wirkung auf den Spieler haben. Und die jüngsten Amokläufe haben ja auch gezeigt, dass die jugendlichen Täter nachweislich harte Ballerspiele gespielt haben.
Die von einem Medienforscher gemachte Aussage, dass Computerspiele mit aggressivem Inhalt nicht an Jugendliche unter 18 Jahren verkauft werden sollen, damit diese nicht süchtig bzw. sozial auffällig werden, kann ich deshalb nachvollziehen. Sie lässt sich aber, meiner Meinung nach, in der Wirklichkeit nicht so leicht durchsetzen. Ein Verbot des Verkaufs von solchen Spielen, die oft über das im Internet vertrieben werden, lässt sich nur schwer kontrollieren. Wer will sicher überprüfen, ob der Käufer wirklich schon 18 ist? Außerdem habe ich beispielsweise auch einige Freunde, die bereits 18 sind, und die mir ein entsprechendes Spiel besorgen würden, wenn ich sie darum bitten würde. Außerdem ist der Zusammenhang zwischen Computerspielen mit aggressiven Inhalten und Gewalttaten nicht eindeutig nachgewiesen, wie es auch in M1 betont wird. Fest steht, dass solche Spiele auf einzelne Spieler eine deutlich aggressionsfördernde Wirkung haben können, weil sie zu einem Abstumpfen gegenüber Gewalt und einem verringertem Mitleidsgefühl führen können (Z. 90 – 97). Nicht jeder der „Ballerspiele“ spielt, wird aber automatisch gewalttätig. Dabei spielen noch andere Faktoren, wie z. B. die Persönlichkeit des Spielers und sein soziales Umfeld, eine wichtige Rolle. Deshalb aber Spiele mit aggressivem Inhalt generell nicht an Jugendliche unter 18 Jahren zu verkaufen, halte ich für falsch. Ich finde, man sollte Jugendliche eher über die Gefahren aufklären, die Computerspiele bergen können, zumal die Materialien ja auch deutlich machen, dass diese durchaus ein gewisses Suchtpotential haben, insbesondere für Jungen. Wenn man Computerspiele bzw. eine bestimmte Art von Computerspielen aber komplett verbietet, macht man sie für die Jugendlichen nur noch interessanter.

C Prüfungsaufgaben zum Themenbereich „Sprachkultur und Leselust“

C 1 Original-Prüfungsaufgabe 2018: Leseverstehen: Lernt langsam lesen!

Seite 58

1 c) trifft zu.

2 c) trifft zu.

3 d) trifft zu.

4 c) trifft zu.

Seite 59

5 b) trifft zu.

6 Mit der Äußerung ist gemeint, dass das Lesen automatisch erfolgt, die Leserin erfasst den Text dabei als wäre sie eine Maschine. Sie genießt das Lesen nicht.

7 a) trifft zu.

Seite 60

8 c) trifft zu.

9 b) trifft zu.

10 b) trifft zu.

11 d) trifft zu.

12 Mit der Aussage ist gemeint, dass das langsame, ungehetzte Lesen eines Textes heutzutage zu etwas sehr Seltenem geworden ist, da das Leben der Menschen sehr hektisch ist. Gleichzeitig gibt es eine Vielzahl von medialen Angeboten, wie das Internet, zahlreiche Fernsehserien, aber auch ein riesiges Angebot von Büchern, was die Menschen vom intensiven Lesen ablenkt.

Seite 61

13 a) trifft zu.

14 Ich stimme der Aussage des Schülers zu, der sagt, dass „Slow-Reading-Clubs“ eine gute Alternative zum einsamen Lesen zu Hause sind. Heutzutage setzt sich kaum noch jemand abends gemütlich aufs Sofa, um in Ruhe ein Buch zu lesen. Zu vielfältig sind die Ablenkungen durch Internet, Streaming-Dienste usw. Dabei vermissen viele Menschen das entspannte Lesen eines guten Buches durchaus. Die Idee der „Slow-Reading-Clubs“ kann genau diesen Menschen dabei helfen, wieder zum Lesen zurückzufinden, in dem ein Raum geschaffen wird, der ihnen das Lesen erleichtert, weil es einen festen Termin und klare Regeln gibt.

C 1 Leseverstehen: Wenn Hunde Kindern die Angst vor dem Vorlesen nehmen

Seite 63

1 b) trifft zu.

Seite 64

2 a) trifft zu.

3 d) trifft zu.

4 Bei den Lesehunden handelt es sich um ein Projekt der Johanniter. Dabei kommen ausgebildete Hundeführer mit Hunden in Grundschulklassen und die Schüler lesen den Hunden vor.

5 a) trifft zu.

6 Damit will die Lehrerin aussagen, dass die Schüler **überaus** begeistert waren, als die Hunde das erste Mal im Klassenzimmer standen.

7 a = Schäferhund / b = Schüler / c = Labrador / d=Hundeführerin/e=Pädagogin

Seite 65

8 b) trifft zu.

9 Durch den Einsatz der Hunde im Unterricht gibt es die Möglichkeit, die Lesekompetenz der Schüler zu verbessern. Die Kinder, die den Hunden vorlesen, erzielen in der Regel größere Lesefortschritte und die Fortschritte sind auch dauerhafter. Dies liegt daran, dass die Anwesenheit der Hunde die Kinder entspannt und motiviert. Sie haben langfristig gesehen mehr Spaß am Lesen.

10 c) trifft zu.

11 a) trifft zu.

12 b) trifft zu.

13 Ich stimme der Aussage des Schülers, der sagt, dass das Projekt Lesehunde an allen Schulen eingeführt werden sollte, nicht zu. Sicherlich motivieren die Hunde manche Schüler, wenn es um das Thema „Lesen“ geht. Was ist aber mit den Schülern, die allergisch auf Hunde reagieren oder gar Angst vor Hunden haben? Diese Schüler werden durch den Einsatz der Hunde im Unterricht sicher kein positives Verhältnis zum Thema Lesen entwickeln. Im schlimmsten Fall werden sie aufgrund der Hunde noch zu Lesemuffeln!

C 3 Was bedeutet die Aufgabenstellung „Informiere ...“?

Seite 66

1. Adressat: Schülerinnen und Schüler sowie Lehrkräfte
   Situation/Thema: Info-Text zum Thema „Mehrsprachigkeit“ für Vorbereitungsordner zum Projekttag „Sprachenreichtum an unserer Schule“
   Schreibziel: Adressaten zur Vorbereitung des Projekttages über das Thema „Mehrsprachigkeit“ informieren
2. • <u>Formuliere</u> für den Text eine passende Überschrift.
   • <u>Schreibe</u> eine Einleitung, in der du kurz <u>erklärst,</u> was Mehrsprachigkeit ist.

- Stelle die Vorteile und die Herausforderungen dar, wenn man von Geburt an mehrsprachig aufwächst.
- Erläutere, wie sich die Meinungen zu „Mehrsprachigkeit ab Geburt" geändert haben.
- Schlussfolgere anhand der Materialien und eigener Überlegungen, warum Mehrsprachigkeit in der Zukunft noch wichtiger wird.
- Notiere unterhalb des Textes die von dir genutzten Materialien.

C 6 Aufgabentyp 2: Sprachenreichtum an unserer Schule (angeleitetes Üben)

Seite 73/74

2.–7. Lösungshilfen zu den Aufgaben finden sich direkt im Arbeitsheft und lassen sich der nachfolgenden Musterlösung entnehmen.

Seite 74

8. Mögliche Schülerlösung:

Mehrsprachigkeit – Problem oder Chance für uns?

Das Thema Mehrsprachigkeit geht uns alle an, denn unsere Gesellschaft verändert sich zusehends und verschiedene Sprachen werden auch für uns immer wichtiger, gleichermaßen aber auch alltäglicher. Zur Vorbereitung unseres Projekttages „Sprachenreichtum an unserer Schule" am 1. Juli wollen wir Schüler und Lehrkräfte auf dieses Thema vorbereiten.

Aber was ist eigentlich unter dem Begriff Mehrsprachigkeit zu verstehen? Es gibt verschiedene Arten von Mehrsprachigkeit: Zum einen spricht man von der Mehrsprachigkeit, über die man von Geburt an verfügt, da man die Sprachen durch seine Eltern oder auch im näheren Umfeld lernt. So kann es zum Beispiel sein, dass Mutter und Vater unterschiedliche Muttersprachen sprechen und diese dem Kind beibringen. Davon unterscheidet man die Mehrsprachigkeit, die beispielsweise über den Fremdsprachenunterricht in der Schule erworben wird, wie zum Beispiel durch die Fächer Englisch oder Französisch. Grundsätzlich müssen das aber nicht nur zwei Sprachen sein; es gibt auch Kinder und Jugendliche, die mit drei oder mehr Sprachen aufwachsen. Die Arten von Mehrsprachigkeit unterscheiden sich also darin, wo die Sprachen erlernt werden und ob man die Sprachen schon von Geburt an oder erst später erwirbt, d. h. ob man sie in einer natürlichen Umgebung oder in der Schule erwirbt.

Die Jugendlichen, die mehrsprachig aufwachsen, werden von Geburt an mit zwei Sprachen erzogen. Sie lernen diese Sprachen also gleichzeitig. Das ist für diese Jugendlichen aber keine Herausforderung und ebenso wenig verwirrend, sondern wird von ihnen als ganz natürlich wahrgenommen. Es führt also nicht zu körperlichen oder sprachlichen Beeinträchtigungen. Sie heben sich insofern von einsprachig erzogenen Jugendlichen ab, da sie laut einer Studie in der Schule besser abschneiden. Dennoch kann die Zweisprachigkeit auch dazu führen, dass die Mehrsprachigen zum Beispiel Vokabeln in einer Sprache nicht nennen, diese dafür aber in einer anderen Sprache verwenden können. Ebenso kann es sein, dass bei mehrsprachig aufgewachsenen Kindern der Wortschatz in den verschiedenen Sprachen unterschiedlich stark ausgeprägt ist. So benötigen diese Kinder zum Teil längere Zeit, um beispielsweise den Namen für einen Gegenstand zu nennen.

In der 1960er Jahren untersuchten die kanadischen Psychologen Elizabeth Peal und Wallace Lambert, wie sich die Mehrsprachigkeit auf Kinder auswirkt. Die gängige Meinung war bis dahin, dass Kinder, die mit zwei Sprachen aufwachsen, nicht intelligent seien und dass Zweisprachigkeit oder Mehrsprachigkeit daher dumm mache. Zudem warnten Erziehungsexperten seit dem 19. Jahrhundert vor zweisprachiger Erziehung, da diese Erziehungsmethoden Gefahren mit sich bringen würden. Der Schotte Simon Somerville Laurie war beispielsweise der Meinung, dass durch die Erziehung in mehreren Sprachen das intellektuelle Wachstum des Kindes nicht verdoppelt, sondern verringert würde. Man ging davon aus, dass der gleichzeitige Erwerb von zwei Sprachen das Kind verwirre und zu Sprachstörungen führe, die letztlich die körperlichen und sprachlichen Entwicklungen beeinträchtigten würden. Diese Annahmen sind jedoch veraltet und mittlerweile vollkommen widerlegt. Heutzutage weiß man, dass die Vorteile deutlich auf Seiten der Mehrsprachler liegen, denn diese verfügen nachweislich über einen höheren IQ und können in der Schule bessere Leistungen erbringen. Als die zwei Forscher in Kanada ein halbes Dutzend Schulen besuchten, um dort mit 10-Jährigen Schülerinnen und Schülern IQ-Tests zu machen, gab es nämlich erstaunliche Ergebnisse. Sie führten ihre Untersuchungen in Montreal durch, wo die Amtssprache Französisch ist, aber wo auch viele Schüler in den Familien Englisch sprechen. Die beiden Forscher dachten zu diesem Zeitpunkt noch, dass die mehrsprachigen Schüler bei den Intelligenzüberprüfungen, aber auch bei den Prüfungen in anderen Fachbereichen schlechter abschneiden würden als die einsprachig aufgewachsenen Kinder. Doch die Tests bewiesen das Gegenteil: Die Schülerinnen und Schüler, die mehrsprachig aufwuchsen, schrieben zum Teil bessere Noten und schnitten auch in den IQ-Tests besser ab – egal ob mündlich oder schriftlich. Es gab keine Aufgabentypen, in denen die einsprachig aufgewachsenen Schüler besser abschnitten als die zwei- oder mehrsprachig aufgewachsenen. Heutzutage ist klar, dass Mehrsprachigkeit keine Probleme mit sich bringt, sondern eher Vorteile, denn weitere Untersuchungen in den letzten Jahren ergaben, dass Mehrsprachigkeit nicht nur in der Schule förderlich ist, sondern auch bis ins hohe Alter positive Konsequenzen mit sich bringt. So konnte ebenfalls eine höhere Kreativität nachgewiesen werden, die letztlich positiv für die Gesellschaft genutzt werden kann.

Daher ist es für die Zukunft eine gute Idee, Mehrsprachigkeit zu fördern, damit Schülerinnen und Schüler besser abschneiden. Zudem nimmt auf der Welt der Anteil mehrsprachig Aufwachsender zu und damit vervielfältigen sich auch die Möglichkeiten im Umgang miteinander, denn die Kommunikation mit Menschen aus anderen Ländern hat heutzutage auch einen größeren Stellenwert im Alltag – und das nicht nur im Urlaub, denn wir reisen häufiger und weiter weg, sondern auch im Beruf wird das Beherrschen verschiedener Sprachen immer wichtiger. Viele Firmen und Organi-

sationen unterhalten Geschäftsbeziehungen mit dem Ausland, haben Dependancen und betreiben Import oder Export. Für diesen globalen Handel sind Sprachen unerlässlich. So schafft Sprachvielfalt auch einen internationalen Vorteil. Aber auch im politischen Bereich gibt es Vorteile, da die Kommunikation Verständigung ermöglicht und gleichermaßen dazu führt, verschiedene Kulturen kennen zu lernen, was wiederum zu Toleranz und Integration führen kann. Mehrsprachler agieren als politische Vermittler zwischen verschiedenen Kulturen. Somit kann Sprachvielfalt sich auch positiv auf die Strukturen innerhalb einer Gesellschaft auswirken und zum friedlichen Miteinander beitragen, weil man den anderen und das Fremde verstehen kann. Auch die modernen Medien bedingen, dass die Nutzer zumindest Englisch als gemeinsame Verkehrssprache sprechen und verstehen müssen, um sich orientieren und zielorientiert handeln zu können. Ein weiterer Aspekt ist, dass auch die Anzahl der Mehrsprachler innerhalb der Gesellschaft immer weiter zunimmt. Statistisch gesehen sind ein Drittel bis die Hälfte aller Schüler mit mehreren Muttersprachen aufgewachsen, sodass Mehrsprachigkeit der Normalfall ist und nicht negativ bewertet werden sollte. So gibt es zum Beispiel auch viele Länder, in denen verschiedene Sprachen gesprochen werden, wie zum Beispiel Ghana mit Englisch und diversen afikanischen Sprachen oder Gibraltar mit Englisch, Spanisch, Italienisch und Portugiesisch. Zuwanderung bedingt automatisch Sprachenvielfalt. Diese als Chance zu sehen und zu nutzen, ist unsere Aufgabe. Daher sollte Mehrsprachigkeit nicht als Bedrohung oder Identitätsverlust, sondern als Wert und Chance unserer Gesellschaft gesehen und daher auch gefördert werden.
Für meinen Text habe ich alle sieben Materialien M1 – M7 genutzt.

C 7 Aufgabentyp 2: Vampire in Büchern und Filmen

Seite 75
Mögliche Schülerlösung:
Comics – Vom Cartoon zur wertvollen Literatur
Fast jeder kennt sie – die Comic-Helden Donald Duck, Mickey Mouse, Superman oder Tim und Struppi. Nahezu jeder hat mindestens einmal einen Comic zumindest durchblättert, die Bilder betrachtet oder über die grafisch dargestellten Ausrufe und Geräusche geschmunzelt. Und es gibt nicht wenige, die ganze Comicsammlungen in Kartons im Keller horten. In unserer Ausgabe der Schülerzeitung zum Thema „Lesen heute" möchte ich unsere Leser über die Merkmale und die Entwicklung dieser doch recht außergewöhnlichen und oftmals belächelten Textart informieren.
Was macht eigentlich diese Textart aus und woher stammt der Begriff „Comic", der im Prinzip den Menschen aller Altersstufen geläufig ist? Im Allgemeinen sind Comics gezeichnete Bildergeschichten, die aus vielen Einzelbildern mit Sprechblasen oder kleinen Textkästen am Rand bestehen und daher ganze Handlungen in Kurzform darstellen. Ursprünglich kann der Name „Comic" aber auf das Adjektiv „komisch" zurückgeführt werden, denn die Funktion der Comics war es zunächst, die Leser oder Betrachter zum Lachen zu bringen.
Ein Comic lebt von dem Ausdruck der zeichnerischen Darstellung, denn er kann Gestik, Mimik und Körpersprache – und damit auch Gefühle, Verhalten und Einstellungen der Figuren transportieren. Comics erzählen dementsprechend grundsätzlich eine Handlung in aufeinanderfolgenden Einzelbildern unter Nutzung dieses speziellen Ausdrucks. Dabei wirken die gezeichneten Bilder und kurzen Texte, z. B. wörtliche Rede in Sprechblasen oder erläuternde Sätze am Textrand, so zusammen, dass der Leser bzw. Betrachter die Situationen oder den Fortgang der Handlung recht schnell erfassen kann. So entstehen Wort-Bild-Gemische, die ebenfalls Bewegungsstriche enthalten, die unsere Aufmerksamkeit auf sich ziehen und die Neugier beim Betrachten erhalten, das heißt sie fesseln uns, da sie bewegt erscheinen. Die verwendete Sprache besteht häufig aus reduzierten Sätzen, Lautmalereien und Ausrufewörtern. Dadurch wirkt sie einerseits visuell, denn sie wird grafisch besonders gestaltet, z. B. „ZIIIISCCCHHHH" (Öffnen einer Flasche) oder „BOOOOOM" (Explosion), andererseits ist sie fast akustisch wahrnehmbar, denn das Lesen ergibt gleichermaßen Töne und Geräusche. Das regt in Verknüpfung mit den angebotenen Bildern unsere Vorstellung an – wir fühlen uns auf besondere Weise unterhalten. Ein weiteres Beispiel für diese spezielle Comicsprache sind die auf den Wortstamm verkürzten Verben. Diese werden auch Inflektive genannt. Comicgestalter verwenden sie zur Darstellung von Geräuschen (z. B. schluck, stöhn, knarr) oder für innere Vorgänge (z. B. grübel, zitter). Sie verstärken also für uns die Vorstellung, indem wir Geräusche fast hören und Emotionen fast spüren können.
Forscht man nach den Ursprüngen des modernen Comics, so stößt man auf den Zeichner Richard F. Outcault, der schon vor etwa 122 Jahren exklusiv für die US-amerikanische Zeitung „New York World" einen Cartoon mit dem Titel „Hogan's Alley" zeichnete. Diese Bildergeschichte wurde ein Jahr später als Zeitungscomic durch direkte Rede in Sprechblasen erweitert. Anfang des 20. Jahrhunderts hatten sich die grundlegenden Elemente dieser neuen Textart etabliert: Es gab feststehende Figuren, eine fortgesetzte Handlung dargestellt in Einzelbildern und Dialoge der Figuren untereinander in Form von Sprechblasen. So erschienen erstmals täglich sogenannte Comicstrips auf den Sportseiten der „Chicago American", einer amerikanischen Tageszeitung. In 1930er-Jahren wurden dann die großen Comic-Helden kreiert, die uns allen bekannt sind, etwa „Popeye", „Mickey Mouse" und auch „Donald Duck". Kurz darauf entstand ein richtiger Comic-Hype, angefangen bei „Superman", „Tarzan", „Batman", „Spiderman" usw., mit all den Superhelden, die später auch in Filmen zu Legenden wurden. In den 1950er-Jahren kamen Horror- und Science Fiction-Themen dazu.
Dieser Boom breitete sich in den 1950er-Jahren auch in Europa aus. Besonders taten sich dabei Frankreich und Belgien hervor, denn hier entstanden beispielsweise die Geschichten über „Asterix und Obelix", „Tim und Struppi" und auch „Die Schlümpfe", die heute immer noch ihr Unwesen treiben und fester Bestandteil unserer Kultur geworden sind. Parallel zum Fernsehen wurden in Japan in dieser Zeit die sogenannten „Mangas" entwickelt. Das sind Bildergeschichten in schwarz-weiß in einem Zeichenstil mit Figuren, die durch große Augen sowie kindli-

ches und westliches Aussehen geprägt sind. Bei uns wurden solche Mangas wie „Sailor Moon“ oder „Dragonball“ erst Ender der 90er-Jahre bekannt und beliebt.
Eine andere Weiterentwicklung waren die „Graphic Novels“. Darunter sind gezeichnete Romane zu fassen, die den Zeichenstil von Comic, Manga oder Cartoon aufgreifen und sich eher an erwachsene Leser richten. Es sind also oft Geschichten mit längeren Handlungen und ernsthaften Inhalten, die zumeist im Buchformat über den Buchhandel verkauft werden und daher auch teurer sind. Auch diese wurden in den USA entwickelt. Nun ging man auch dazu über, klassische literarische Werke, wie „In 80 Tagen um die Welt“ oder „Die Schatzinsel“, unter dem Begriff des „Literaturcomic“ zu veröffentlichen, was letztlich die Darstellung der komplexen Inhalte in Comic-Form bedeutet.
Ausgehend von den USA hat der Comic sich in den letzten ca. 120 Jahren auf der ganzen Welt in verschiedensten Formen verbreitet. Zwar ist seine Darstellungsform in ihren grundlegenden Elementen erhalten geblieben, doch mittlerweile werden auch Inhalte und Themen angeboten, die uns bislang nur in Romanform zugänglich waren. Somit erreicht auch der Comic zunehmend literarischen Wert und damit die Menschen, die ihn aufgrund der meist sehr „seichten Themen“ eher ablehnten. Diese neue Darstellungsweise ermöglicht eine Heranführung aller Altersklassen an klassische Literatur, indem auf diese Weise auch jungen Lesern solche bedeutenden Stoffe auf unterhaltsame Art zugänglich gemacht werden. Gleichermaßen wird so eine positive Sichtweise auf Literatur erreicht, denn wir Leser können historische, gesellschaftliche und politische Themen auf eine ganz andere Art – also auch visuell und akustisch – begreifen und im Rahmen unserer Möglichkeiten in reduzierter Form erfassen. Der Comic und seine Unterformen erfahren größere gesellschaftliche Anerkennung und werden als literarische Kunstform akzeptiert – und wer weiß, vielleicht lesen wir eines Tages einen Roman auch im Unterricht als „Literaturcomic“. Letztlich ist eine Analyse desselben ebenso möglich, wie das szenische Darstellen oder das grafische Fortführen. Natürlich bedeutet der erweiterte Adressatenkreis für viele Verlage ein erweitertes Vertriebsfeld, doch andererseits können wir uns doch nicht darüber beklagen, dass Jugendliche weniger lesen als früher, und dennoch keine Alternativen zu langen, komplexen Texten anbieten, um dieses Phänomen zu umgehen. Grundsätzlich ist der Comic sicherlich eine moderne Alternative zum „dicken Literaturschinken“ und kann das Lesen – auch der Klassiker – gerade für Jugendliche wieder viel attraktiver machen, da Inhalte transparent und verständlich vermittelt werden. Aber auch Erwachsene erhalten in unserer schnelllebigen Zeit durch Comics die Gelegenheit, in guter Literatur zu schmökern, die sie vielleicht aufgrund eines hohen Zeit- oder Konzentrationsaufwands nicht lesen würden. Comics sind also schon lange keine „einfachen, lustigen Cartoons“ mehr, sondern vermitteln Weltsichten und Bildung auf eine interessante Weise. Eine positive Sichtweise auf diese Textart ist also durchaus nachvollziehbar.
Für meinen informierenden Text habe ich die Materialien M1 – M5 als Grundlage verwendet.

C 8 Aufgabentyp 2: Winnetou

Seite 80
Mögliche Schülerlösung:
Winnetou – Auf ewig Häuptling der Apachen
Bald werden wir ihn leibhaftig erleben – Winnetou, Häuptling der Apachen und Held vieler Leser- und Zuschauergenerationen. Doch wer und was steckt hinter diesem Idol und fasziniert uns noch heute?
Winnetou, Indianerhäuptling des Stammes der Apachen, ist eine erfundene Figur des Schriftstellers Karl May. Gemeinsam mit seinem Blutsbruder Old Shatterhand und Sam Hawkens kämpft er für Frieden und Gerechtigkeit im Wilden Westen.
Wir alle haben sicher ein genaues Bild von Winnetous Aussehen vor Augen. Das liegt an den vielen Filmen und auch den Buchcovern, auf denen Winnetou stets sehr ähnlich abgebildet ist. Dafür hat zudem Pierre Brice gesorgt, der als Schauspieler in die Rolle des Apachenhäuptlings geschlüpft ist und dadurch weltberühmt wurde. Karl May hat die Figur des Winnetou als einen schönen Menschen erschaffen. So trägt er seine langen, vollen Haare teils in einem Knoten am Hinterkopf, teils offen, hat eine gesunde, angenehme Hautfarbe und gilt als edle Erscheinung. Sein gutes Aussehen wird durch seine Kleidung unterstützt. Sein Anzug und die Mokassins sind besonders fein und zierlich gestaltet und mit roten Nähten versehen. Zusätzlich ausgerüstet ist er mit einem Medizinbeutel, den er um den Hals trägt, einer Pfeife sowie einem Messer und einem Doppelgewehr. Sein Auftreten bewirkt, dass er einen bleibenden Eindruck hinterlässt. Neben seinem phänomenalen Aussehen besitzt er viele gute Eigenschaften. Er gilt als ernst, ehrlich, mutig, verlässlich und treu. Außerdem wird er als hilfsbereit, menschlich, großzügig und tapfer dargestellt. Vor allem ist ihm ein friedliches Miteinander wichtig. Winnetou spricht von sich selbst stets in der 3. Person.
Karl May hat sich offensichtlich so sehr mit seinen erfundenen Winnetou-Geschichten identifiziert, dass er immer wieder behauptete, selbst Old Shatterhand zu sein. In seinem Buch „Winnetou I“ lässt er den Vermesser Karl zu Old Shatterhand werden. Hier gibt es also eine Namensgleichheit zwischen Karl May und dem späteren Winnetou-Gefährten. Der spätere Old Shatterhand stammt zudem auch aus Deutschland. Mays Leser des 19. Jahrhunderts dachten wirklich, May wäre ein erfahrener Reisender und Experte für den Wilden Westen, doch waren seine Geschichten pure Fantasie. Erst als er 66 Jahre alt war, reiste May tatsächlich in die USA.
Der Bekanntheitsgrad Winnetous ist nach Erscheinen der Bücher vor allem durch die Verfilmungen gesteigert worden. Nicht zu trennen sind dabei die Figur Winnetou und seine Verkörperung durch den Schauspieler Pierre Brice. Durch das Erscheinen des ersten Winnetou-Kinofilmes „Der Schatz im Silbersee“ im Jahre 1962 wird das „Indianer-Fieber“ bei den Zuschauern ausgelöst. Von da ab folgten weitere Kinofilme. Der Kinofilm „Winnetou und Shatterhand im Tal der Toten“ erreichte gar 35 Millionen Zuschauer. Winnetou-Fans hat es jedoch nicht nur in Deutschland gegeben, sondern die Indianer-Filme wurden in über 60 Ländern gezeigt. Später wurden die Filme

dann im Fernsehen gezeigt, sodass sich die Zuschauerzahl weiter erhöhte. Aber nicht nur im Kino und im Fernsehen lassen sich Winnetous Abenteuer verfolgen, sondern auch auf Freilichtbühnen, zum Beispiel in dem Ort Elspe im Sauerland. Auch Winnetou selber hat sich mit der Zeit verändert. Während die Figur lange nach den fantasievollen Vorstellungen Karl Mays ausgestattet wurde, bewirkt die Fernsehserie „Mein Freund Winnetou" aus dem Jahre 1978 ein Umdenken. Dort wird Winnetou deutlich realistischer dargestellt, angelehnt an die tatsächliche Lebensweise nordamerikanischer Indianervölker.

Es ist schon unglaublich, wie sehr die Figur Winnetou Leser und Zuschauer fasziniert hat und heute immer noch begeistert. Doch wer fiebert nicht gerne mit, wenn ein gut aussehender, edler Indianer gemeinsam mit seinem ten Freund und Blutsbruder bei tollen Hintergrundbildern durch den Wilden Westen reitet? Winnetou ist einfach ein wahrer Freund, der sogar sein Leben für die Freundschaft opfert. So verhindert er, dass Old Shatterhand erschossen wird, indem er sich dazwischen wirft und die Kugel abfängt. So wird er zum Helden aller. Heldenhafte Taten und wahre Freundschaft werden in unserem Alltag immer seltener, sodass wir gerne den Apachen-Häuptling Winnetou bei seinen Abenteuern begleiten. Sicher wird die geplante Theateraufführung auch uns Zuschauer generationenübergreifend begeistern und wir werden eifrig mitfiebern. Also freut euch schon auf eine tolle Schulveranstaltung.

Für meinen Text habe ich die Materialien M1 – M7 genutzt.

D Prüfungsaufgaben zum Themenbereich „Eine Frage der Beziehung“

D 1 Leseverstehen: Wie das Minenfeld der Peinlichkeit umgangen wird

Seite 86

1. a) trifft zu.

2. <u>Überschriften für die Sinnabschnitte:</u>
   1 (Z. 1 – 14): Jugendliche und Eltern denken ähnlich: Themen des Textes
   2 (Z. 15 – 29): Liebe und Sexualität
   3 (Z. 30 – 36): Schule und Noten
   4 (Z. 37 – 49): Schule und Mobbing
   5 (Z. 50 – 59): Trennung der Eltern
   6 (Z. 60 – 65): Vereinbarungen und Erlaubnisse
   7 (Z. 66 – 74): Vorbereitung auf schwierige Gespräche

3. a) Gestaltungsmittel: Metapher
   b) Die Menge an peinlichen Problemen der Jugendlichen wird nicht zwar nicht genau thematisiert; die Formulierung Minenfeld bedeutet aber, dass es sehr viele Probleme dieser Art gibt.

Seite 87

4. a), c), d), e), f) und i) treffen zu.

5. c) trifft zu.

6. reger Austausch zwischen Eltern und Jugendlichen; auch peinliche Themen können miteinander besprochen werden

7. Vorschlag: a)

Seite 88

8. empfohlene Strategien: a), c), e)

9. – Belastung der Jugendlichen
   – unangenehme Ansprache, weil sie den Eltern nicht noch mehr Sorgen bereiten wollen
   – Furcht vor negativen Reaktionen, z. B. Abwertung eines Elternteils
   – Eltern nicht objektiv

10. vorgeschlagene Strategien: a), b), d), e), g), i)

11. Je häufiger man unter Berücksichtigung von Regeln in der Familie miteinander spricht, desto einfacher fallen Konfliktgespräche.

Seite 89

12. Bereiche: Erziehungsberatung und Psychotherapie

13. Wirkungsweisen: b), c)

14. Textart: Sachtext

15. Absicht des Verfassers: c)

16. Beide Antworten sind prinzipiell möglich, müssen jedoch gut begründet werden. Wahrscheinlicher ist die Antwort „Nein“, denn der Text gibt sehr viele konkrete Ratschläge und Strategien dazu an, wie Jugendliche konstruktiv mit ihren Eltern sprechen können, z. B. vor dem Gespräch Argumente sammeln etc.

D 2 Leseverstehen: Charlottes Traum

Seite 91

1. richtige Antwort: epischer Text

2. c) trifft zu.

Seite 92

3. <u>Überschriften der Sinnabschnitte</u>:
   1 (Z. 1 – 10): Zimmerverteilung im Haus der Großmutter
   2 (Z. 11 – 20): Mutter lenkt vom Thema ab
   3 (Z. 21 – 28): Brüder nutzen die Situation aus und ärgern die Nachbarn
   4 (Z. 29 – 45): Vaters neue Freundin
   5 (Z. 46 – 60): Mutter will sich ablenken
   6 (Z. 61 – 64): Brüder benehmen sich schlecht

4. c) trifft zu.

5. c) trifft zu.

6. d) trifft zu.

Seite 93

7. b), d) und e) treffen zu.

8. b), c) und d) treffen zu.

9. Charlotte, Mutter, Felix, Großmutter, Oliver

10. a) Ich-Form
    b) personal

11. Durch die Ich-Erzählform und das personale Erzählverhalten kann der Leser das Geschehen unmittelbar aus der Perspektive der Ich-Erzählerin Charlotte miterleben, denn sie ist erzählendes und erlebendes Ich zugleich. Somit wirkt die Darstellung sehr direkt, zumal die Ich-Erzählerin kommentiert und ihre Gedanken offenlegt. Dieser Eindruck wird durch den parataktischen Satzbau, die verwendeten Ellipsen und die Wortwahl verstärkt, da die Sprache sehr jugendlich wirkt.

Seite 94

12. a) Erzählerkommentar
    b) Charlotte empfindet die Aussage, dass ihre Mutter in ihre Kindheit eintauchen würde, nicht als witzig, denn sie leidet unter der neuen Familiensituation und muss sich genauso wie ihre Mutter und ihre Brüder damit zurechtfinden, dass ihr Vater eine neue Freundin hat und sie daher zu der Großmutter ziehen mussten.

13. a) richtige Aussagen: Ellipsen, Parataxen
    b) passende Beurteilung: c)

14 Beide Meinungen sind möglich, sollten jedoch nachvollziehbar und plausibel mithilfe von Textbelegen begründet werden.

D 3 Was wird bei der Aufgabenstellung „Analysiere ..." erwartet?

Seite 95

2. • Fasse den Text zusammen.
   • Stelle dar, welche Erwartungen Adrian an Stella hat und wie er sich ihr gegenüber verhält.
   • Untersuche, wie Adrian Stellas Körpersprache bei ihrer Begegnung wahrnimmt.
   • Erläutere, auf welche Weise durch sprachliche Mittel deutlich wird, wie enttäuscht Adrian von Stellas Verhalten ist (mögliche Aspekte: Wortwahl, stilistische Mittel, Satzbau).
   • Schreibe einen kurzen Text aus der Sicht Stellas am Ende der Begegnung.
     – Welche Gedanken hat Stella, als sie noch einmal über ihre Begegnung mit Adrian nachdenkt?
     – Wie bewertet sie ihr eigenes und Adrians Verhalten?

     Schreibe in der Ich-Form und berücksichtige die Informationen, die der Textauszug gibt.

3. b) Es wird unter anderem gefordert, die Informationen zu nutzen, die der Textauszug gibt. Außerdem wird nach konkreten sprachlichen und formalen Besonderheiten gefragt.

D 6 Original-Prüfungsaufgabe 2018: Aufgabentyp 4a: Textauszug aus Susan Kreller: Schneeriese

Seite 100 – 103

1.–12. Lösungshilfen zu den Aufgaben finden sich direkt im Arbeitsheft und lassen sich der nachfolgenden Musterlösung entnehmen.

Seite 103

13. Mögliche Schülerlösung:

In dem vorliegenden Romanauszug aus dem Jugendroman „Schneeriese" von Susan Kreller geht es um einen für den Jugendlichen Adrian unbefriedigend verlaufenden Besuch bei seiner Jugendfreundin Stella, die dessen Liebe nicht wahrnimmt und seine Anwesenheit sogar als störend empfindet, weil sie eine Beziehung zu ihrem Nachbarn Dato begonnen hat. Der Jugendroman wurde 2016 im Hamburger Carlsen Verlag veröffentlicht. Der vorliegende Auszug findet sich auf den Seiten 52 – 55, wurde gekürzt und geringfügig verändert.

Adrian, der von seiner Jugendfreundin Stella wegen seiner Größe nur „Einsneunzig" genannt wird, besucht Stella zu Hause, weil er sie eine Zeit lang nicht gesehen hat. Da er sich in sie verliebt hat, muss er dazu seinen ganzen Mut zusammennehmen, um mit ihr darüber zu sprechen. Als er in ihr Zimmer kommt, beschäftigt Stella sich gerade damit, zu überlegen, was sie anziehen soll. Da sie ihn gar nicht erwartet hat, nimmt sie ihn kaum wahr, sondern lächelt bei seinem Eintreten nur kurz. Er beobachtet sie in ihrem persönlichen Durcheinander; sie beendet das Telefonat, das sie in dem Moment führt, und fragt ihn knapp und eher desinteressiert nach dem Anlass seines Besuches. Obwohl Adrian bezüglich Stellas Verhalten viele Gedanken durch den Kopf gehen, verneint er Stellas Frage, ob sie etwas für ihn tun könne. Er gibt vor, nach dem Rechten schauen zu wollen, doch sie nimmt ihn immer noch nicht richtig wahr. Auf die Frage, mit wem sie telefoniert habe, reagiert sie ausweichend und erklärt, sie habe gar keine Zeit für ihn. Adrian erkennt die Scham in ihrem Gesicht. Als sie schließlich zugibt, zu Dato gehen zu wollen, äußert er kurzentschlossen, er komme mit. Er erkennt in ihrem Gesicht jedoch, dass sie dies nicht möchte, denn sie lächelt nur traurig.

Die Erwartungen, die Adrian bei seinem Besuch vermutlich an Stella hat, widersprechen ihrem tatsächlichen Verhalten ihm gegenüber. Da er sich in sie verliebt hat, hat er allen Mut zusammengenommen, um mit ihr darüber zu sprechen (vgl. zusammenfassenden Vortext). Stella ist eine Freundin aus Kindertagen und vermutlich haben die beiden viel Zeit miteinander verbracht. Nun haben sie sich aber schon eine Weile nicht gesehen. Er erwartet augenscheinlich, dass sie sich freut, ihn wiederzusehen, sodass sie ihm ihre volle Aufmerksamkeit schenkt und ihn angemessen begrüßt. Im weiteren Verlauf wird durch seinen inneren Monolog (Z. 24 – 33) deutlich, dass er erwartet hat, dass sie ihn vorher anruft oder ihn besucht und dass sie Zeit mit ihm verbringt. Ebenso hat er eine Entschuldigung erwartet, weil sie ihn fünf Wochen vergessen hat, denn er fühlt sich von ihr vernachlässigt.

Tatsächlich reagiert sie aber ganz anders, was er als „neu" (Z. 4, Z. 5) erkennt. Dies zeigt eine deutliche Veränderung im Vergleich zu ihrem früheren Verhalten. Er nimmt Stella beim Eintreten als desinteressiert und kühl wahr (Z. 6 – 12). Sie wirkt geradezu enttäuscht, als sie ihn sieht, denn sie lässt „für einen winzigen Moment ihre Mundwinkel sinken" (Z. 6 – 7). Er bewertet ihre Reaktion negativ und bezeichnet diese kurze Zeit abwertend als „läppische[n] anderthalb Sekunden" (Z. 11). Da er erkennt, dass er sie beim Aussuchen der passenden Kleidung und beim Telefonieren stört, hält er seine wahren Gefühle eher zurück; dies zeigen die knappen Antworten seinerseits („Mich, sagte Adrian.", Z. 18), denn eigentlich ist er enttäuscht über ihre mangelnde Freude und Offenheit. Stella zeigt ihm deutlich, dass ihm die Wahl ihrer Kleidung viel wichtiger ist als die Begegnung mit ihrem ehemaligen Jugendfreund. Also sagt er etwas anderes, als er tatsächlich denkt, und gibt Geschäftigkeit vor (Z. 34 – 35), um seine wahren Gefühle zu verstecken. Dennoch bleibt er beharrlich, will wissen, mit wem sie telefoniert habe und wohin sie gehen wolle (Z. 39 – 45), obwohl er innerlich sehr aufgewühlt ist, was durch das personale Erzählverhalten deutlich wird. Er beobachtet sie genau und stellt aufgrund ihrer Mimik fest, dass sie sich auf die Lippen beißt (Z. 52) und rot wird (Z. 52 – 53). Gleichzeitig leuchten ihre Augen (Z. 53), was er so deutet, dass dieses Leuchten aufgrund der Tatsache entsteht, dass sie mit Dato verabredet ist, was sie kurz danach bestätigt (Z. 56). Darauf macht er den mutigen Vorstoß, zu sagen, dass er mitkomme („Ich komme mit!", Z. 57), was eher als Provokation aufzufassen ist, denn er nimmt wahr, dass sie überrascht reagiert und bleich wird (Z. 58 – 60). Obwohl er weiß, dass sie ihn als störend empfindet, signalisiert er durch seinen Blick (Z. 61 – 63), dass er sich nicht geschlagen geben wird. Er ist aufgeregt, muss sich durch Atmen beruhigen (Z. 64 – 66), doch er bleibt trotz ihrer Reaktion bei seinem Vorhaben, was letztlich wie eine Trotzreaktion auf ihre Ignoranz wirkt. Zusammenfassend ist festzustellen, dass Adrians Erwartungshaltung und sein Verhalten sich deutlich voneinander unterscheiden. Erst im weiteren Verlauf der Begegnung wird durch seine Provokation deutlich, dass er ihr Verhalten nicht in Ordnung findet.

Als Adrian Stellas Zimmer betritt, springt sie nicht freudig auf, sondern bleibt auf ihrem Bett im Schneidersitz sitzen (Z. 1). Nachdem sie realisiert hat, dass es Adrian ist, lässt sie kurz „ihre Mundwinkel sinken" (Z. 6 – 7), was er als Enttäuschung ihrerseits deutet. Dieses Verhalten macht ihn traurig. Auch der Klang ihrer Stimme unterstützt den Eindruck, den er erhält („klang enttäuscht", Z. 13). Nach dem Beenden des Telefonats schaut sie Adrian nur kurz an und widmet sich wieder ihrer eigentlichen Tätigkeit, nämlich dem Aussuchen passender Kleidung (Z. 16 – 17). Dies signalisiert ihm, dass sie ihn nur am Rande wahrnimmt, was durch den folgenden knappen Dialog unterstützt wird. Im folgenden Gespräch wirkt sie kurz angebunden. Sie widmet sich ihren Tätigkeiten mit größter Sorgfalt, während sie ihn nun gar nicht mehr ansieht (Z. 19 – 22), d. h. sie vermeidet Augenkontakt. Besonders deutlich wird ihr Desinteresse, als sie belanglos zu einem T-Shirt zu sagen scheint: „Kann ich irgendwas für dich tun?" (Z. 23). Der folgende innere Monolog von Adrian nach dieser Behandlung durch Stella wirkt ein wenig ironisch, da deutlich wird, was er sich eigentlich von ihr wünscht (Z. 24 – 33). Aber das sagt er nicht laut, sondern entgegnet stattdessen: „Nein [...] Alles bestens." (Z. 34). Doch wiederum scheint es, als würde Stella sich wieder nur mit den Kleidungsstücken befassen (Z. 40 – 43), sogar mit ihnen sprechen. Ironisch wird festgestellt: „Das Kleidungsstück blieb stumm [...]" (Z. 44). Erst als er sie fragt, mit wem sie telefoniert habe, bemüht sie sich um einen freundlichen Blick (Z. 49), reagiert aber verwundert (Z. 46), weil er sie damit zwingt, über ihren Freund Dato zu reden. Auf genaues Nachfragen seinerseits wird sie rot (Z. 52) und ihre Augen leuchten. Nun gibt sie die Wahrheit zu (Z. 56). Während der gesamten Begegnung zeigt Stella ihm durch ihre Körpersprache und ihre Mimik, dass sie geistig abwesend ist und sich nicht für ihn interessiert, sodass Adrian sich als Störfaktor fühlt und enttäuscht ist, da er sich eine andere Reaktion erhofft hat. Erst am Ende, als er sie provoziert (Z. 57), reagiert sie überrascht und nimmt ihn wahr: „Stellas Augen wurden dumpf und sahen ihn ungläubig an." (Z. 59). Vermutlich realisiert sie in diesem Moment seine Enttäuschung, möchte aber auch nicht zugeben, dass sie lieber mit Dato allein sein will („Doch da veränderte sich Stellas Gesicht schon wieder, ihre Augen sahen jetzt traurig aus und fremd und ängstlich, alles auf einmal. Sie probierte ein Lächeln.", Z. 68 – 70). Hier wird Stellas innerer Zwiespalt angedeutet. Daher ist festzuhalten, dass durch Stellas Körpersprache deutlich wird, dass sie Adrian in ihrer Situation als störend empfindet.

Während der Begegnung wirkt Adrian sehr enttäuscht über Stellas Verhalten ihm gegenüber, denn dieses entspricht überhaupt nicht der Erwartungshaltung, die er vor seinem Besuch hinsichtlich ihres Wiedersehens aufgebaut hat. Adrians Gefühle werden einerseits deutlich durch die verwendete Er-/Sie-Erzählform und das personale Erzählverhalten, da so der Fokus auf Adrians Wahrnehmung gelenkt wird, denn die Beschreibung Stellas wirkt bewertend: „Und da war noch etwas anderes, das neu war. Stellas Blick war neu." (Z. 4 – 5). Ebenso werden durch innere Monologe (Z. 24 – 33) seine Gedanken offenbart, sodass ein Widerspruch zwischen diesen und seinem Handeln entsteht. Nach der Frage, ob Stella etwas für ihn tun könne, wird lediglich für den Leser im inneren Monolog deutlich, was er sich gewünscht hätte. Hier werden viele Dinge mithilfe von Anaphern aufgezählt, die Verwendung des Konjunktiv II zeigt jedoch, dass sich all seine Wünsche und Erwartungen nicht erfüllt haben bzw. sich nicht erfüllen werden („[...] du könntest mich anrufen jeden Tag [...]", Z. 26 / 27). Direkt zu Beginn des Auszuges wird der Fokus darauf gelenkt, dass sich in ihrer Beziehung bzw. Freundschaft etwas verändert hat. Genau diese Veränderung von Stella hinsichtlich ihres Verhaltens, ihres Aussehens und ihrer Kommunikation wird durch Adjektive (z. B. „enttäuscht", Z. 13; „nicht unfreundlich", Z. 13 / 14) und Nomen (z. B. „Mundwinkelmomenten", Z. 8 / 9; „Klamottenberg"; Z. 21 / 22), mit denen sie beschrieben wird, deutlich. Dazu werden auch Neologismen verwendet, die ein wenig spöttisch erscheinen, denn Stella ist die Kleidung wichtiger als ihr alter Freund Adrian, weil sie Dato beeindrucken möchte. Diesbezüglich werden auch Metaphern genutzt, die übertrieben wirken und ihr ungewohntes Verhalten betonen: „Sie studierte mit allergrößter Sorgfalt einen hellen blauen Pullover [...]" (Z. 19 / 20). Dass Adrian sehr aufgewühlt ist, wird zudem durch die Personifikation seines Herzens verdeutlicht. An zwei Stellen (Z. 36 / 37, Z. 64 / 66) wird durch Parataxen und Ellipsen quasi hörbar gemacht, wie laut sein Herz schlägt, weil er ihr einerseits Zufriedenheit und Ordnung und andererseits Ruhe und Stärke vorgaukelt, obwohl er eigentlich angespannt und aufgeregt zugleich ist. Mit dem Ein- und Ausatmen versucht er, sich zu beruhigen, obwohl er etwas anderes denkt, als er schließlich sagt (Z. 34). Letztlich wird auch durch die Parataxen und Ellipsen im Dialog gezeigt, dass er aufgrund seiner Enttäuschung nicht in der Lage ist, offen mit ihr über seine Gefühle zu reden. Damit bleibt ihm lediglich nur die Möglichkeit der Provokation durch die Ankündigung seiner Begleitung zu Dato. Durch einen Parallelismus, der durch eine Konjunktion eingeleitet wird, zeigt sich, dass er sich dabei sehr unwohl fühlt: „[...] obwohl er sich nicht aussehen konnte in diesen Minuten, obwohl ihm seine eigene Anwesenheit genauso verhasst war, wie sie es für Stella sein musste." (Z. 62 / 63). Zusammenfassend zeigt sich durch seine Körpersprache, sein Verhalten und seine wortkarge Kommunikation, dass er enttäuscht und traurig aufgrund von Stellas desinteressiertem Verhalten ihm gegenüber ist.

<u>Text aus der Sicht Stellas am Ende ihrer Begegnung:</u>

Nun ist er doch gegangen ... Hätte ich ihn freundlicher aufnehmen sollen? Ich weiß nicht – die Umstände haben sich verändert. Zwischen uns ist einfach nicht mehr die gleiche Nähe wie vorher. Ja, er war mein bester Freund und wir haben viel Zeit miteinander verbracht, aber nun ist Dato mein Freund. Das ist was ganz anderes. Ich möchte jetzt mit ihm meine Zeit verbringen – und das ist mir wichtig. Dennoch habe ich ein furchtbar schlechtes Gewissen – ich hätte viel früher mit Adrian sprechen sollen. Er hat wirklich nicht verdient, dass ich ihn so ignoriere – aber es war auch wirklich ein schwieriger, unpassender

Moment. Er hätte auch vorher anrufen können. Ja, was hätte ich dann gemacht? Ich hätte ihm sicher abgesagt und ihn abgewimmelt. Schwierig! Aber er hat auch so getan, als sei alles in Ordnung mit ihm, als würde es ihn gar nicht stören, dass ich keine Zeit für ihn habe. Schließlich hat er selber gesagt, dass er in den letzten Wochen keine Zeit hatte – keine freie Minute – das hat er selbst gesagt ... Dennoch ... ich werde mich bei ihm entschuldigen, ihm sagen, dass ich ihn als guten Freund nicht verlieren möchte. Aber – und das muss er auch verstehen – Dato ist nun mein Freund – und für den brauche ich eben auch meine Zeit. Das heißt ja nicht, dass „Einsneunzig“ und ich uns nicht mehr verstehen ...

D 7 Aufgabentyp 4a: Textauszug aus Rafik Schami: Eine Hand voller Sterne

Seite 106 – 108

1.– 9. Lösungshilfen zu den Aufgaben finden sich direkt im Arbeitsheft und lassen sich der nachfolgenden Musterlösung entnehmen.

Seite 108

10. Mögliche Schülerlösung:

1 Der vorliegende Textauszug ist dem Roman „Eine Hand voller Sterne“ von Rafik Schami entnommen; dieser wurde im Jahr 1987 veröffentlicht. Der Autor erzählt darin in Form eines Tagebuchs die Geschichte eines 15-jährigen Jungen, der in Damaskus als Bäckerssohn aufwächst. Der entnommene Auszug findet sich zu Beginn des Romans (S. 10 – 12) und spiegelt einen Eintrag vom 20. März. Der Ich-Erzähler gibt die Erinnerungen an seinen alten Lehrer wieder, der besondere Erwartungen an Aufsätze hatte. Je stärker die Aufsätze die Welt beschönigten, desto besser fiel die Bewertung aus.

In diesem Romanauszug übt Rafik Schami durch die Darstellung der wenig realitätsnahen Bewertung Kritik am Schulsystem, da der Lehrer die Augen vor der Realität, d.h. der Armut in den Familien, verschließt und die Schüler durch seine Bewertung indirekt dazu auffordert, diese zu verleugnen und zu beschönigen. Damit motiviert er die Schüler aber nicht, sondern verjagt sie im Prinzip aus der Schule.

Der Ich-Erzähler soll in der Schule einen Aufsatz über ein festliches Mahl schreiben. Da er weiß, dass der Lehrer Erzählungen über märchenhafte Feste, Geburtstage und Erlebnisse bevorzugt, indem er sie besser bewertet, beschönigt er die Realität, denn in Wahrheit kommen die Gäste bei ihm zu Hause oft unerwartet. Daher muss seine Mutter das vorhandene Essen unter ihnen aufteilen. Weil sie aber immer mit Besuch rechnet, kocht sie auch immer etwas mehr. Statt dieses zu schildern, geht er zu seinem Onkel Salim, der mit seiner Kutsche oftmals Gäste zu feinen Leuten gebracht hat. Dieser erzählt ihm genau, was alles serviert, gegessen und getrunken wurde. Dann erfindet er in seinem Aufsatz eine prachtvolle Feier mit Paschas, Prinzen und einem Richter. Er schreibt, dass seine Mutter Gazelle serviert habe. Seine Mitschüler hören beim Vorlesen mit offenen Mund zu; als Bewertung erhält er eine Zwei. Der Schüler Chalil hingegen hält sich in seinem Aufsatz an die Realität, indem er schreibt, dass es bei ihnen kein Festessen gäbe, da sein Vater nach den Aussagen seiner Mutter zu arm sei. Dieser reagiert wütend und erklärt, dass er 16 Personen zu Hause versorgen müsse und sich daher nichts leisten könne. Die Geschichte endet mit dem Streit der Eltern. Zwar können die Mitschüler den Inhalt von Chalils Geschichte nachvollziehen, denn allen ergeht es zu Hause ähnlich, doch der Lehrer bewertet den Aufsatz mit einer Sechs. Danach kommt Chalil nicht mehr in die Schule und arbeitet stattdessen bei einem Automechaniker.

Die Aufgabe des Lehrers lautete, dass die Schüler ein „festliches Mahl“ (Z. 5) beschreiben sollten. Dabei bedenkt der Lehrer aber nicht, dass solch eine Beschreibung nicht der Alltagswelt seiner Schüler entspricht, da sie aus ärmlichen Verhältnissen kommen. Der Tagebucheintrag spiegelt zwei verschiedene Lösungsstrategien und deren Resultat – die Bewertung durch den Lehrer, die aufgrund des Erfahrungshorizontes des Schüler nicht gerechtfertigt erscheint, lässt lediglich eine reine Orientierung an der Aufgabe zu. Der Autor stellt diese Aufgabe zunächst in einer kurzen Einleitung dar, schildert dann die fiktive Erzählung des Ich-Erzählers mitsamt ihrer Bewertung, um im Anschluss als Kontrast die Erzählung Chalils und ihre Bewertung darzustellen.

Der Ich-Erzähler wendet sich, um die Aufgabe erledigen zu können und sich Informationen zu beschaffen, an seinen Onkel Salim, der als bediensteter Kutscher für feine Leute gearbeitet hat. Der Kutscher hat diese Leute zu Feiern gefahren und ist dann in die Küche geschlichen, um mit dem Hauspersonal zu essen. Er kann seinem Neffen genau erzählen, „was und wie alles serviert wurde, was die Leute trinken und worüber sie reden“ (Z. 15 – 16). Der Leser hat durch die Erzählweise des Ich-Erzählers den Eindruck, dass auch der Onkel in seinen Geschichten Euphemismen verwendet (Z. 16 – 17: „Onkel Salim ließ einige Paschas und Prinzen aufmarschieren, die es in Syrien nicht mehr gibt [...]“). Also verändert der Erzähler in seinem Aufsatz die alten Elemente und setzt sie in seine Realität um, um vor dem Lehrer glaubhafter zu erscheinen: „[...] aber die habe ich durch einen Polizeivorsteher und sogar durch einen Richter ersetzt [...]“ (Z. 18 – 19). Die im Tagebuch ergänzten Kommentare (Z. 19: „(kein Richter hat unsere Wohnung je gesehen!)“) verdeutlichen, dass sich der Erzähler durchaus bewusst ist, dass er ein realitätsfernes Ereignis schildert – und dies nur, um dem Lehrer zu gefallen. Während des Vorlesens in der Schule wird ihm bewusst, wie wenig die fiktive Geschichte der ärmlichen Realität der Schüler und ihrer Familien entspricht, denn er benennt kontrastiv dazu seine Gefühle: „Es war komisch, ein trockenes Brot für die Pause im Schulranzen zu haben und von gebratenen Gazellen zu sprechen.“ (Z. 22 – 24). Die geschilderte Reaktion der Mitschüler verstärkt diesen Eindruck (Z. 24 – 28) und wirft die Frage nach der Sinnhaftigkeit der Schreibaufgabe auf, die sich an längst vergangenen Zeiten orientiert und nichts mit der Lebenswirklichkeit der Schüler zu tun hat, was schon zu Beginn des Textauszuges durch den Erzähler verdeutlicht wird: „Von uns hat doch noch nie jemand einen

besonderen Geburtstag oder ein großes Fest erlebt.“ (Z. 2–3). Dennoch erhält der Ich-Erzähler eine gute Bewertung, weil er im Vorfeld wusste, was der Lehrer von ihm erwartet hat.
Auch die Aufsätze der anderen Schüler entsprechen nicht der Realität und zeigen einen deutlichen Kontrast dazu, was die kommentierende Wortwahl zu diesen hervorhebt: „[...] wo auf einmal Bischöfe, Generäle, Dichter und Händler sich die Hände in unseren ärmlichen Buden reichten.“ (Z. 26–28). An dieser Stelle zeigt sich noch deutlicher, wie sinnentleert die Aufgabe des Lehrers ist.
Zum Abschluss der Präsentationen liest der Schüler Chalil seinen Aufsatz vor. Er erzählt, dass es zum heftigen Streit zwischen seinen Eltern gekommen sei, als er sie nach einem Festessen gefragt habe. Somit kann er sich keine Informationen beschaffen. Stattdessen schildert dieser die Alltagssituation in seiner Familie, die geprägt ist von Konflikten und Armut. Seine Mutter bedauert, keinen reicheren Mann geheiratet zu haben (Z. 30–33), und sein Vater glaubt, er hätte sich schon längst ein Haus kaufen können (Z. 40–41), wenn er nicht 16 Personen hätte ernähren müssen (Z. 35–36). Auch hier betont der Erzähler durch Erläuterungen (Z. 35–36: „(zwölf Geschwister, Vater, Mutter und den Großvater)“ und die Wortwahl (Z. 33–34: „zornig und verletzt“, Z. 35: „gefräßige Familie“, Z. 40: „längst die Groschen zusammenkratzen“) die ärmlichen Lebensumstände, in denen die Familien in Syrien leben müssen. Statt Chalil zu loben, erhält er vom Lehrer eine Sechs als Bewertung – vermutlich, weil er am Thema vorbeigeschrieben hat. Dennoch werden die Absurdität der Aufgabe sowie auch die indirekte Kritik des Autors an derselben deutlich, indem er mit einer vergleichenden Metapher hervorhebt, dass sich jeder Schüler gerade in der letzten Geschichte wiederfindet (Z. 41–42: „[...] jeder von uns sah seine Familie wie in einem Spiegel.“), da sie die Realität spiegelt. Somit zeigt der Text deutlich in Antithesen die Unterschiede zwischen Schein und Wirklichkeit sowie zwischen Realität und Lüge. Die Schüler werden dazu erzogen, die Realität abzulehnen bzw. zu verleugnen und sich stattdessen in Scheinwelten hineinzudenken, die sie selbst erfunden haben. Dieser Eindruck wird noch verstärkt, da Chalil nach dieser eher beleidigenden Bewertung, denn er hat seine Familiensituation vor den anderen Schülern und dem Lehrer offen dargelegt, nicht mehr in der Schule erscheint und stattdessen bei einem Automechaniker arbeitet. Das könnte zwei Gründe haben. Einerseits könnte er sich bloßgestellt fühlen und aus Scham nicht mehr die Schule besuchen; andererseits könnte es sein, dass er meint, in der Schule nichts Wichtiges zu lernen.
Damit komme ich auf meine anfangs aufgestellte Hypothese zurück. Meiner Ansicht nach kritisiert der Autor in diesem Textauszug das Schulsystem in Syrien, da in diesem die Augen vor der Realität verschlossen werden.

2 Dadurch, dass der Ich-Erzähler in seinem Tagebucheintrag Chalils Erzählung an das Ende setzt, seinen Eintrag eher parataktisch enden lässt (Z. 46–47: „Chalil kam am nächsten Tag nicht mehr. Er ist jetzt bei einem Automechaniker.“) und grundsätzlich eher neutral von dem Vortrag Chalils erzählt, kann man eigentlich nur indirekt die Kritik erkennen, aber im Grunde wird nirgendwo explizit deutlich, dass der Ich-Erzähler Chalils Aufsatz als den besten Aufsatz der Klasse einschätzt. Das kann der Leser nur erschließen, indem er die Kommentare in der Ich-Form genauer betrachtet.
Chalil hat in seinem Aufsatz eine realistische Situation in seiner Familie dargestellt, die er dann in der Klasse offen vorgestellt hat. Das heißt, er hat seine ärmliche häusliche Situation vor den anderen und dem Lehrer offenbart und zugegeben, dass es bei ihnen niemals ein „festliches Mahl“ gegeben hat. Damit hat er die Wahrheit gesagt, wird aber durch die Sechs zusätzlich vom Lehrer dafür bestraft, dass er offen und ehrlich war. Meiner Ansicht nach hat er wirklich den besten Aufsatz geschrieben, auch wenn er das „Thema verfehlt“ (Z. 46) hat. Sicherlich ist es rein objektiv so, doch meiner Meinung nach hat er damit auch indirekt den Lehrer kritisiert, da er ihm vor Augen geführt hat, dass seine Aufgabe nicht der Lebenswirklichkeit der Schüler entspricht. Somit müsste dieser sich im Grunde eingestehen, dass er nicht das thematisiert, was die Schüler eigentlich beschäftigt. Die anderen Schüler haben sich zwar am Thema orientiert, sich aber dennoch opportunistisch verhalten, da sie genau wussten und geschrieben haben, was der Lehrer von ihnen hören wollte.

D 8 Aufgabentyp 4a: Theda Jacoba Olsen: Ich, meine Schwester

Seite 109

Mögliche Schülerlösung:
In der kurzen Erzählung „Ich, meine Schwester“ von Theda Jacoba Olsen aus dem Jahr 1996 wird der innere Zwiespalt der Jugendlichen Solveig beschrieben, die gemeinsam mit ihren Eltern die ältere Schwester Linda nach deren Auslandsaufenthalt vom Flughafen abholt. Die Erzählung spiegelt den Konflikt zwischen jüngeren und älteren Geschwistern und zeigt an diesem Beispiel, dass jüngere sich häufig von den älteren zurückgesetzt fühlen.
Linda, Solveigs große Schwester, kehrt an diesem Tag nach einem Jahr Aufenthalt aus Amerika zurück. Solveig weiß nicht, ob sie sich darüber freuen oder sich davor fürchten soll, denn sie fürchtet, neben ihrer großen Schwester noch unscheinbarer als vorher zu wirken. Als das Auto Richtung Flughafen fährt, erinnert sich Solveig an den Tag, als sie Linda dorthin gefahren haben. Ihre Schwester war aufgekratzt und Solveig war gleichzeitig stolz und neidisch auf sie. Als sie am Flughafen angekommen sind, eilt ihre Mutter voran. Solveig ist ebenfalls aufgeregt. Als Linda durch die Zollsperre kommt, schreit die Mutter vor Freude. Solveig wundert sich, dass Linda sich so verändert hat. Alle sind glücklich. Auf der Rückfahrt erzählt Linda ohne Pause, was sie alles in Amerika erlebt hat. Solveig fühlt sich wieder zurückgesetzt und reist in Gedanken in den Garten ihrer Tante, in dem besondere Pflanzen an Bäumen wachsen, ohne den Baumstamm aber würden sie am Boden bleiben.

Bereits zu Beginn der Erzählung wird der innere Zwiespalt Solveigs bezüglich der Rückkehr ihrer Schwester durch eine Antithese verdeutlicht: „Wie sehr hatte Solveig diesen Tag herbeigesehnt, wie sehr hatte sie diesen Tag gefürchtet." (Z. 3 – 6). Dies zeigt, dass die Beziehung der beiden vor dem Auslandsaufenthalt nicht besonders einträchtig gewesen sein kann. Dieser Eindruck wird durch Fragen verstärkt: „[...] weiß sie noch nicht, was überwiegt: die Freude? Die Furcht?" (Z. 8 – 9). Diese Gedanken Solveigs werden mithilfe der Er-/Sie-Erzählform durch erlebte Rede für den Leser transparent. Mithilfe einer Metapher werden die Gründe für Solveigs Gedanken deutlich: Sie fühlt sich durch ihre große Schwester zurückgesetzt und glaubt, dass sie, wenn diese wieder daheim ist, weniger wichtig ist. Sie vergleicht ihre eigene Person mit „farblose[m] Glas" (Z. 14), das „[...] leer oder gefüllt nach Belieben der anderen, durchsichtig, zerbrechlich" (Z. 14 – 18) ist. Es scheint so, als fühle sie sich nicht als eigenständige Person, nicht reif und erwachsen, so, als würde sie immer im Schatten ihrer Schwester stehen. Das erklärt ihre Furcht vor der Rückkehr ihrer Schwester. Während der Fahrt zum Flughafen erinnert sich Solveig an die Abfahrt ihrer Schwester nach Amerika (Z. 24 – 46). Bereits damals hat Linda im Mittelpunkt gestanden (Z. 24 – 38). Einerseits war sie damals stolz, andererseits aber auch neidisch auf ihre große Schwester (Z. 42 – 44). Dieser Rückblick verdeutlicht abermals die starke Persönlichkeit ihrer Schwester und zeigt, dass sich Solveig zu dieser Zeit ebenfalls im Zwiespalt befunden hat.

Die Autorin beschreibt das Wetter: „Die Wolken sind leer geregnet. Nur noch vereinzelt fällt Wasser auf die Erde, stattdessen strömt Sonnenlicht durch die Zweige [...]" (Z. 48 – 53). Diese Beschreibung wirkt als Sinnbild wie eine Vorausdeutung auf das Erscheinen der großen Schwester. Hinter der Allegorie „schmächtige[n] Bäumchen", die noch wachsen (Z. 53 – 54), könnte sich eine Andeutung auf die kleine Schwester Solveig verbergen, die noch nicht so viel erlebt hat wie ihre Schwester Linda und die daher über keine so schillernde Persönlichkeit verfügt. Solveig betrachtet sich selbst und denkt daran, dass sie selbst auch größer geworden ist (Z. 58 – 61). Durch eine Aufzählung (Z. 64 – 68) wird deutlich, dass sie doch eine positive Aufregung in sich verspürt: „Geburtstagsstimmung, Lotteriefieber [...]".

Lindas Erscheinen wird durch einen kurzen Hauptsatz eingeleitet: „Und da kommt sie!" (Z. 81 – 82). Die Mutter reagiert, wie Solveig es erwartet hat, sehr emotional. Sie lässt Solveig los und reißt die Arme hoch (Z. 86 – 88). Solveig ist zunächst etwas erstaunt über Lindas Erscheinungsbild: „stämmige[s] Mädchen mit dem gebräunten, runden Gesicht", „ausgewaschene[n] Latzhose" (Z. 89– 91), „Haare sind kurz", „Ellenbogen etwas schorfig und gerötet" (Z. 92– 94), „Mundgeruch", „fleischiger und strammer" (Z. 98 – 100) etc. Dann aber ist alles wie immer, denn Linda redet während der gesamten Autofahrt (Z. 107 – 109) und erhält die ganze Aufmerksamkeit der Eltern. Was sie alles thematisiert, wird in einer Aufzählung angerissen (Z. 109 – 115). Recht schnell stellt sich bei Solveig das altbekannte Gefühl wieder ein: „Solveigs Aufregung hat sich zu einem kleinen, festen Klumpen in der Magengrube zusammengeballt." (Z. 118 – 120). Diese Metapher zeigt, dass sie sich neben ihrer Schwester wieder klein und unscheinbar fühlt. Ihre Furcht hat sich bewahrheitet.

Im letzten Abschnitt des Textes wird erzählt, dass Solveig sich in eine Erinnerung flüchtet (Z. 122 – 134). Sie denkt an den verwilderten Garten ihrer Tante, in dem es kleine Pflänzchen gibt, die nicht aus eigener Kraft in die Höhe wachsen können. Sie brauchen einen Baumstamm, an dem sie sich hochranken können. Diese Gedanken stellen sinnbildlich Solveigs Beziehung zu ihrer Schwester Linda dar, denn neben ihr fühlt sie sich unreif und unscheinbar. Hier wird die Metapher des „schmächtigen Bäumchen[s]" (Z. 53) wieder aufgegriffen. Somit zeigt das Ende, dass sich die Beziehung zwischen Solveig und ihrer Schwester nicht verändert hat, denn sie wird immer die kleine Schwester bleiben.

<u>Text aus der Sicht von Solveig:</u>

Jetzt ist schon ein Jahr vergangen, seit wir Linda nach Amerika verabschiedet haben. Ich freue mich darauf, sie endlich wiederzusehen, aber ich habe gleichzeitig auch Angst davor. Mein Leben lang stand ich in Lindas Schatten, nie war ich so klug, erfolgreich, lustig oder hübsch wie sie. Auch wenn ich Linda unheimlich vermisst habe, hat mir ihre Abwesenheit doch auch gut getan. Endlich haben die Leute einmal mich, Solveig, gesehen und nicht nur Lindas kleine Schwester. Ich bin viel erwachsener und selbstständiger geworden. Ich denke, dass ich nun endlich gleichberechtigt neben Linda stehen kann und nicht nur an zweiter Stelle hinter ihr. Soll Linda doch kommen und die neue Soveig kennenlernen!

Aber nun ist Linda wieder da und schon ein paar Minuten nach ihrer Landung ist wieder alles beim Alten: Linda redet und redet und alle haben nur Augen und Ohren für sie. Ich weiß nicht, ob ich es auf Dauer schaffen kann, mich gegen sie zu behaupten. Vielleicht werde ich immer nur Lindas kleine Schwester bleiben ...

D 9 Aufgabentyp 4a: Namika: Lieblingsmensch

Seite 111

❶ Mögliche Schülerlösung:

Bei dem lyrischen Text „Lieblingsmensch" handelt es sich um einen Songtext von Namika aus dem Jahre 2015. Thematisiert wird die Beziehung zu einem so genannten „Lieblingsmenschen", der nicht weiter definiert wird. Das lyrische Ich stellt im Text dar, wie wunderbar und leicht das Leben an der Seite dieses Menschen ist.

Das Lied besteht aus insgesamt acht Strophen; drei davon sind der Refrain, der jeweils wiederholt wird. In allen Strophen wird die gute Beziehung zum „Lieblingsmenschen" dargestellt, mit dem zusammen das lyrische Ich genauso sein kann, wie es ist, ob verträumt, verrückt, humorvoll oder traurig. Der Lieblingsmensch fängt es auf, bietet Schutz und Geborgenheit sowie amüsante Stunden.

An seinem „Lieblingsmenschen", der hier nicht genau definiert wird und im Prinzip übertragbar auf jede Person ist, wie zum Beispiel Freund oder Freundin, Schwester oder Bruder, Mutter oder Vater, schätzt das lyrische Ich, dass dieser beruhigen und Trost spenden kann (V. 1 – 2), dass es zusammen mit ihm Spaß haben kann (V. 3 – 4), dass die gemeinsame Zeit schneller vorübergeht, selbst wenn es gilt, unangenehme Tätigkeiten zu erledigen (V. 5 – 6), und dass selbst banale Dinge zu ganz besonderen werden können (V. 7–8). Diese positiven Eigenschaften und Vorzüge der Beziehung werden bereits in der ersten Strophe anhand von Vergleichen („[...] wie ein Segelschiff im All.“, V. 2) und Metaphern („Aber bist du mit mir an Bord [...]“, V. 3) veranschaulicht. Gleichermaßen schätzt das lyrische Ich, dass lediglich Blicke zur Verständigung ausreichen (V. 9–10), was darauf schließen lässt, dass sich die beiden sehr gut kennen. Zudem gibt es an, dass beide jederzeit dem Alltag entfliehen können; dies wird wiederum durch eine Metapher verdeutlicht (V. 11–12). Im folgenden Refrain, der insgesamt dreimal wiederholt wird (Strophe 3, 6 und 8) macht das lyrische Ich dem „Lieblingsmenschen“ ein Kompliment dafür, dass dieser es so gut kennt, dass es sich nicht verstellen muss. Es bedankt sich abschließend dafür, so einen Menschen an seiner Seite zu haben (z. B. V. 17). In der vierten Strophe weist das lyrische Ich darauf hin, dass dieser Mensch an seiner Seite absolut vertrauenswürdig ist (V. 19–21), und vergleicht diesen mit der „Area 51“ (V. 22), einem militärischen Sperrgebiet in Nevada, das der strengsten Geheimhaltung unterliegt. Damit unterstreicht es den Wert der Beziehung für sich selbst. Verstärkt wird dieser noch durch die Darstellung, dass ein Streit nie länger als „5 Minuten“ (V. 25) dauern würde. Die Beziehung ist also auch von Harmonie geprägt. Zudem scheint der „Lieblingsmensch“ sehr sensibel und empfänglich für die Launen des lyrischen Ichs zu sein. Das wird in der fünften Strophe deutlich, denn dieser durchschaut es (V. 27) und macht ihm auch Mut (V. 28). Wiederum durch eine Metapher („Manchmal wiegt der Alltag schwer wie Blei [...]“, V. 29) wird gezeigt, dass dieser besondere Mensch auch in schweren Stunden dazu beiträgt, das Leben zu ertragen (V. 30). In der siebten Strophe gibt das lyrische Ich zu bedenken, dass sich Zeiten und sie sich selbst ändern würden (V. 37). Dazu benennt es ein altes Foto (V. 38: „Polaroidbild“). Es beklagt, dass beide sich zu lange nicht gesehen haben (V. 39), doch wenn sich beide dann sehen, ist die Beziehung wie zuvor: „[...] doch jetzt lachen wir, als wenn du nie weggewesen wärst.“ (V. 40). Das Lied ist rhythmisch und weist einen zumeist ganz regelmäßigen Trochäus auf. Stellenweise sind Endreime zu erkennen (z. B. V. 6 und V. 8). Aufgrund dieser Struktur und des sich wiederholenden Refrains prägt sich der Text leicht ein.

Die Aussage aus dem Refrain: „Bei dir kann ich ich sein, verträumt und verrückt sein“ (V. 15–16) wird im Songtext insgesamt dreimal im Refrain wiederholt. Sie fasst im Grunde die Kernaussage des Liedes in einigen Worten zusammen: Das lyrische Ich schätzt seinen „Lieblingsmenschen“ sehr wert und hat ihn gerne um sich, weil es mit ihm zusammen genauso sein kann, wie es ist. Es muss sich nicht verstellen, wird ernst genommen, kann lachen und weinen. Auch wenn sich beide lange nicht gesehen haben, ist es, als ob dieser Mensch nie weggewesen wäre (V. 40). Somit fühlt sich auch das lyrische Ich als Person akzeptiert und wertgeschätzt. Die Beziehung zwischen beiden Personen scheint für beide etwas sehr Wichtiges und Besonderes zu sein. Aus diesem Grunde bedankt sich das lyrische Ich bei seinem „Lieblingsmenschen“ für dessen Existenz und seine Persönlichkeit (z. B. V. 17).

Die Schülerin sagt zum Songtext, dass es für jeden wichtig sei, so einen Lieblingsmenschen an seiner Seite zu haben; diese Rolle könne prinzipiell jeder ausfüllen. Damit meint sie, dass jeder Mensch einen anderen an seiner Seite braucht, bei dem er so sein kann, wie er wirklich ist („Bei dir kann ich ich sein [...]“, V. 15). In diesem Punkt stimme ich der Schülerin zu, denn in unserer heutigen Gesellschaft müssen wir Menschen zu oft bestimmte Rollen einnehmen und Erwartungen erfüllen, ohne dass wir immer sein können, wie wir wirklich sind oder wie uns gerade zumute ist. Deshalb ist es ganz wichtig, dass wir mindestens einem Menschen absolut vertrauen können (V. 19–20). Dennoch glaube ich, dass diese Rolle prinzipiell nicht jeder ausfüllen kann, denn zu so einer Beschreibung, wie sie das lyrische Ich hier darlegt, gehört auch eine Art Seelenverwandtschaft, also eine Verbindung zwischen Menschen, die sich mögen und die die gleichen oder zumindest ähnliche Interessen und Vorlieben haben. Damit sind Menschen gemeint, die irgendwie gleich „ticken“. Das kann natürlich erst einmal jeder sein, wahrscheinlicher ist meiner Ansicht nach jedoch eine Freundschaft und im Idealfall auch die Beziehung. Dennoch bleibt festzuhalten, dass diese Beziehung zwischen dem lyrischen Ich und seinem Lieblingsmenschen wirklich etwas ganz Besonderes ist.

E Prüfungsaufgaben zum Themenbereich „Medien und mehr“

E 1 Leseverstehen: Varinia Bernau: I6d#&r6achtsi6dall

Seite 115

1 c) trifft zu.

2 b) trifft zu.

3 c) trifft zu.

Seite 116

4 b) trifft zu.

5 c) trifft zu.

6 b) trifft zu.

7 c) trifft zu.

8 d) trifft zu.

Seite 117

9 Mit „Verschleierungsmethode“ ist gemeint, dass ein bestimmter Ausgangssatz, z. B. ein Sprichwort, mithilfe von Ziffern und Sonderzeichen so verändert wird, dass es für den Benutzer gut zu merken, für andere Menschen aber undurchschaubar ist.

10 a) trifft zu.

11 d) trifft zu.

Seite 118

12 Das Passwort wird nur ein einziges Mal auf Papier notiert und dann per Post versendet.

13 c) trifft zu.

14 Ich stimme der Aussage der Schülerin, die sagt, dass man Passwörter stets selbst erstellen sollte, nicht zu. Wie in dem Artikel „I6d#&r6achtsi6dall“ von Varinia Bernau beschrieben wird, sind die meisten Menschen nicht sehr kreativ, wenn es darum geht, sich Passwörter auszudenken. Meistens verwenden sie Passwörter, die sehr leicht zu knacken sind oder nehmen ein einziges Passwort für alle möglichen Dienste, sodass Hacker leichtes Spiel haben.
Deshalb halte ich es für besser, sich von einem Profi ein Passwort erstellen zu lassen. So kann man sichergehen, dass das Passwort den gängigen Sicherheitsanforderungen entspricht. Dabei glaube ich nicht, dass die Profis ihr Wissen um die Passwörter ihrer Kunden missbrauchen würden, schließlich würde das ganz schnell auffallen, sodass sie sich letztlich nur selbst schaden würden.

E 2 Leseverstehen: Die Tageszeitung ist nicht out, aber ...

Seite 120

1 Die Tageszeitung ist nicht out, **aber ihre Zukunft ist ungewiss**.

2 b) trifft zu.

Seite 121

3 a), b) und d) treffen zu.

4 c) trifft zu.

5 a) trifft zu.

6 a) trifft zu.

Seite 122

7 b) trifft zu.

8 Das Balkendiagramm, welches vom Bundesverband Deutscher Zeitungsverleger herausgegeben wurde, beschreibt die Entwicklung der E-Paper-Auflagen in Deutschland. Betrachtet wird der Zeitraum von 2005 bis 2015. Es fällt auf, dass die Auflage der E-Paper kontinuierlich gestiegen ist. Betrug die Auflage der verkauften E-Paper im Jahre 2005 nur etwas mehr als 20.000 Stück liegt sie heute bei gut 800.000.
Anfangs wurden die Auflagen der E-Paper nur langsam höher, im Zeitraum von 2009 bis 2015 sind sie allerdings fast um das 10fache angestiegen. Besonders in den letzten drei Jahren (ab 2013) ist ein sehr starker Anstieg von fast 400.000 Stück auf eine Auflage von 780.000 Stück festzustellen.

9 b) und c) treffen zu.

Seite 123

10 Der Text beschreibt, dass die Auflagenhöhen der klassischen, gedruckten Tageszeitung sinkt. Als Grund dafür wird unter anderem die Übermacht des Internets angeben und damit verbunden auch die Möglichkeit, die Zeitung als E-Paper auf dem Handy oder Tablet zu lesen. Die Grafik unterstützt die Aussage des Textes, da sie zeigt, dass die die E-Paper-Auflagen immer weiter ansteigen und sich insbesondere den letzten drei Jahren fast verdoppelt haben.

11 a) sinkende Abonnementzahlen und Werbeeinnahmen
b) Internet bietet viele Angebote im Nachrichtenbereich, die schnell und kostengünstig verfügbar sind
c) andere Medien (Fernsehen, Radio)

12 Regionalzeitungen beziehen sich auf das unmittelbare regionale Umfeld. Hier gibt es weniger konkurrierende Angebote anderer Medien, wie Internet, aber auch Fernsehen und Radio.

13 Der Aussage eines Schülers, der sagt, dass es sich nicht lohnt, die Regionalzeitung zu lesen, weil sie viel Über-

flüssiges enthält, stimme ich nicht zu. Natürlich kann ich im Internet gezielter nach Informationen zu bestimmten Nachrichtenthemen suchen, die mich interessieren. Ich interessiere mich aber auch für Lokalpolitik und die Sportvereine bei uns im Ort. Hierzu finde ich im Internet in der Regel nur wenig Informationen, die Regionalzeitung berichtet aber ausführlich über diese Themen. Jeden Montag finde ich dort Informationen darüber, wie unser Fußballverein bei den Spielen am Wochenende abgeschnitten hat. Auch wenn es an unserer Schule besondere Veranstaltungen und Aktionen gibt, wird in unserer Regionalzeitung darüber berichtet. Deshalb lohnt sich für mich ein Abonnement auf jeden Fall.

E 3 Was bedeutet die Aufgabenstellung „Untersuche und vergleiche ...?“

Seite 124

2. Untersuche die Materialien M1, M2 und M3.
   Gehe dabei so vor:
   - Benenne das gemeinsame Thema von M1, M2 und M3.
   - Fasse die Informationen aus M1a und M1b zusammen.
   - Stelle die Aussagen aus M2 und M3 mit eigenen Worten dar. Vergleiche die Positionen im Hinblick auf die Auswirkungen, die „Self-Tracking“ auf das Leben der Menschen haben kann.
     Belege deine Ausführungen am Text.
   - Setze dich kritisch mit der folgenden Aussage eines Mitschülers auseinander:
     „Jeder sollte danach streben, das Beste aus sich herauszuholen, und dafür auch digitale Hilfsmittel nutzen.“
     - Nimm Stellung zu der Aussage.
     - Begründe deine Meinung.
     - Beziehe dich dabei auch auf die Materialien M1 bis M3.

3. – Kernaussagen aus M2 und M3 in Beziehung setzen
   – Textstellen angeben, die Auswirkungen nennen, die „Self-Tracking“ auf das Leben der Menschen haben kann
   – Textbelege angeben

E 6 Original-Prüfungsaufgabe 2018: Aufgabentyp 4b: Self-Tracking

Seite 129 – 132

1.– 6. Lösungshilfen zu den Aufgaben finden sich direkt im Arbeitsheft und lassen sich der nachfolgenden Musterlösung entnehmen.

Seite 132

7. Mögliche Schülerlösung:
   Bei den vorliegenden Materialien handelt es sich zunächst um den Sachtext „Führt Selbstvermessung zu Selbsterkennung?“ von Christoph Koch (M1a), der 2017 veröffentlicht wurde, und die Infografik „Bereitschaft zur Erhebung und Weitergabe von personenbezogenen Daten“ aus dem Jahre 2016 von Quantified Wealth Monitor (M1b), die aus einem Kreisdiagramm und einem Balkendiagramm besteht. Als Quelle wird jeweils das Internet angegeben. Zudem liegt mit M2 der Sachtext „Immer schneller, besser, effizienter: der Trend zur Selbstoptimierung“ eines unbekannten Verfassers vor. Dieser wurde 2015 ebenfalls im Internet veröffentlicht. M3 ist ein Blogbeitrag von Steffi Burkhart aus dem Jahre 2017, der den Titel „Unsere Selbstoptimierung macht uns kaputt!“ trägt. Das gemeinsame Thema aller vorliegenden Materialien ist die Auseinandersetzung mit der persönlichen Selbstoptimierung durch die Vermessung des eigenen Körpers mit digitalen Hilfsmitteln, das auch Self-Tracking genannt wird. Vor- und Nachteile sowie Auswirkungen werden auf unterschiedliche Weise dargestellt und bewertet.
   Im Sachtext von Christoph Koch „Führt Selbstvermessung zu Selbsterkennung?“ (M1a) stellt dieser die Grundidee der „Quantified Self“-Bewegung dar: Damit ist die Nutzung digitaler Medien als Mittel zur Vermessung des eigenen Körpers im Alltag gemeint. Ziel dabei ist, zu genauen Erkenntnissen über das eigene Leben und auch über den eigenen Gesundheitszustand zu gelangen. Dies sei durch ganz unterschiedliche Anwendungen möglich, wie zum Beispiel durch Schrittzähler, das Festhalten der Nahrungsmittel oder das Erfassen der Schlafzeiten oder anderer Gesundheitswerte (Puls, Blutzucker, Sauerstoffgehalt). Die Motive der Menschen dafür seien sehr unterschiedlich. Manche Menschen handelten aus Neugier, andere, weil sie objektive Zahl zur Bestätigung benötigten, wiederum andere erhofften sich, durch die Messungen eine Verhaltensänderung herbeizuführen. Studien hätten Letzteres auch schon belegt. In der Infografik „Bereitschaft zur Erhebung und Weitergabe von personenbezogenen Daten“ (M1b) aus dem Jahr 2016 wird die Verteilung der Nutzungsmöglichkeiten durch Prozentangaben visualisiert. Hier wird deutlich, dass 21 % der Deutschen bereits ihre eigenen Daten tracken. Dabei wurde der Bereich Fitness mit 18 % am häufigsten genannt. Diesem folgen die Bereiche Ernährung (4,8 %), Finanzen (3,4 %), Persönliches (2,1 %) und Energie (1,5 %).
   In dem Sachtext „Immer schneller, besser, effizienter: der Trend zur Selbstoptimierung“ (M2) werden die Angaben zur Nutzung bestätigt, jedoch die Ziele der Menschen konkretisiert. Es erscheine für die Nutzer erstrebenswert, durch Self-Tracking und die daraus resultierende Möglichkeit der Selbstoptimierung möglichst viel aus sich und somit seinem Leben zu machen. Viele Menschen würde das Erfassen der Erfolge motivieren und zusätzlich aktivieren. Eigene Gewohnheiten in persönlicher, gesundheitlicher und sportlicher Hinsicht könnten erfasst und hinterfragt werden, sodass sich die Folge ergibt, etwas über sich zu lernen und letztlich gesünder zu leben. Gleichermaßen könnte über das Tracking eine hohe Datenmenge erfasst werden, die wiederum der Medizin und Wissenschaft zugutekommt. In der Wechselwirkung ergeben sich dann verlässliche Daten, die helfen, die Effizienz und Produktivität zu steigern. Zusammenfassend entsteht ein positives Plädoyer, in dem Möglichkeit zur Steuerung und Kontrolle im Alltag hervorgehoben wird, was Sicherheit und gleichermaßen Hilfe zur erfolgreichen

Bewältigung desselben ermöglicht.
Im Blogeintrag „Unsere Selbstoptimierung macht uns kaputt!" (M3) von Steffi Burkhart (2017) stellt diese zum Teil eher ironisch Entwicklungen und negative Auswirkungen des Self-Trackings dar. Zu Beginn übt sie auf spöttische Weise Kritik an der öffentlichen Selbstdarstellung der Tracking-Ergebnisse in den sozialen Netzwerken. Die Folge dieser Zur-Schau-Stellung sei, dass sich Menschen einsam und gestresst fühlten, da sie immer weitere Verbesserungen auch im Vergleich mit anderen erzielen wollten. Als Ausblick weist sie auf ein Zukunftsszenario hin, in dem Menschen ihr Verhalten sogar über Zahnbürsten, Spiegel oder Kühlschränke tracken würden. Sie bezeichnet dieses Verhalten als „Optimierungswahn" und warnt davor, dass das persönliche Glück durch übermäßige Disziplin in den Hintergrund gestellt würde. Die Auswirkungen seien Depressionen oder andere psychosomatische Störungen, wie zum Beispiel Angststörungen. Somit zeige sich eine eher schädliche Entwicklung, durch die Menschen unter Druck gesetzt würden. Es entstehe demzufolge eine Sehnsucht nach Nichtstun und Unbeschwertheit anstelle der Sucht nach Optimierung. Die Menschen sehnten sich sozusagen danach, ohne schlechtes Gewissen Dinge tun zu können, die aber durch die Tracker eher negativ bewertet werden (faul sein, Filme schauen, übermäßig Kalorien zu sich nehmen etc.).
Vergleicht man die beiden in M2 und M3 dargestellten Positionen miteinander, ergibt sich ein sehr konträres Bild hinsichtlich des Nutzens und der Auswirkungen der Selbstvermessung mit digitalen Hilfsmitteln. Einerseits wird Self-Tracking als Weg zur Verbesserung der körperlichen und seelischen Gesundheit gesehen (M2), andererseits entsteht durch das dauerhafte Erfassen der eigenen Werte und den indirekten Zwang, dies nachhaltig zu tun und die Werte zu vergleichen, eine Gefahr der Beeinträchtigung der eigenen Gesundheit (M3). Auf der einen Seite ergibt sich durch die Verbesserung der Werte eine gesteigerte Produktivität des Einzelnen, indem er sich das Ziel setzt, Gesundheit und Leistungen zu optimieren (M2), aber auf der anderen Seite kann sich daraus auch die Gefahr ergeben, sich selbst zu überfordern und letztlich eher das Gegenteil, nämlich eine Verminderungen der eigenen Arbeitsfähigkeit, zu erreichen (M3). Natürlich erhält der einzelne Mensch grundsätzlich mehr Kontrolle über das eigene Leben, da Daten nahtlos erfasst werden und schlechte Gewohnheiten somit transparent werden (M2), doch in M3 weist Burkhart in ihrem Blogbeitrag auch darauf hin, dass es gleichermaßen zu einem Verlust an Lebenszufriedenheit kommen kann (M3), wenn Menschen sich nur noch auf das Erfassen und die Verbesserung ihrer Daten fokussieren, da persönliches Glück und die eigenen Bedürfnisse hintenan gestellt werden. Insgesamt werden in beiden Textgrundlagen ganz unterschiedliche Lebensmodelle dargestellt. In M2 ergibt sich ein deutlicher Nutzen des Self-Trackings für Menschen, die eher erfolgsorientiert sind und ein hohes Maß an Produktivität erreichen wollen. In M3 wird im Vergleich dazu eher gezeigt, dass das Bedürfnis vieler Menschen nach Ungezwungenheit und Nichtstun durchaus besteht, aber durch das Tracking zum Teil unterdrückt wird.
Insgesamt wird durch den Vergleich beider Positionen deutlich, dass die Chancen des Self-Trackings nicht immer für jeden Menschen gleich sind, weil die Auswirkungen auf das persönliche Leben und die daraus resultierenden Folgen sehr unterschiedlich sein und wahrgenommen werden können. Dies muss aber jeder für sich selbst herausfinden.
Ein Mitschüler hat zum Self-Tracking geäußert, dass jeder danach streben sollte, das Beste aus sich herauszuholen. Dazu sollte man auch digitale Hilfsmittel nutzen. Damit will er darauf hinweisen, dass jeder die technischen Möglichkeiten zur Selbstoptimierung nutzen sollte, um das eigene Leben in den möglichen Bereichen, wie zum Beispiel Fitness und Gesundheit, Ernährung, Finanzen etc. (vgl. M1b), zu verbessern. Meines Erachtens wirkt diese Aussage so recht unreflektiert und einseitig, denn ich glaube, jeder muss persönlich abwägen, welche Vor- und Nachteile mit dem Self-Tracking verbunden sind und welche Ziele er erreichen möchte. Wenn man zum Beispiel das Ziel hat, sich gesünder zu ernähren, oder wenn man die eigene sportliche Leistungsfähigkeit verbessern möchte, kann es sinnvoll sein, Daten zu erheben, durch das Zählen von Kalorien oder Schritten oder durch das zeitliche Erfassen von sportlicher Bewegung (M2, Z. 2 – 3). Wenn sich daraus Erfolge ergeben, schöpft man Motivation (M2, Z. 6 – 8). Gleichermaßen muss einem aber auch bewusst sein, dass man dadurch viele Daten über sich selbst preisgibt. Gerade das ist heutzutage ein Problem, denn der Mensch wird „gläsern". Das bedeutet, dass Daten miteinander vernetzt und weitergegeben werden. Die Privatsphäre kann dadurch beeinträchtigt werden, man erhält zum Beispiel Werbung, die man nie bekommen wollte etc. Andererseits könnten sich daraus auch positive Auswirkungen ergeben, wie zum beispielsweise, dass man weniger krank wird, dass man seinen Biorhythmus besser kontrollieren kann und dass man grundsätzlich leichter und effektiver arbeiten kann (M2, Z. 16 – 19). Als besonders bedenkenswert erachte ich aber, dass die Gefahr besteht, dass man sich durch Self-Tracking unbewusst deutlich selbst einschränken kann, indem der Zwang besteht, ständig Daten zu erfassen, um eine lückenlose „Überwachung" zu gewährleisten (M3, Z. 6 – 12). Dieser Zwang entsteht ja beispielsweise schon dadurch, dass man durch das Handy permanent erreichbar ist. Gleichermaßen werden wir anhand der erhobenen Daten automatisch mit anderen verglichen und geraten auch selbst in die Versuchung, uns mit anderen zu vergleichen (M3, Z. 1 – 5), was wiederum erhöhten Druck aufbauen kann. Daher denke ich, dass man sich ganz bewusst – wenn überhaupt – nur eine der Tracking-Methoden auswählen sollte, um gezielt Aspekte zu verbessern (wie z. B. in M1b dargestellt). Ich würde nie verschiedene Bereiche meines Lebens offenlegen oder mich unter den Zwang von außen stellen, permanent und alles überwachen zu müssen oder gar überwachen zu lassen. Daher kann ich die Aussage des Schülers – gerade auch bezogen auf unsere hoch technisierte Welt und die Überwachungsmöglichkeiten des Einzelnen – so nicht teilen.

E 7 Aufgabentyp 4b: Selfies im Internet

Seite 133

Mögliche Schülerlösung:
Die drei Materialien befassen sich aus unterschiedlichen Perspektiven mit der Frage, warum die Menschen Selfies in Netz stellen bzw. welche Gefahren damit verbunden sind. Material 1 mit dem Titel „Nur ich bin wichtig“ ist ein Text von Harald Stöveken aus dem Jahr 2016, in dem dargelegt wird, warum die Menschen Selfies aufnehmen und im Internet posten. Material 2 ist ein Interview mit einer Medienforscherin, Frau M., erschienen am 19.08.2016 im Neustädter Tageblatt. Das Interview wurde geführt von Leon Behre. In dem Interview geht es darum, weshalb gerade Jugendliche so häufig Selfies online stellen, aber auch um Gefahren im Zusammenhang mit der Veröffentlichung von Selfies im Netz. Bei Material 3 handelt es sich um ein Interview mit der Bloggerin Lena Stocker aus dem Jahr 2017, in dem sie erklärt, warum sie in Zukunft keine Selfies mehr ins Netz stellen wird.

Als Hauptgrund für die Veröffentlichung von Selfies im Internet wird in M1 das Bedürfnis nach Selbstbestätigung und sozialer Anerkennung genannt. Das Selbstwertgefühl steigt, je mehr positive Rückmeldungen in Form von „Likes“ man auf sein Bild erhält. In diesem Zusammenhang lassen sich drei verschiedene Typen von „Selfie-Knipsern“ unterscheiden: die mitteilungsfreudigen Kommunikativen, die Autobiografen, die sich an alles erinnern wollen und die Selbstveröffentlicher, die immer die Aufmerksamkeit anderer brauchen.

Die Veröffentlichung von Selfies im Internet ist ein Phänomen, was man insbesondere bei Jugendlichen häufig beobachten kann. Wieso aber posten gerade junge Leute besonders gerne Fotos von sich im Netz? Die Antwort auf diese Frage ist, dass der Drang nach nach Anerkennung gerade bei Jugendlichen besonders groß ist. Die in M2 zitierte Medienforscherin spricht in diesem Zusammenhang von der Jugendzeit als einer Lebensphase, in der „Verunsicherung und Selbstfindung mit im Spiel sind“ (Z. 17). Man möchte herausfinden, wer man selbst ist und wie man auf andere wirkt. Das funktioniert natürlich gut, indem man Bilder von sich im Internet veröffentlicht und dann entsprechende Rückmeldungen dazu bekommt.

Natürlich hat das Posten von Selfies im Internet für Jugendliche oft aber auch ganz andere, einfachere Gründe: Es ist ein schneller und praktischer Weg, Freunde und Familie daran teilhaben zu lassen, was man gerade macht und erlebt. Manche Jugendliche entscheiden sich aber auch dafür, gar keine Selfies mehr im Internet zu veröffentlichen. Material 3 beschreibt in diesem Zusammenhang den Fall der Bloggerin Lena S., die keine Selfies mehr ins Netz lädt, nachdem ein Selfie, was sie auf ihrem Blog gepostet hatte, erst mit vernichtenden und beleidigenden Kommentaren versehen und dann noch gestohlen und manipuliert wurde. Obwohl die Manipulation ihres Bildes nicht legal ist, wird es ihr vermutlich nicht gelingen, dagegen vorzugehen.

Jedem, der Selfies im Internet veröffentlicht, muss also klar sein, dass dies mit Gefahren verbunden ist. Dies wird deutlich, wenn man sich mit den Materialien M1 bis M3 auseinandersetzt. Mit einem genaueren Blick auf die Materialien lassen sich dabei verschiedene Arten von Gefahren bzw. verschiedene Gefahrenbereiche unterscheiden. So spricht die Medienforscherin in M2 beispielsweise vom Selfie als „Sicherheitsrisiko“ (Z. 34). Als Beispiel werden in diesem Zusammenhang die sogenannten „Urlaubs-Selfies“ angeführt, anhand derer Verbrecher herausfinden können, wer gerade auf Reisen ist und bei wem man daher ungestört einbrechen kann. Aber auch M1 nennt eine Gefahr, die diesem Themen- bzw. Gefahrenbereich zuzuordnen ist. Hier wird nämlich erläutert, dass eine Kreditkartenfirma plant, ihre Kunden ihre Online-Käufe bald mit einem Selfie bestätigen zu lassen (Z. 30 – 39). Wenn jemand also etwas im Internet bestellt, muss er ein Bild von sich schießen und dies an die Kreditkartenfirma senden. Die Identifikation erfolgt dann anhand von biometrischen Daten, die bei der Kreditkartenfirma hinterlegt sind. Auch in diesem Zusammenhang können Selfies zum Sicherheitsrisiko werden, da nicht klar ist, ob man der Erkennungssoftware hundertprotzentig vertrauen kann und das geplante Bezahlverfahren sicher ist.

Eine weiterer Gefahrenbereich, den die Medienforscherin in M2 im Zusammenhang mit der Veröffentlichung von Selfies im Internet nennt, ist die Gefahr des sogenannten „Cyber-Mobbings“ (Z. 46), also Mobbing über Computer, Smartphone und Internet. Wer ein Bild in einem sozialen Netzwerk veröffentlicht, muss sich nämlich nach Aussage der Medienforscherin darüber im Klaren sein, dass jeder dieses Bild verwenden kann, auch wenn das nicht legal ist. Schnell können Selfies in falsche Hände geraten und missbraucht werden, indem die Bilder beispielsweise mithilfe von Bildbearbeitungsprgrammen manipuliert und mit diesen gefälschten Bildern dann Rufschädigung betrieben wird (Z. 44 – 51). Diese Aussage wird durch das Interview mit der Bloggerin Lena Stocker gestützt (M3), das genau diesen Fall beschreibt: Nachdem Lena Stocker in ihrem Blog ein Selfie veröffentlicht hat, was sie beim Kochen in ihrer Küche zeigt, musste sie sich erst mit zahlreichen beleidigenden Kommentaren auseinandersetzen, in denen ihr Selbstverliebtheit vorgeworfen wurde, weil sie sich selbst und nicht das fertige Essen fotografiert hat (Z. 3 – 6). Dann wurde ihr Bild manipuliert, indem ihr Gesicht auf einen fremden Körper gesetzt wurde, sodass sie unglaublich dick aussieht. Dieses Bild geistert nun mit den entsprechenden Kommentaren durch verschiedene Internet-Foren, ohne dass sie etwas dagegen tun kann (Z. 10 – 12, Z. 13 – 15).

Ich kann den Vater verstehen, der sagt: „Meine Tochter macht ständig Selfies, das finde ich nervig, denn Selfies verändern den Blick auf die Welt, weil sich jeder ständig nur noch selbst fotografiert und seine Umwelt gar nicht mehr wahrnimmt.“

Ich selbst mache zwar auch gerne mal ein Selfie und poste es bei Instagram, aber ich habe eine Freundin, die ständig und bei jeder Gelegenheit das Handy in der Hand hat und ein Foto nach dem anderen macht, bis alles perfekt ist. Das stört mich dann auch. Nicht umsonst spricht die Medienforscherin in M2 in diesem Zusammenhang auch vom Phänomen der Selfie-Sucht (Z. 13).

Auch den zweiten Teil seines Satzes kann ich deshalb aus eigener Erfahrung gut nachvollziehen. Jedes Mal, wenn ich mit der bereits erwähnten Freundin verabredet bin, um etwas zu unternehmen, ist sie so damit beschäftigt, Selfies zu schießen und bei Instagram zu posten, dass sie mich überhaupt nicht mehr wahrnimmt. Unsere Gespräche drehen sich nur noch darum, welches der Bilder, die sie gerade gemacht hat, am besten aussieht. Ihre Umwelt, also auch mich, nimmt sie überhaupt nicht mehr wahr. Unsere Aktivitäten kann sie auch nicht genießen, weil sie mit den Gedanken ständig woanders ist.

E 8 Aufgabentyp 4b: Das Smartphone – Unser ständiger Begleiter

Seite 136

Mögliche Schülerlösung:

Alle drei Materialien beschäftigen sich damit, wie der Gebrauch des Smartphones unser tägliches Leben prägt und beeinflusst. In dem Zeitungsartikel „Das Smartphone – Unser ständiger Begleiter" von Jana Krause, erschienen am 01.10.2017 in der Limberger Tageszeitung, wird allgemein darüber informiert, welche Rolle das das Smartphone mittlerweile in unserem Leben spielt. Material 2 ist ein bitkom-Schaubild mit dem Titel „Das Smartphone als mobiler Alleskönner im Alltag". Es stellt dar, wie viele Smartphone-Nutzer verschiedene Funktionen ihres Gerätes nutzen. Material 3 basiert auf dem gleichnamigen Zeitungsartikel namens „Menschen, die auf Smartphones starren" von Helmut Hetzel. Der Text beschreibt, dass man täglich an Supermarktkassen, im Bus oder in der Schlange beim Bäcker beobachten kann, dass die Menschen nicht mehr einfach warten, bis sie bedient werden, sondern stattdessen nur noch mit ihrem Smartphone beschäftigt sind.

Material 1 macht deutlich, wie stark das Mobiltelefon unseren Alltag verändert hat. So gibt es in 99 Prozent der deutschen Haushalte mittlerweile ein Smartphone. In der Altersgruppe der 12- bis 19-Jährigen besitzen ebenfalls 99 Prozent ein Smartphone. Die Möglichkeiten, diese Geräte zu nutzen, werden immer vielfältiger und komplexer. So ist ein Smartphone gleichzeitig Fotoapparat und Videokamera, Vokabeltrainer, ein Abspielgerät für Musik, ein Navi usw. Über ihr Mobiltelefon sind die Menschen heute ständig erreichbar und erwarten dies auch von ihren Mitmenschen. Trotzdem geht mehr als die Hälfte der Telefongespräche, Nachrichten und SMS nur an durchschnittlich vier bis sechs Menschen, nämlich an die engsten Verwandten und Freunde. Forscher sehen in dieser Zahl den Beweis dafür, wie stark das Mobiltelefon zum festen Bestandteil der Privatsphäre geworden ist.

Auch Material 2 macht deutlich, welche tragende Rolle das Smartphone heutzutage im Leben der Menschen spielt. Schon der Titel des Schaubildes „Smartphone als mobiler Alleskönner im Alltag" zeigt, dass das Smartphone nicht mehr einfach nur ein Gerät ist, mit dem man unterwegs telefonieren kann. Das Smartphone bietet den Menschen noch viele weitere Funktionen, die ihnen den Alltag erleichtern sollen – und die sie auch gerne nutzen. So verwenden alle Smartphone-Besitzer, also 100 Prozent, ihr Smartphone zum Telefonieren. Knapp dahinter, mit 90 Prozent, folgt die Nutzung zum Fotografieren bzw. als Videokamera. Immerhin noch 79 Prozent nutzen ihr Smartphone als Suchmaschine, um damit im Internet bestimmte Informationen ausfindig zu machen. Um Musik zu hören, Nachrichten zu versenden und für die sozialen Netzwerke benutzen es noch knapp 70 Prozent aller Smartphone-Besitzer. Selbst als Navigationsgerät oder als Kartendienst wird es noch von 64 Prozent aller Nutzer eingesetzt. Dass das Smartphone mittlerweile in jeder Lebenslage präsent ist, wird auch daran deutlich, dass mittlerweile sogar die Bankgeschäfte von gut der Hälfte der Nutzer über ihr Smartphone laufen (46 Prozent). Gut ein Viertel aller Nutzer nutzt das Smartphone sogar zum Dating, also um einen Partner oder eine Partnerin kennenzulernen! Material 2 macht somit sehr deutlich, dass sich mit steigender Anzahl der genutzen Funktionen auch die Rolle des Smartphones ändert. Es wird ein immer wichtigerer Teil unseres Alltags, ohne den man sich das Leben kaum noch vorstellen kann.

Material 3 beschreibt, dass man täglich an Supermarktkassen, im Bus oder in der Schlange beim Bäcker beobachten kann, dass die Menschen nicht mehr einfach nur warten, bis sie an der Reihe sind, sondern stattdessen nur noch mit ihrem Smartphone beschäftigt sind. Deshalb hat nun ein Bäcker seinen Kunden in der Warteschlange verboten, das Handy zu nutzen – und er ist nicht der Einzige. In bestimmten Restaurants werden Gäste nicht mehr bedient, die ihr Smartphone benutzen. Ebenso wird in großen Einkaufszentren oder Warenhäusern mittlerweile darüber nachgedacht, vor den Kassen das Nutzen des Smartphones zu verbieten.

Alle drei Materialien verdeutlichen, dass das Handy bzw. Smartphone heute eine zentrale Bedeutung für unser Leben hat. M1 wägt dabei recht sachlich die Vor- und Nachteile des Smartphones gegeneinander ab. Als deutliche Vorteile werden dabei die immer vielfältiger werdenden Nutzungsmöglichkeiten (Z. 8 – 9) genannt. Die Aussagen und Beispiele der positiven Nutzung, z. B. Posten in sozialen Netzwerken, vielfältige Kamerafunktionen oder um Musik zu hören, (Z. 10 – 17) werden anhand der Aussagen von M2 durch entsprechende Prozentzahlen belegt. Als deutlicher Vorteil wird in M1 (Z. 25 – 29) der kommunikative Aspekt des Smartphones, wie das Verschicken von netten SMS oder fröhlich machenden Videos, genannt. Auch die Möglichkeit, Gefühle und Gedanken untereinander zu teilen, stellt einen Vorteil dar. Offensichtlich fördert das Smartphone auch die Emotionalität der Nutzer.

Deutlich negativer wird die Handy-Nutzung in M3 gesehen. Hier werden vor allem die Nachteile des Smartphones genannt. Anhand konkreter Alltagsbeispiele wird hier aufgezeigt, dass die Verwendung des Handys eher die Kommunikation mit den Menschen, die unmittelbar um den Nutzer herum agieren, hemmt. So werden Verkäufer beispielsweise von den telefonierenden oder surfenden Kunden ignoriert (Z. 9 – 10). Auch in M1 werden Nachteile des Smartphone-Gebrauchs genannt. So bewirkt die starke Verbreitung, dass es für die überwiegende Anzahl der Smartphone-Nutzer selbstverständlich ist, ständig erreichbar zu sein und dieses auch von ihren Mitmenschen erwarten (Z. 10 – 12, Z. 18 – 19). Somit kann die ständige Verwendung des Smartphones zu einer starken Beeinträchtigung der Privatsphäre führen.

Wenn eine Kassiererin klagt „Man fühlt sich behandelt wie ein Stück Vieh. Während ich bediene und die Einkäufe in die Kasse eingebe, reden sie munter ins Telefon und beachten mich überhaupt nicht. Das ist sehr beleidigend." kann ich das sehr gut nachvollziehen. Schließlich wollen die Menschen an der Kasse doch eigentlich etwas von der Verkäuferin, trotzdem beachten sie sie aber nicht. Das ist gegenüber den Angestellten sehr unhöflich. Und wenn dann aus Unachtsamkeit des Telefonierenden ein Fehler passiert, bekommt dann wahrscheinlich noch die Kassiererin die Schuld dafür – und das ist unfair. Wer in der Schlange im Kaufhaus oder beim Bäcker telefoniert, Nachrichten tippt oder nebenbei die Fußballergebnisse checkt, hält zudem noch alles auf, weil er sich nicht auf das Einkaufen bzw. Bezahlen konzentrieren kann. Das ist auch für die nachfolgenden Kunden sehr ärgerlich, weil sie dadurch Zeit verlieren.

Auch wenn ich selbst ein Smartphone habe, das ich oft und gerne nutze, denke ich, dass man in gewissen Situationen darauf verzichten muss. Gerade an der Kasse, im Restaurant oder auch während eines Gesprächs kann man das Handy doch auch einfach in der Tasche lassen. Auch wenn es Vorteile hat, immer erreichbar zu sein, gibt es Situationen, in denen man sich besser auf eine Sache konzentrieren sollte. Ich finde es deshalb auch völlig in Ordnung, wenn Geschäfte und Restaurants, wie in M3 beschrieben, aus Rücksichtnahme auf Verkäufer und andere Kunden, den Gebrauch von Mobiltelefonen verbieten.

Schreibplan zu Kapitel B 5
Seite 30 – 31 (5. – 10.)

Aufgabe / Material	1 a) Überschrift	1 b) Mirjam Pressler vorstellen	1 c) Presslers Weg zum Schreiben/Bedeutung der Literatur	1 d) Themen ihrer Bücher/Verknüpfung ihrer Lebenserfahrung mit der Welt ihrer Figuren	1 e) Wieso Kinder-/Jugendbücher?/Begriff „beschädige Kindheit“	Daran muss ich denken:
M 1	---	– 1940 in Darmstadt geboren – unterschiedliche Jobs – 1 Jahr Aufenthalt in Kibbuz in Israel – viele Auszeichnungen (Literaturpreise, Bundesverdienstkreuz) – mehr als 30 veröffentlichte Bücher – lebt heute in Bayern	---	– uneheliches Kind einer jüdischen Mutter – wuchs in Pflegefamilie und Kinderheim auf	---	– Material sichten – Informationen zu den Teilaufgaben markieren – Randbemerkungen – Stichworte aus den Materialien in den Schreibplan übertragen – verwendete Materialien notieren
M 2	---	– aufgewachsen in Pflegefamilie und Kinderheim	– Geschichten waren als Kind schon wichtig für Pressler – dachte sich selbst welche aus, wenn sie nicht schlafen konnte, gegen die Langeweile	– Presslers Bücher spielen nicht in der heilen Welt – selbst bei Pflegefamilie/im Heim aufgewachsen – beschädigte Kindheit	– beschädigte Kindheit = Situationen die Kinder nicht ändern können – Kinder sollen durch ihre Geschichten lernen, dass sie keine Schuld an den Umständen tragen, unter denen sie leben – will Kindern den Mut geben, über ihre Situation zu sprechen, ihnen so die Scham nehmen	
M 3	---	– bekannt geworden mit Kinderbüchern, die sich mit dem Thema „belastete Kindheit“ beschäftigen	– Schriftstellerin aus Geldnot – hat sich so ergeben – sofort die richtige Lektorin und den richtigen Verlag gefunden	– Themen: belastete Kindheit, Ausgrenzung, am Rande stehen durch soziale Umstände – Übersetzung des Tagebuchs der Anne Frank	---	
M 4	---	---	---	– Figur Halinka erinnert an Pressler als Kind: lebt im Heim, denkt sich Geschichten aus	---	
M 5	---	---	---	– Geschichten handeln von Außenseitern (übergewichtige oder behinderte Kinder, Schulversager)	– zeigt Einfühlungsvermögen – kann sich in die komplizierte Seelenlage von Kindern hineinversetzen	
M 6	---	---	---	– ihre Jugendbücher sind geprägt von Ernsthaftigkeit – Helden sind Außenseiter, Geschichten enden nicht immer gut	– will Kinder mit ihren Schwierigkeiten ernst nehmen – will sie zu stabilen Persönlichkeiten machen	
M 7	---	---	---	---	---	

Schreibplan zu Kapitel B 6

Seite 37 – 40
6. – 12.

Teilaufgaben	Stichworte zur Bearbeitung
❶ a) Einleitung: TATTE-Satz	– Titel: Marathon – Autor: Reinhold Ziegler – Textart: kurze Erzählung (epischer Text) – Thema: gestörte Beziehung zwischen Vater und Sohn, die den Sohn aufgrund des übermäßigen Ehrgeizes des Vaters so lange beeinflusst, bis er sich befreien kann – Erscheinungsjahr: 2001
❶ b) Inhalt zusammenfassen	– bereits als der Sohn noch ganz klein ist, hat sein Vater große Erwartungen an ihn – wenn der Sohn zurückdenkt, hat der Vater schon in seiner Kindheit ungeduldig auf den Laufstil seines Sohnes geachtet, denn er ist stolz auf ihn und glaubt an sein Talent und seine Karriere – mit 13 Jahren nimmt der Sohn an einem Wettbewerb teil und läuft gegen Ältere; sein Vater feuert ihn an und er beißt sich durch, sodass der Vater ihn lobt, weil der Ausgang des Rennens knapp gewesen ist – im Folgejahr gewinnt der Sohn das Rennen tatsächlich und wird als deutsches Talent und Olympiahoffnung gefeiert; er vergisst, dass er seinen Vater aufgrund des ständigen Drucks eigentlich hasst – der Sohn beginnt, Sport zu studieren, trainiert weiter, verpasst aber die olympische Qualifikation – er fängt an, für den Marathonlauf zu trainieren, ist aber nicht gut genug – Sohn besucht die Eltern zu Hause, fühlt sich als Versager – Sohn geht mit dem Vater einen Marathon laufen, obwohl dieser noch nie so lange gerannt ist; er will sich bei ihm für den ständigen Druck in der Jugend rächen – Vater ist völlig erschöpft und muss aufgeben – nach einer Weile realisiert er die eigentlichen Gefühle seines Sohnes und ist entsetzt – der Sohn bemerkt, dass er seinen Vater nun nicht mehr hasst
❶ c) Entwicklung der Sportlerkarriere (Sohn) darstellen; Erreichen und Nicht-Erreichen der Ziele erklären	– Sohn „muss" als Kind lernen, wie er richtig läuft (Z. 4); Vater trainiert ständig mit ihm und feuert ihn an (Z. 4 – 34) → Vater ist stolz auf, gibt mit ihm an (Z. 35 – 37) – 13. Geburtstag: 1. Mal 5000-Meter-Lauf (Z. 40 – 47); Sohn läuft gegen 18-Jährige → Vereinsmitglieder und Vater feuern ihn an; Vater läuft sogar neben ihm her → Sohn gewinnt zwar nicht, doch der Vater scheint zufrieden (Z. 62 – 67); Sohn saugt dieses Lob in sich auf; Vater setzt das Ziel, den Lauf im nächsten Jahr zu gewinnen – im nächsten Jahr gewinnt der Sohn dasselbe Rennen (Z. 80 – 83) → Druck verstärkt sich durch die Medien: „das große deutsche Talent" (Z. 85), „unsere Olympiahoffnung" (Z. 86) → durch den Erfolg wird der Hass auf den Vater und seine Trainingsmethoden geringer – während des Sportstudiums wird das Training professioneller (Z. 91 – 98), doch Sohn verpasst die Olympianorm → Ernüchterung; Umstellung des Training auf Marathonlauf (Z. 101 – 102) → doch auch dafür ist er nicht gut genug → Junge hat nicht genug Talent; Trainingsmethoden des Vaters bringen nicht den gewünschten Erfolg
❶ d) Beziehung (Vater + Sohn) erläutern + Textbelege	– schwieriges Verhältnis, da Vater den Sohn von klein auf durch das Training und seine Erwartungshaltung unter Druck gesetzt hat (Z. 1 – 39) – Ich-Erzähler meint sogar, seinen Vater später zu hassen, während er dies als Kind noch nicht tat („Ob ich meinen Vater schon hasste, als ich auf die Welt kam, bezweifle ich.", Z. 1 – 3) – kein normales Vater-Sohn-Verhältnis, der Vater erscheint durch den übermäßigen Ehrgeiz wie ein Antreiber – solange das Training Erfolg bringt, scheint das Verhältnis für den Sohn in Ordnung zu sein und er wächst innerlich durch das Lob des Vaters (Z. 62 – 67, Z. 80 – 90) – als Kind jedoch und als die gewünschten Erfolge ausbleiben, hasst der Junge seinen Vater für den ständigen Erfolgsdruck und – wie sich später herausstellt – er kann der Erwartungshaltung des Vaters nicht gerecht werden (Z. 106 – 110)

❶ e) Untersuchung: Druck des Vaters begleitet Sohn (Satzbau, sprachl. Gestaltungsmittel, Erzählform und -haltung); Ende des Textes erklären	– Sohn muss seine Kindheit und Jugend verarbeiten, denn er denkt immer wieder an die Anweisungen seines Vaters – auch als er schon studiert → Wiederholungen: „Auf, auf!“ (Z. 25, Z. 38/39 ...), „Schritt, Schritt, ein – Schritt, Schritt, aus“ (Z. 28/29 ...); diese Äußerungen verfolgen ihn, weil der Vater sie immer wieder beim Trainieren wiederholt hat – der Ich-Erzähler nutzt viele Vergleiche: „[...] der eben ging, wie ein Kind geht [...]“ (Z. 14/15) → macht deutlich, dass er eigentlich ein ganz normales Kind war – die Beschreibungen seines Bemühens während der Wettkämpfe („[...] lief wie bewusstlos [...]“, Z. 57 = Vergleich) verdeutlichen, dass er zwar sein Bestes gegeben hat, aber doch nie der Erwartungshaltung seines Vaters gerecht werden konnte, die im Grunde viel zu hoch war – die Erwartungshaltung wird später durch die Medien noch gesteigert, denn sie beschreiben ihn als „das große deutsche Talent“ (Z. 85) und „unsere Olympiahoffnung“ (Z. 86) – er klammert sich an das Lob seines Vaters: „Gut gemacht, mein Läuferlein“ (Z. 61), weil er selber nach Bestätigung sucht; durch einen metaphorischen Vergleich wird deutlich, wie sehr der Sohn sich nach der Anerkennung des Vaters sehnt: „Und ich nahm diese Worte und schloss sie ein wie einen Edelstein, den man immer mal wieder ganz allein hervorholt, um ihn zu betrachten.“ (Z. 62 – 66) – später im Studium wird deutlich, dass das ganze Training in der Kindheit und Jugend nicht zu dem gewünschten Erfolg geführt haben: „[...] für die Welt, die ganze große Welt, war ich auch hier nicht gut genug.“ (Z. 108 – 110) – durch die Ich-Erzählform und die teilweise eher distanzierte Erzählhaltung wirkt die Darstellung zuweilen wie ein Bericht, in dem der Sohn den Verlauf von Kindheit und Jugend zusammenfasst; damit leitet er auf das Ende hin – Sohn behandelt den Vater bei seinem Besuch zu Hause ebenso, wie dieser ihn in der Jugend und Kindheit behandelt hat; sie laufen gemeinsam einen Marathon – Sohn treibt Vater an, obwohl er weiß, dass dieser seine Grenzen überschreiten muss, denn er ist mittlerweile alt; außerdem ist dieser noch nie Marathon gelaufen (Z. 127 – 129); dazu nutzt er dieselben Worte wie sein Vater damals: „Auf, auf!“ (Z. 155) – fast schadenfroh wünscht er sich, ihn umzubringen (Z. 143), will ihn „winseln“(Z. 144) hören – der Ausdruck „das letzte Rennen meines Lebens“ (Z. 164– 165) zeigt, dass der Sohn in dieser Situation mit dem Vater abrechnet; er geht als Sieger daraus hervor: „[...] und niemand konnte mich daran hindern, es für immer zu gewinnen.“ (Z. 166 – 167) – als der Vater hilflos zusammenbricht, merkt der Sohn, dass ihm diese Reaktion als Rache reicht; der Text endet mit parataktischen Sätzen (Z. 194 – 195): „Ganz ruhig, fast gelassen. Nebeneinander.“, die einen Abschluss des Konflikts signalisieren
❶ f) Auseinandersetzung mit der Schüleraussage + Begründung + Textbelege	– ein Mitschüler sagt über den Text, er finde, der Sohn sei gemein zu seinem Vater gewesen, obwohl dieser doch nur sein Bestes wollte – damit meint er, dass er den Vater zu einem Marathonlauf gezwungen habe, obwohl er weiß, dass der Vater noch nie einen gelaufen ist (Z. 127 – 129) und auch schon alt ist. – Reaktion des Sohnes ist nachvollziehbar, da der Vater durch seine übermäßige Erwartungshaltung den Alltag des Sohnes von Kind an bestimmt hat → Aufbau von Druck, Verlust der Kindheit (Z. 20 – 39) – der Sohn musste sich ständig mit anderen messen (Z. 40 – 47) und durfte nicht selber über sein Leben entscheiden – offenes Gespräch mit dem Vater wäre vermutlich nicht möglich gewesen; der Sohn will den Vater am eigenen Leib spüren lassen, wie es ist, ständig angetrieben zu werden, aber letztlich doch zu versagen

Schreibplan zu Kapitel B 7

Seite 44 – 47
6. – 12.

Teilaufgaben	Stichworte zur Bearbeitung
❶ a) Einleitung: TATTE-Satz	– <u>Titel</u>: Sachliche Romanze – <u>Autor</u>: Erich Kästner – <u>Textart</u>: Gedicht (lyrischer Text) – <u>Thema</u>: gestörte Beziehung zwischen Mann und Frau, die aufgrund von Alltag und Gewohnheit keine Liebe mehr zueinander spüren und nichts dagegen tun können – <u>Erscheinungsjahr</u>: 1928
❶ b) Inhalt zusammenfassen	– ein Paar stellt nach acht Jahren Beziehung fest, dass die Liebe plötzlich fort ist – die Partner wollen es nicht wahrhaben und bemühen sich, dennoch Zärtlichkeiten auszutauschen; dies endet in Traurig- und Ratlosigkeit – am Nachmittag besuchen sie wie immer ein Café im Ort und vertreiben sich die Zeit, indem sie aus dem Fenster schauen und den Geräuschen rundherum lauschen; sie bleiben sprachlos bis zum Abend sitzen
❶ c) Beziehung beschreiben + Textbelege	– die Beziehung der beiden ist dem Alltagstrott und der Gewohnheit verfallen (V. 2) – sie stellen fest, dass die Liebe „abhanden“ gekommen ist (V. 3) → das belastet die beiden Partner, doch sie wollen es nicht wahrhaben (V. 5), denn sie verhalten sich anders als sie eigentlich fühlen (V. 5) und verharren eher passiv – Frau und Mann gehen mit dieser Feststellung unterschiedlich um: die Frau weint, er steht hilflos daneben (V. 8); beide wissen sich nicht zu helfen (V. 7) – die Beziehung scheint eigentlich am Ende zu sein
❶ d) Liebe ist „abhanden“ (V. 3) gekommen – Eindruck mithilfe von Form und Sprache erklären	– Partner stellen fest, dass die Liebe ein Gefühl ist, das vergehen kann (V. 3); dieser Vorgang wird durch einen Vergleich („Hut“, „Stock“, V. 4) als fast gewöhnlich dargestellt → alltäglich; Wirkung entsteht durch Kreuzreim und gleichmäßigen Rhythmus (Metrum) → wirkt z. T. ironisch – beide Partner versuchen dennoch weiterzumachen (Vergleich V. 6: „[sie] versuchten Küsse, als ob nichts sei“), doch auch ihre Ratlosigkeit wird durch Parataxen, die mit der Konjunktion „und“ (V. 7) verknüpft sind, deutlich → wollen/können sich nicht mit den wahren Gründen auseinandersetzen, sondern machen einfach in ihrem Alltagstrott weiter – ihre Hilflosigkeit zeigt besonders in den beiden aufeinanderfolgenden Hauptsätzen (Parataxe, V. 8: „Da weinte sie schließlich. Und er stand dabei.“) → Frau reagiert emotional; Mann weiß nicht, was er machen soll – 3. Strophe: Verwendung des unpersönlichen Fürwortes „man“ (V. 9) → Situation wird versachlicht, ist allgemein übertragbar – Nebensächliches wird erwähnt: „Nebenan übte ein Mensch Klavier.“ (V. 12) – 4. Strophe: Parallelismen wirken als Aufzählung der Handlungen (V. 13 – 17) → Partner sitzen wortlos bis zum Abend nebeneinander; obwohl sie ihr Problem erfasst haben, unternehmen sie nichts, sondern „[...] konnten es einfach nicht fassen.“ (V. 17)
❶ e) Titel „Sachliche Romanze“ erklären + Textbelege	– der Titel „Sachliche Romanze“ ist ein Oxymoron, d. h. eine Verbindung von sich eigentlich ausschließenden Begriffen – damit verdeutlicht Kästner die verlorene Liebe: Beziehung ist nicht romantisch oder liebevoll, sondern nach außen hin gefühlskalt und durch Untätigkeit geprägt – zwar befinden sich beide Partner in einer Beziehung (V. 1, V. 3, V. 17), doch das Verhältnis ist mit Unterstützung durch die formale und sprachliche Darstellung als eher „sachlich“ zu beschreiben, was z. B. durch den parataktischen Satzbau und die Parallelismen deutlich wird: Partner haben sich nichts mehr zu sagen und auch der Austausch von Zärtlichkeiten wirkt gewöhnlich – der Sprecher im Gedicht ist gestaltlos und beschreibt die Situation als Beobachtender, was den sachlichen Charakter ebenfalls verstärkt

❶ f) **Text aus der Sicht einer Figur verfassen**	Text aus Sicht der Frau in der Ich-Form verfassen, dabei folgende Aspekte/Fragen berücksichtigen: <u>1. Darstellung der Gedanken der Frau in Bezug auf ihre Beziehung</u> – Was ist nur passiert? Wir kennen uns seit 8 Jahren und auf einmal ist alles so gleichgültig geworden ... – keiner will sich eingestehen, dass unsere Beziehung dem Alltag zum Opfer gefallen ist und wir uns nichts mehr zu sagen haben – manchmal bin ich deswegen so traurig, dass ich nicht mehr weiterweiß, aber er tröstet mich nicht einmal, stattdessen steht er einfach nur sprachlos neben mir – dass von ihm überhaupt keine Reaktion kommt, finde ich am allerschlimmsten, als ich neulich weinen musste, hat er mich nicht einmal in den Arm genommen <u>2. Gefühle der Frau für ihren Partner</u> – momentan weiß ich nicht, was ich noch für ihn fühlen soll, bin irgendwie nur noch aus Gewohnheit mit ihm zusammen – aber irgendetwas in mir, und vielleicht auch in ihm, will die Beziehung doch aufrecht erhalten, sonst hätten wir doch neulich nicht noch den ganzen Nachmittag gemeinsam in dem Café gesessen, sondern wären da schon getrennte Wege gegangen <u>3. Warum kann die Frau die Situation „einfach nicht fassen"?</u> – ich kann einfach nicht fassen, dass das gerade uns passiert ist; schließlich waren wir so verliebt – wir haben uns doch fest vorgenommen, gut auf unsere Beziehung Acht zu geben; trotzdem sind wir jetzt in dieser schrecklichen Situation

Schreibplan zu Kapitel B 8

Seite 52 – 54
7. – 11.

Teilaufgaben	Material 1	Material 2
❶ a) TATTE-Satz = Vorstellen der Materialien/	– Titel: **Computerspielen** als Chance? – Autor: Harald Stöveken, unter Verwendung verschiedener Materialien – Textart: informierender Text – Erscheinungsjahr: 2016	– Titel: **Digitale Spiele**: Nutzungsfrequenz 2017 – Autor: Medienpädagogischer Forschungsverbund Südwest, JIM-Studie – Textart: Diagramm – Erscheinungsjahr: 2017
Benennung des gemeinsamen Themas	Computerspiele/Digitale Spiele	
❶ b) Informationen aus M1 zusammenfassen	– Spiele fördern das Lernen, regen an – Spiele fördern verschiedenste Fähigkeiten und Kompetenzen – auch Computerspiele sind Spiele und somit Lernspiel und Lernhilfe – man muss mit einer Menge an Informationen umgehen können, um bei einem Computerspiel erfolgreich zu sein – Untersuchungen haben ergeben: Computerspiele fördern verschiedene Kompetenzen und Fähigkeiten, die für das Berufsleben des 21. Jahrhunderts enorm wichtig sind – Risiken: mehrere Stunden am Tag Computerspielen = Rückenbeschwerden, Augenschmerzen, Verspannungen und Krämpfe – Suchtgefahr – Computerspiele allein rufen zwar keine Gewalttaten hervor, sie können aber eine deutlich aggressionsfördernde Wirkung auf die Spieler haben	
❶ c) Darstellen, wie häufig Jugendliche digitale Spiele spielen (M2)		– Thema: Nutzungshäufigkeit digitaler Spiele in Deutschland in 2017 – digitale Spiele = Computer-, Konsolen-, Online-, Tablet- oder Handyspiele – Nutzungshäufigkeit: täglich/mehrmals pro Woche; einmal pro Woche – einmal pro 14 Tage; einmal im Monat – seltener; nie – befragt wurden: Jungen und Mädchen im Alter von 12 – 13, 14 – 15, 16 – 17 und 18 – 19 Jahren – außerdem Aufgliederung nach den Schulformen Haupt-/Realschule und Gymnasium – 62 Prozent aller Jugendlichen im Alter von 12 – 19 Jahren spielen täglich bzw. mehrmals pro Woche – Jungen spielen deutlich häufiger als Mädchen → 83 Prozent der Jungen im Alter von 12 bis 19 Jahren spielen täglich bzw. mehrmals pro Woche, aber nur 41 Prozent der Mädchen – Der Anteil der Jugendlichen, die täglich bzw. mehrmals pro Woche digitale Spiele spielen, sinkt mit zunehmendem Alter: Während in der Altersgruppe der 12- bis 13-Jährigen 70 Prozent täglich,

<table>
<tr>
<td></td>
<td></td>
<td>bzw. mehrmals pro Woche spielen sinkt der Anteil unter den 16- bis 17-Jährigen bzw. 18- bis 19-Jährigen auf 58 Prozent.
Im Vergleich dazu steigt auch der Anteil der Jugendlichen, die niemals digitale Spiele spielen (12 – 13 Jahre: 6 Prozent; 16 – 17 Jahre: 14 Prozent; 18 – 19 Jahre: 12 Prozent).
– Schüler der Haupt-/Realschule spielen häufiger als Schüler des Gymnasiums (Haupt-/Realschule: 67 Prozent spielen täglich/mehrmals die Woche, Gymnasium: 60 Prozent)</td>
</tr>
<tr>
<td>❶ d) M1 und M2 in Beziehung setzen: positive und negative Auswirkungen von Computerspielen anhand von Beispielen erläutern; Nutzungsfrequenz digitaler Spiele berücksichtigen</td>
<td colspan="2">Positive Auswirkungen (M1):
– Computerspiele fördern verschiedenste Fähigkeiten und Kompetenzen, die im Berufsleben des 21. Jahrhunderts unbedingt benötigt werden: Sensomotorik (z. B. in der Auge-Hand-Koordination), kognitive Kompetenzen (z. B. im logischen Denken), Medienkompetenz (z. B. im Umgang mit Computersoftware), soziale Kompetenz (z. B. Teamfähigkeit durch das Spiel in der Gruppe), persönlichkeitsbezogene Kompetenzen (z. B. im Umgang mit Erfolg und Misserfolg)

Negative Auswirkungen (M1):
– gesundheitliche Probleme wie Rückenbeschwerden oder Augenschmerzen durch übermäßig langes Spielen
– Sucht bzw. Suchtgefahr (in Deutschland derzeit ungefähr 3 Prozent der Jungen und 0,4 Prozent der Mädchen)
– evtl. aggressionsfördernde Wirkung (nur bestimmte Spiele)

→ M2 nennt keine Vor- und Nachteile von Computerspielen, sondern informiert allgemein über die Nutzungsfrequenz digitaler Spiele

→ Inhalte von M2 unterstreichen die Aussagen aus M1:
– 83 Prozent der Jungen im Alter von 12 – 19 Jahren spielt täglich bzw. mehrmals die Woche digitale Spiele (Achtung: Passt zu Aussagen aus M1: gesundheitliche Probleme durch übermäßiges Spielen, Jungen eher suchtgefährdet)
– besonders hoch ist der Anteil der Schüler, die täglich bzw. mehrmals pro Woche spielen an der Haupt- bzw. Realschule</td>
</tr>
<tr>
<td>❶ e) Stellungnahme zur Aussage des Medienforschers + Begründung
(→ kein Verkauf von Computerspielen mit aggressiven Inhalten an Jugendliche unter 18, damit diese nicht süchtig oder sozial auffällig werden)</td>
<td>– kein sicherer Nachweis, dass sich Computerspiele mit gewalttätigem Inhalt negativ auf die Spielenden auswirken
– können aber zu verringertem Mitleidsgefühl und Abstumpfen gegenüber Gewalt führen → aggressionsfördernde Wirkung
– viele jugendliche Amokläufer haben harte Ballerspiele gespielt
– Suchtgefahr, insbesondere bei Jungen</td>
<td>– Zahlen aus Diagramm weisen darauf hin, dass die Suchtgefahr ein ernstzunehmendes Problem ist</td>
</tr>
</table>

westermann

FiNALE Prüfungstraining

Mittlerer Schulabschluss **2020**

Deutsch

Nordrhein-Westfalen

11a

Andrea Heinrichs
Martina Wolff

Mit Beiträgen von
Peter Delp
Harald Stöveken

FiNALEonline.de

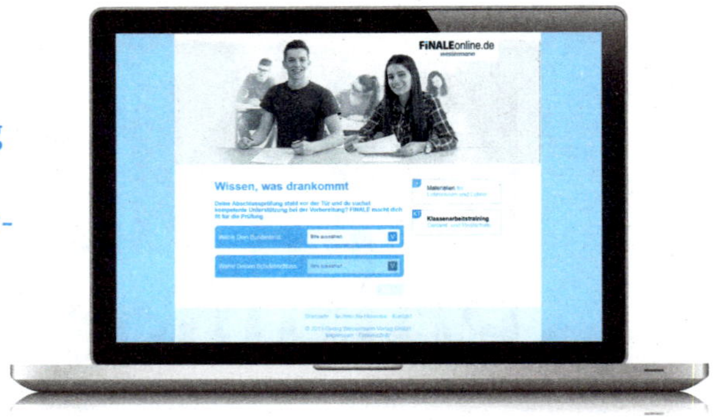

Liebe Schülerin, lieber Schüler,

sobald die Original-Prüfungsaufgaben zur Veröffentlichung freigegeben sind, können sie unter www.finaleonline.de zusammen mit ausführlichen Lösungen kostenlos heruntergeladen werden. Gib dazu einfach diesen Code ein:

DEh98bh

Einfach mal reinschauen: www.finaleonline.de

westermann GRUPPE

Druck A[1] / Jahr 2019
Alle Drucke der Serie A sind im Unterricht parallel verwendbar.

Redaktion: Katrin Spiller
Kontakt: finale@westermanngruppe.de
Layout: Druckreif! Sandra Grünberg, Braunschweig
Umschlaggestaltung: Gingco.Net, Braunschweig
Umschlagfoto: Peter Wirtz, Dormagen
Druck und Bindung: westermann druck GmbH, Braunschweig

ISBN 978-3-7426-**2006**-4

Inhaltsverzeichnis

	Was erwartet dich in diesem Arbeitsbuch?	4
A	**Vorbereitung auf die Abschlussprüfung**	
A 1.1	Die Zeitvorgaben in der Prüfung	5
A 1.2	Erfahrungen auswerten: Zeitplanung und Zeitkontrolle	6
A 2.1	Die Überprüfung des Leseverstehens	7
A 2.2	Die Schreibaufgabe: ein Beispiel (Aufgabentyp 4a)	12
B	**Arbeitstechniken und Strategien zur Bearbeitung von Schreibaufgaben**	
B 1	Arbeitstechnik: Im Wörterbuch nachschlagen	18
B 2	Arbeitstechnik: Texte erschließen und Inhalte zusammenfassen – literarische Texte	19
B 3	Arbeitstechnik: Texte erschließen und Inhalte zusammenfassen – Sachtexte	21
B 4	Arbeitstechnik: Schaubilder auswerten	23
B 5	Schreibaufgabe zu einem informierenden Text in sechs Schritten bearbeiten (AT 2)	25
B 6	Schreibaufgabe zu einem erzählenden Text in sechs Schritten bearbeiten (AT 4a)	34
B 7	Schreibaufgabe zu einem Gedicht in sechs Schritten bearbeiten (AT 4a)	42
B 8	Schreibaufgabe zu Sachtext und Schaubild in sechs Schritten bearbeiten (AT 4b)	49
C	**Prüfungsaufgaben zum Themenbereich „Sprachkultur und Leselust“**	
C 1	Original-Prüfungsaufgabe 2018: Leseverstehen: Lernt langsam Lesen! (angeleitetes Üben)	56
C 2	Leseverstehen: Wenn Hunde Kindern die Angst vor dem Vorlesen nehmen (selbstständiges Üben)	62
C 3	Was bedeutet die Aufgabenstellung „Informiere ...“?	66
C 4	Aufgabentyp 2: Einen informierenden Text verfassen	67
C 5	Schreibplan zu Aufgabentyp 2	68
C 6	Aufgabentyp 2: Sprachenreichtum an unserer Schule (angeleitetes Üben)	69
C 7	Aufgabentyp 2: Comics (selbstständiges Üben)	75
C 8	Aufgabentyp 2: Winnetou (selbstständiges Üben)	80
D	**Prüfungsaufgaben zum Themenbereich „Eine Frage der Beziehung“**	
D 1	Leseverstehen: Wie das Minenfeld der Peinlichkeit umgangen wird (angeleitetes Üben)	84
D 2	Leseverstehen: Charlottes Traum (selbstständiges Üben)	90
D 3	Was wird bei der Aufgabenstellung „Analysiere ...“ erwartet?	95
D 4	Aufgabentyp 4a: Einen Text analysieren und interpretieren	96
D 5	Schreibplan zu Aufgabentyp 4a	97
D 6	Original-Prüfungsaufgabe 2018: Aufgabentyp 4a: Textauszug aus Susan Kreller: Schneeriese (angeleitetes Üben)	98
D 7	Aufgabentyp 4a: Textauszug aus Rafik Schami: Eine Hand voller Sterne (angeleitetes Üben)	104
D 8	Aufgabentyp 4a: Theda Jacoba Olsen: Ich, meine Schwester (selbstständiges Üben)	109
D 9	Aufgabentyp 4a: Namika: Lieblingsmensch (selbstständiges Üben)	111
E	**Prüfungsaufgaben zum Themenbereich „Medien und mehr“**	
E 1	Leseverstehen: Varinia Bernau: I6d#&r6achtsi6dall (angeleitetes Üben)	113
E 2	Leseverstehen: Die Tageszeitung ist nicht out, aber ... (selbstständiges Üben)	119
E 3	Was bedeutet die Aufgabenstellung „Untersuche und vergleiche ...“?	124
E 4	Aufgabentyp 4b: Einen Textvergleich verfassen	125
E 5	Schreibplan zu Aufgabentyp 4b	126
E 6	Original-Prüfungsaufgabe 2018: Aufgabentyp 4b: Self-Tracking (angeleitetes Üben)	127
E 7	Aufgabentyp 4b: Selfies im Internet (selbstständiges Üben)	133
E 8	Aufgabentyp 4b: Das Smartphone – Unser ständiger Begleiter (selbstständiges Üben)	136

Was erwartet dich in diesem Arbeitsbuch?

Du bist in der 10. Klasse und vor dir liegt die Zentrale Prüfung nach Klasse 10, das große „FiNALE“. Darauf will dich dieses Buch vorbereiten. Es gibt dir die Möglichkeit, dich mit den Prüfungsaufgaben und ihren Anforderungen vertraut zu machen.

Im **Teil A** erhältst du Hinweise, wie du dich zweckmäßig auf die Prüfung vorbereiten kannst. An Beispielen lernst du Prüfungsaufgaben und ihre Bewertung kennen.

Im **Teil B** wiederholst du wichtige Arbeitstechniken und Strategien, wie du Schreibaufgaben bearbeitest. Zu jedem Arbeitsschritt – von der ersten Orientierung bis zur Überarbeitung deines Textes – bekommst du wichtige Informationen und hilfreiche Tipps.

In den **Teilen C, D** und **E** findest du die **Original-Prüfungsaufgaben 2018**. Außerdem findest du dort weitere Prüfungsbeispiele zu den Themenbereichen „Sprachkultur und Leselust“, „Eine Frage der Beziehung“ und „Medien und mehr“. Manche Prüfungsbeispiele enthalten Lösungshilfen, die darauf hinweisen, worauf du bei der Erschließung der Texte und bei der Anlage deines Schreibplans achten musst. Sie sind dann mit dem Zusatz „angeleitetes Üben“ versehen.
Andere Prüfungsbeispiele sind zum selbstständigen Üben gedacht und ebenfalls mit einem entsprechenden Hinweis versehen (selbstständiges Üben).
Die **zentrale Prüfungsarbeit 2019** ist zum Zeitpunkt des Drucks dieses Arbeitsbuches noch nicht geschrieben worden. Sobald die Original-Prüfungsaufgaben zur Veröffentlichung freigegeben worden sind, können sie unter *www.finaleonline.de* zusammen mit ausführlichen Lösungen kostenlos mit dem Codewort **DEh98bh** heruntergeladen werden.

Mit dem **Glossar** schließt dieses Arbeitsbuch zur Abschlussprüfung. Hier kannst du wichtige Grundbegriffe zur Erschließung von literarischen Texten und Sachtexten nachschlagen. Und natürlich gibt es auch ein **Lösungsheft**, in dem du die Richtigkeit jedes Arbeitsschrittes überprüfen kannst. Außerdem findest du zu jeder Original-Prüfungsaufgabe eine mögliche Beispiellösung, sodass du einschätzen kannst, was in der Abschlussprüfung von dir erwartet wird.

In diesem Arbeitsbuch findest du Schreibraum für wichtige vorbereitende Notizen.
Darauf verweist auf den Prüfungsvorlagen (auf blauem Fond) dieses Zeichen:

Deinen Text zur Schreibaufgabe musst du allerdings auf einem Extrablatt anfertigen.
Dies gilt auch, wenn du bei bestimmten Aufgaben diesem Zeichen begegnest:

Das Zeichen mit der Uhr findest du in den Teilen C, D und E:
Damit du ein Gefühl für die zur Verfügung stehende Arbeitszeit bekommst, solltest du dir bei diesen Prüfungsaufgaben eine Uhr bereitstellen (siehe Seite 6).

Hast du noch Lücken aus den vorherigen Schuljahren? Dann empfehlen wir dir das „FiNALE Grundlagentraining Deutsch“ (ISBN 978-3-7426-1890-0). Es bietet prüfungsrelevantes Grundlagenwissen zum Nachschlagen und Üben. Ergänzend dazu findest du unter *www.finaleonline.de/grundlagentraining* ein kostenloses Online-Training bestehend aus interaktiven Übungsaufgaben und Arbeitsblättern zum Ausdrucken.

Wir hoffen, dass du dich nach der Bearbeitung dieses Heftes sicher für das „FiNALE“ fühlst, und wünschen dir für die Prüfung toi, toi, toi.
Das Autorenteam

A Vorbereitung auf die Abschlussprüfung

A 1 Vorgaben für die Prüfung

A 1.1 Die Zeitvorgaben in der Prüfung

INFO

Die schriftliche Abschlussprüfung in Deutsch dauert 150 Minuten. Sie besteht aus zwei Teilen:

Teil I: Prüfung des Leseverstehens
Du sollst zeigen, dass du den Inhalt eines Textes verstanden hast. Dazu werden dir Fragen gestellt, die du in 30 Minuten beantworten sollst.

Teil II: Schreibaufgabe
Du erhältst zwei Prüfungsvorlagen zur Auswahl. Innerhalb von 10 Minuten musst du dich für eine Vorlage entscheiden. Entweder musst du einen literarischen Text (Erzählung, Gedicht) analysieren oder du musst einen informierenden Text verfassen oder die Aussagen mehrerer Texte (z. B. Sachtexte, Schaubilder, literarische Texte) vergleichen. Für diese Schreibaufgabe stehen dir 120 Minuten zur Verfügung.

Teil I
30 min

Teil II
Analysieren
(Aufgabentyp 4a)
120 min

oder

Teil II
Analysieren/
Vergleichen
(Aufgabentyp 4b)
120 min

oder

Teil II
Informieren
(Aufgabentyp 2)
120 min

1. Trage auf diesem Zeitstrahl ein, wie viel Zeit für die einzelnen Prüfungsteile zur Verfügung steht.

____

8.00   8.30   9.00   9.30   10.00   10.30   11.00   11.30   12.00 Uhr

2. In diesem Heft findest du in den Teilen A bis E verschiedene Prüfungsbeispiele. Schreibe die Seitenangaben auf.

Aufgaben zum Leseverstehen:

____

____

Verfassen eines informierenden Textes (Aufgabentyp 2):

____

____

Analyse eines Textes (Aufgabentyp 4a):

____

____

Analyse/Vergleich von Texten bzw. Schaubildern (Aufgabentyp 4b):

____

____

A 1.2 Erfahrungen auswerten: Zeitplanung und Zeitkontrolle

1. Für die Bearbeitung von Teil II der schriftlichen Prüfung hast du 120 Minuten Zeit. Es ist daher wichtig, dass du ein Gefühl für diese Zeit bekommst. Bearbeite die Prüfungsbeispiele in den Teilen C bis E deshalb immer mit einer Uhr und halte die Zeiten fest.

a) Prüfungsbeispiel: ______________________	geplante Zeit	benötigte Zeit
1. Sich über den Text/die Texte und die Aufgabenstellung orientieren		
2. Aufgabentext oder -texte lesen und Inhalt(e) erfassen		
3. Aufgabentext oder -texte untersuchen und auswerten		
4. Einen Schreibplan anlegen		
5. Deinen Text schreiben		
6. Deinen Text überarbeiten		
	120 Minuten	

b) Prüfungsbeispiel: ______________________	geplante Zeit	benötigte Zeit
1. Sich über den Text/die Texte und die Aufgabenstellung orientieren		
2. Aufgabentext oder -texte lesen und Inhalt(e) erfassen		
3. Aufgabentext oder -texte untersuchen und auswerten		
4. Einen Schreibplan anlegen		
5. Deinen Text schreiben		
6. Deinen Text überarbeiten		
	120 Minuten	

c) Prüfungsbeispiel: ______________________	geplante Zeit	benötigte Zeit
1. Sich über den Text/die Texte und die Aufgabenstellung orientieren		
2. Aufgabentext oder -texte lesen und Inhalt(e) erfassen		
3. Aufgabentext oder -texte untersuchen und auswerten		
4. Einen Schreibplan anlegen		
5. Deinen Text schreiben		
6. Deinen Text überarbeiten		
	120 Minuten	

2. Notiere: Wo gab es Abweichungen von deiner Planung? Welche Schlüsse ziehst du daraus?

____

____

____

A 2 Die Prüfungsaufgaben

A 2.1 Die Überprüfung des Leseverstehens

Im Prüfungsteil I erwarten dich verschiedene Aufgabenarten. Mit ihnen wird überprüft, ob du den Text richtig gelesen und verstanden hast. Dazu musst du richtige Lösungen ankreuzen, Lückentexte ausfüllen, Aussagen aus dem Text erklären, eine Skizze deuten, Zusammenhänge erläutern oder zu bestimmten Aussagen (Standpunkten) Stellung nehmen.

Doch zunächst musst du den Text erschließen: Unterstreiche unbekannte Begriffe und kläre sie, markiere Schlüsselstellen, finde Überschriften zu Sinnabschnitten usw. Lies die Aufgabenstellungen genau und vergewissere dich mithilfe der passenden Textstellen, dass deine Antworten zutreffen.

1. Diese Prüfungsvorlage wurde bereits zum größten Teil bearbeitet. Überprüfe und korrigiere die Antworten. An manchen Stellen war der Schüler unsicher. Dort findest du Fragezeichen ??. Sie sind ein Hinweis für dich, diese Antworten genau zu überprüfen.

Medien und mehr

Teil I

Lies zunächst den Text sorgfältig durch und bearbeite anschließend die Aufgaben ① – ⑬.

M1 Die Revolution des Lesens

(1) Die „Welt des Lesens" befindet sich zurzeit im Umbruch. Verlage, Buchhandel, Büchereien und Buchhandlungen sowie die Leserinnen und Leser müssen sich auf die zunehmende Digitalisierung des Lesens einstellen. E-Reader und E-Books, Smartphones und Tablets haben das Lese- und Kaufverhalten von Lesern in der Welt gewaltig verändert. E-Reader sind keine Bücher, sondern „Lesemaschinen", wie es ein französischer Bibliotheksforscher einmal formuliert hat. Diese Geräte haben seit 2005, als die ersten bezahlbaren, leichten und gut benutzbaren E-Reader auf den Markt kamen, die größte Revolution seit Erfindung des modernen Buchdrucks vor mehr als 560 Jahren eingeläutet.

weg vom gedruckten Buch, hin zu E-Reader und E-Book

??

(2) Bis zum Jahr 2013 stiegen die E-Book-Umsätze in Deutschland jährlich um mehr als 50 % an, aber im Jahr 2015 brach das Wachstum beim Verkauf von E-Books stark ein. Insgesamt bleibt der Anteil von E-Books am gesamten Buchmarkt in Deutschland mit nur 4,3 % immer noch sehr niedrig. In den USA hatte das E-Book-Geschäft im letzten Jahrzehnt dreistellige Steigerungszahlen, aber auch dort ist mittlerweile ein Wachstumseinbruch deutlich feststellbar. Während früher Experten damit rechneten, dass bald mehr digitale als gedruckte Bücher verkauft werden würden, haben sie diese Prognose rasch nach unten korrigiert.

(3) Die Perspektiven für die einzelnen Sparten der Buchbranche sind recht unterschiedlich. Die Verlage setzen weiterhin darauf, dass viele ihrer Titel als E-Book erscheinen müssen. Davon profitiert der Internet-Buchhandel sehr stark, weil E-Books in der Regel online gekauft werden. Die Buchhändler in den Geschäften vor Ort sehen deshalb starke Einbußen im Umsatz auf sich zukommen. Warum ist aber nicht damit zu rechnen, dass in den nächsten Jahren alle Leser zu elektronischen Lesern werden, obwohl doch nahezu jeder, vor

?? Warum

allem Jugendliche, täglich auf dem Handy, dem Smartphone, dem Tablet oder auf dem Computer Texte liest?

(4) Untersuchungen haben ergeben, dass es auch in Zukunft eine „klassische“ und eine „digitale „Lesewelt“ geben wird. Das gedruckte Buch ist weiterhin so erfolgreich, weil viele Menschen dem digitalen Lesen immer noch misstrauen. Das Lesen auf Bildschirmen sei flüchtig, meinen sie. Wer behalten will, was er liest, müsse es auf Papier gedruckt lesen. Ein Vorurteil? Es gibt verschiedene Untersuchungen zu diesem Thema, die alle zu dem Ergebnis kommen, dass wir digitale Texte ähnlich gut verstehen wie gedruckte Texte. Dennoch hat die Lust am Lesen von Gedrucktem nicht abgenommen. Viele Leserinnen und Leser möchten beim Lesen kein technisches Gerät in der Hand halten, sondern ein echtes Buch aus Papier, bei dem man die Seiten umblättern, das Papier fühlen und ein Geräusch hören kann, wenn man umblättert. Und das man natürlich auch ins Regal stellen kann!

(5) Noch nie haben Menschen so viel gelesen wie heute. Viele wichtige Informationen erhalten wir heute als Text über Facebook oder WhatsApp, per SMS oder als E-Mail, über Twitter oder in Blogs. Das Lesen dieser Informationen geschieht ständig. Da wir hierfür aber nicht unsere gesamte Zeit aufwenden wollen, müssen wir uns zukünftig mit zwei Fragen auseinandersetzen:
Müssen wir den Text lesen oder wollen wir ihn lesen? Ist es ein Gebrauchstext oder ein Genusstext?
Die Antworten auf diese Fragen führen zu den beiden verschiedenen „Arten des Lesens“, die in der Wissenschaft unterschieden werden: das zeitaufwendige tiefe Lesen, bei dem sich der Leser ohne Störung in eine andere Welt begeben will, und das informierende Lesen, bei dem es vor allem darum geht, möglichst schnell und genau viele Informationen aufzunehmen und zu verarbeiten. Zum gedruckten Buch greift ein Leser immer dann, wenn es um Genuss geht, um spannende Geschichten und ums Lesevergnügen. Um schnell an Informationen zu gelangen, werden das Handy oder das Tablet benutzt. Diese Situation, sich entscheiden zu können, wie wir lesen wollen, ist die große Freiheit, die Leserinnen und Leser heute haben.

Autorentext (2016)

TIPP zu ❶ bis ❺

1. Lies jede Aufgabe und überlege genau, wie sie gemeint ist.
2. Suche im Text die passenden Stellen und vergleiche beide Aussagen.
3. Hilfreich ist es, wenn du vor der Bearbeitung der Aufgaben den Text sorgfältig erschlossen hast; d. h. unbekannte Begriffe sind geklärt, Schlüsselstellen markiert, Sinnabschnitte gebildet und Zwischenüberschriften formuliert.

Aufgaben ❶ – ⓭

❶ Ergänze die fehlenden Wörter, um das Thema des Textes deutlich zu machen.

Der Text beschreibt die Veränderungen im Bereich des Lesens durch die zunehmende Digitalisierung.

❷ Kreuze die richtige Antwort an.

a)	Der moderne Buchdruck wurde um 1450 nach Christus erfunden.	X
b)	Der moderne Buchdruck wurde um 1550 nach Christus erfunden.	
c)	Der moderne Buchdruck wurde um 1650 nach Christus erfunden.	
d)	Der moderne Buchdruck wurde um 1750 nach Christus erfunden.	

❸ Kreuze die richtige Antwort an.
Die „Revolution des Lesens" begann (Abschnitt 1), als ...

a)	man die ersten Laptops kaufen konnte.	
b)	die ersten Smartphones auf den Markt kamen.	
c)	die ersten bezahlbaren und gut benutzbaren E-Reader auf den Markt kamen.	X
d)	die ersten Tablets gekauft werden konnten.	

❹ Kreuze die richtigen Antworten an.
Viele Menschen misstrauen dem digitalen Lesen noch (Abschnitt 4), weil ...

a)	sie es für zu anstrengend halten.	
b)	sie davon Kopfschmerzen bekommen.	
c)	sie glauben, die so gelesenen Informationen nicht behalten zu können.	X
d)	sie es für flüchtig halten.	X

❺ Kreuze die richtige Antwort an.
Der Satz „*Diese Situation, sich entscheiden zu können, wie wir lesen wollen, ist die große Freiheit, die Leserinnen und Leser heute haben.*" (Z. 114 – 117) bedeutet im Textzusammenhang, dass ...

a)	die Menschen überall Bücher und Zeitungen lesen können.	
b)	die Menschen alles lesen können, was gedruckt worden ist.	
c)	die Menschen die Freiheit haben, zu entscheiden, welche Bücher und Zeitungen sie in gedruckter oder digitaler Form lesen wollen.	X
d)	die Menschen die Wahl haben, ob sie überhaupt etwas lesen wollen.	

TIPP zu ❻ und ❼

1. Suche im Text die passenden Stellen und lies sie noch einmal genau.
2. Wenn du eine eigene Entscheidung begründen sollst, denke daran, deine Meinung am Text zu belegen. Du musst also Zeilenangaben in Klammern ergänzen.

❻ Kreuze die richtige Antwort an.
Mit der Formulierung „Revolution" (Z. 18) meint der Autor im Textzusammenhang, dass sich ...

a)	das Lesen grundlegend verändert hat.	
b)	das Lese- und Kaufverhalten von Lesern stark verändert hat.	X
c)	die verschiedenen Medien verändert haben.	
d)	die Einstellung der Menschen dem Lesen gegenüber verändert hat.	

7 Der Autor nennt mehrere Gründe, warum die Menschen weiterhin Lust am Lesen von Gedrucktem haben (Abschnitt 4). Notiere drei davon und begründe, welcher für dich am wichtigsten ist.

Viele Menschen glauben, dass sie etwas nur behalten können, wenn sie es auf Papier gelesen haben, und greifen deshalb weiter zu Gedrucktem. Auch möchten viele Menschen beim Lesen kein technisches Gerät in der Hand halten.

8 *„Wer behalten will, was er liest, müsse es auf Papier gedruckt lesen. Ein Vorurteil?“* (Z. 66 – 68)
Die Formulierung „Ein Vorurteil?“ ist ein Stilmittel, aber welches? Kreuze die richtige Antwort an.

??

a)	rhetorische Frage	
b)	Personifikation	
c)	Neologismus	
d)	Ellipse	X

TIPP zu 8 und 9

1. In der Prüfung werden dir auch Aufgaben zur Sprache des Textes gestellt, z. B. zu bestimmten Verbformen, Satzgliedern, rhetorischen Figuren usw. Auch darauf solltest du dich vorbereiten.
2. Wenn du unsicher bist, schlage im Glossar dieses Heftes nach (ab S. 139). Das Glossar kannst du ebenfalls zum Lernen nutzen.

9 Kreuze die richtige Antwort an.
„Die „Welt des Lesens“ befindet sich zurzeit im Umbruch.“ (Z. 1/2). Die Formulierung „befindet sich zurzeit im Umbruch“ soll darauf hinweisen, dass ...

a)	eine Veränderung bevorsteht.	
b)	eine Veränderung nicht einsetzen wird.	
c)	eine Veränderung begonnen hat.	X
d)	eine Veränderung unwahrscheinlich ist.	

TIPP zu 10 bis 13

1. Als Ergänzung zu den Texten musst du zum Nachweis deines Leseverständnisses zum Teil auch Schaubilder, Grafiken oder Diagramme auswerten. Wie du sie erschließen kannst, übst du im Kapitel B 4 auf den Seiten 23/24.
2. Die Aufgaben verlangen von dir, dass du das Material im Vorfeld erschlossen hast.
3. Oftmals musst du die Aussagen aus Text und Schaubild, Grafik oder Diagramm miteinander vergleichen.

M2 Freizeitverhalten von Kindern und Jugendlichen (2013)

Quelle: http://wikis.zum.de/dsb/Deutsch/Grafiken_auswerten

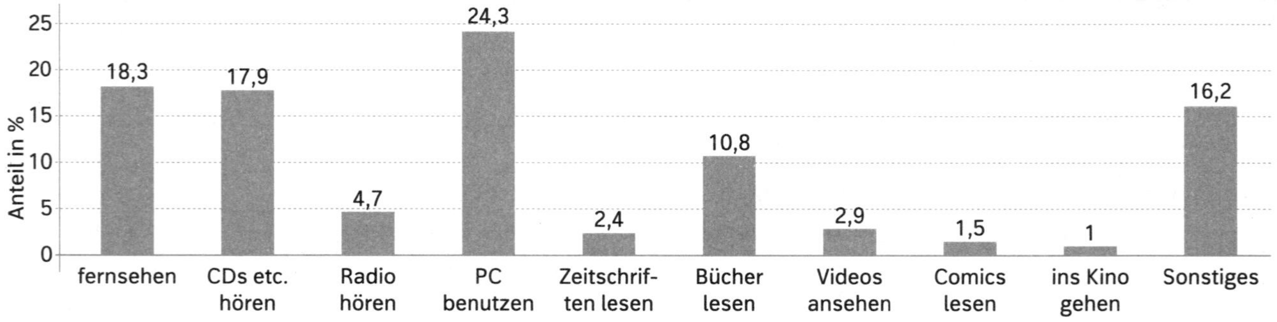

⑩ **Beschreibe das Diagramm mit eigenen Worten.**

Das Säulendiagramm stellt das Freizeitverhalten von Kindern und Jugendlichen im Jahr 2013 dar. Es zeigt, wie groß der Anteil von verschiedenen Tätigkeiten in ihrer freien Zeit ist. Dabei wird deutlich, dass Tätigkeiten, wie den PC benutzen, Fernsehen und das Hören von CDs, die Beschäftigungen sind, denen am meisten Zeit eingeräumt wird. Auf Platz vier ist die Kategorie Sonstiges zu finden, vermutlich Sport treiben oder mit Freunden chillen. Das Lesen von Büchern nimmt bei der Freizeitgestaltung von Jugendlichen nur einen Anteil von 10,8 Prozent ein.

⑪ **Begründe, ob Text und Diagramm zusammenpassen.**

Meiner Ansicht nach passen der Text und die Grafik nur teilweise zusammen. Der Text beschreibt die Veränderung des Leseverhaltens im Zusammenhang mit der Digitalisierung des Lesens. Die Grafik stellt bezüglich des Themas „Lesen“ nur dar, welchen Anteil das Lesen im Jahr 2013 an der Freizeitgestaltung der Jugendlichen hatte (insgesamt ca. 15 Prozent). Ob sie lieber digital lesen oder eher Gedrucktes bevorzugen, wird in dem Diagramm nicht dargestellt.

⑫ **Kreuze die richtige Antwort an.**
Die Wissenschaft unterscheidet zwei Arten des Lesens (Abschnitt 5):

a)	das schnelle Lesen und das langsame Lesen.	
b)	das zeitaufwendige tiefe Lesen und das informierende Lesen.	✗
c)	das überfliegende Lesen und das konzentrierte Lesen.	
d)	das flüchtige Lesen und das intensive Lesen.	

⑬ **Eine Schülerin sagt nach dem Lesen des Textes:**
„Im Internet finde ich alle Informationen, die ich brauche. Außerdem kann ich mir auf mein iPad alle Texte herunterladen, die ich benötige. Gedruckte Bücher brauche ich deshalb nicht mehr.“
Du kannst dieser Aussage zustimmen oder nicht. Wichtig ist, dass du deine Meinung begründest und dich auf mehrere Textaussagen beziehst.

Ich stimme dieser Aussage nicht zu, weil ich finde, dass Lesen mehr ist, als sich Informationen herunterzuladen. Auch sind nicht alle Texte und Bücher, die ich lesen möchte, bereits in digitaler Form erschienen. Manchmal kaufe ich mir auch ein gedrucktes Buch, um das Vergnügen zu haben, die Buchseiten umzublättern, es neben meinem Bett abzulegen oder es morgens im Schulbus zu lesen, während alle anderen mit ihren Handys beschäftigt sind. Viele gedruckte Bücher sind nämlich einfach schön anzuschauen, weil sie hübsch eingebunden und illustriert sind. Da kann ein E-Book nur schwer mithalten.

A 2.2 Die Schreibaufgabe: ein Beispiel (Aufgabentyp 4a)

Im Teil II der Prüfung wird überprüft, ob du Sachtexte, literarische Texte, Gedichte und ggf. auch Schaubilder und Anzeigen analysieren und miteinander vergleichen bzw. aufeinander beziehen (Aufgabentyp 4a oder 4b) oder ob du zu einem bestimmten Sachverhalt einen informierenden Text schreiben kannst (Aufgabentyp 2). Beim Aufgabentyp 4a musst du den vorgegebenen Text zunächst untersuchen (siehe S. 19). Dabei orientierst du dich an vorgegebenen Teilaufgaben. In einem zweiten Schritt musst du deine Untersuchungsergebnisse in einem zusammenhängenden Text ausformulieren. In einer abschließenden Aufgabe wird entweder eine Stellungnahme zu einer Aussage zum Text bzw. zu einem Zitat aus dem Text oder ein kurzer Text aus der Perspektive einer Figur (vgl. Aufgabe 1 f) von dir erwartet.

1. Die unten stehende Prüfungsvorlage wurde bereits von einem Schüler bearbeitet. Lies dir die an ihn gestellten Aufgaben durch und markiere die Operatoren und Schlüsselwörter.

2. Bereite den Text selbst für eine Analyse vor. Erschließe ihn mit der Lesemethode und setze die Anmerkungen am Rand fort. Orientiere dich dabei an den Teilaufgaben.

Eine Frage der Beziehung

Teil II

Lies bitte zuerst den Text, bevor du die Aufgaben bearbeitest. Schreibe einen zusammenhängenden Text.

1 **Analysiere** den Text „Augenblicke“ von Walter Helmut Fritz. Gehe dabei so vor:
- a) **Schreibe** eine Einleitung, in der du Titel, Autor, Textart und Thema **benennst**.
- b) **Fasse** den Text **zusammen**.
- c) **Stelle dar**, welche Personen sich gegenüberstehen und welche Absichten sie verfolgen.
- d) **Beschreibe** die Beziehung zwischen Mutter und Tochter und ziehe dazu Textbelege heran.
- e) **Untersuche**, wie durch sprachliche und formale Mittel deutlich gemacht wird, dass Elsa in einem inneren Zweispalt steckt (*mögliche Aspekte: Wortwahl, Satzbau, Erzählform und Erzählverhalten*), und **erläutere** dazu auch das Ende des Textes.
- f) **Verfasse** einen kurzen Text aus der Sicht von Elsa:
  - Warum verlässt Elsa fluchtartig die Wohnung der Mutter?
  - Welche Gedanken hat sie, als sie durch die Stadt läuft?
  - Welche Sorgen macht sie sich?

  Schreibe in der Ich-Form und berücksichtige die Informationen, die der Textauszug gibt.

Augenblicke *von Walter Helmut Fritz (1964)*

Mutter kommt ins Bad, Elsa reagiert genervt

Kaum stand sie vor dem Spiegel im Badezimmer, um sich herzurichten, als ihre Mutter aus dem Zimmer nebenan zu ihr hereinkam, unter dem Vorwand, sie wolle sich nur die Hände waschen.

Also doch! Wie immer, wie fast immer.

Gefühle Elsas; Gedankenrede

Elsas Mund krampfte sich zusammen. Ihre Finger spannten sich. Ihre Augen wurden schmal. Ruhig bleiben!

empfindet Verhalten als störend

Aufzählung

Sie hatte darauf gewartet, dass ihre Mutter auch dieses Mal hereinkommen würde, voller Behutsamkeit, mit jener scheinbaren Zurückhaltung, die durch ihre Aufdringlichkeit die Nerven freilegt. Sie hatte – behext, entsetzt, gepeinigt – darauf gewartet, weil sie sich davor fürchtete.

– Komm, ich mach dir Platz, sagte sie zu ihrer Mutter und lächelte ihr zu.

– Nein, bleib nur hier, ich bin gleich so weit, antwortete die Mutter und lächelte.

– Aber es ist doch so eng, sagte Elsa und ging rasch hinaus, über den Flur, in ihr Zimmer. Sie behielt einige Augenblicke länger als nötig die Klinke in der Hand, wie um die Tür mit Gewalt zuzuhalten. Sie ging auf und ab, von der Tür zum Fenster, vom Fenster zur Tür. Vorsichtig öffnete ihre Mutter.

– Ich bin schon fertig, sagte sie.

Elsa tat, als ob ihr inzwischen etwas anderes eingefallen wäre, und machte sich an ihrem Tisch zu schaffen.

– Du kannst weitermachen, sagte die Mutter.

– Ja, gleich.

Die Mutter nahm die Verzweiflung ihrer Tochter nicht einmal als Ungeduld wahr.

Wenig später allerdings verließ Elsa das Haus, ohne ihrer Mutter Adieu zu sagen. Mit der Tram[1] fuhr sie in die Stadt, in die Gegend der Post. Dort sollte es eine Wohnungsvermittlung geben, hatte sie einmal gehört. Sie hätte zu Hause im Telefonbuch eine Adresse nachsehen können. Sie hatte nicht daran gedacht, als sie die Treppe hinuntergeeilt war.

In einem Geschäft für Haushaltsgegenstände fragte sie, ob es in der Nähe nicht eine Wohnungsvermittlung gebe. Man bedauerte. Sie fragte in der Apotheke, bekam eine ungenaue Auskunft. Vielleicht im nächsten Haus. Dort läutete sie. Schilder einer Abendzeitung, einer Reisegesellschaft, einer Kohlenfirma. Sie läutete umsonst.

Es war später Nachmittag, Samstag, zweiundzwanzigster Dezember.

Sie sah in eine Bar hinein. Sie sah den Menschen nach, die vorbeigingen. Sie trieb mit. Sie betrachtete Kinoreklamen. Sie ging Stunden umher. Sie würde erst spät zurückkehren. Ihre Mutter würde zu Bett gegangen sein. Sie würde ihr nicht mehr Gute Nacht zu sagen brauchen.

Sie würde sich, gleich nach Weihnachten, eine Wohnung nehmen. Sie war zwanzig Jahre alt und verdiente. Kein einziges Mal würde sie sich mehr beherrschen können, wenn ihre Mutter zu ihr ins Bad kommen würde, wenn sie sich schminkte. Kein einziges Mal.

Ihre Mutter lebte seit dem Tod ihres Mannes allein. Oft empfand sie Langeweile. Sie wollte mit ihrer Tochter sprechen. Weil sich die Gelegenheit selten ergab (Elsa schützte Arbeit vor), suchte sie sie auf dem Flur zu erreichen oder wenn sie im Bad zu tun hatte. Sie liebte Elsa. Sie verwöhnte sie. Aber sie, Elsa, würde kein einziges Mal ruhig bleiben können, wenn sie wieder zu ihr ins Bad käme.

Elsa floh. Über der Straße künstliche, blau, rot, gelb erleuchtete Sterne. Sie spürte Zuneigung zu den vielen Leuten, zwischen denen sie ging.

Als sie kurz vor Mitternacht zurückkehrte, war es still in der Wohnung. Sie ging in ihr Zimmer, und es blieb still. Sie dachte daran, dass ihre Mutter alt und oft krank war. Sie kauerte[2] sich in ihren Sessel, und sie hätte unartikuliert[3] schreien mögen, in die Nacht mit ihrer entsetzlichen Gelassenheit.

aus: Walter Helmut Fritz: Umwege. Prosa. Stuttgart: Deutsche Verlags-Anstalt, 1964.

[1] die Tram: die Straßenbahn
[2] sich kauern: sich zusammenrollen
[3] unartikuliert: unkontrolliert und unverständlich

3. Untersuche den folgenden Schülertext:
   a) Finde heraus, wie der Schüler seinen Text strukturiert hat.
      Halte am Rand stichwortartig die Inhalte der einzelnen Abschnitte fest.
   b) Bearbeite die folgenden Aufgaben und schreibe dein Ergebnis an den Rand:
      - Kennzeichne, wo die Aspekte der Aufgabenstellung berücksichtigt werden, z. B. Aufgabe 1 a): Z. 1 – Z. 3 …
      - Prüfe, ob die Absätze sinnvoll gesetzt sind.
      - Überprüfe, ob die genannte Textart vorliegt und durch welche Merkmale sie belegt wurde.
      - Wo hat der Schüler Aussagen mit Textbelegen gestützt? Unterstreiche die Stellen.
      - An welchen Stellen würdest du etwas ergänzen, wo etwas streichen?
      - Ist der Text aus der Sicht von Elsa nachvollziehbar geschrieben? Passt er zum Inhalt der Erzählung?
      - Schreibe dir die Ausdrücke und Wendungen, die du dir merken willst, heraus (S. 16).

In der Kurzgeschichte „Augenblicke" von Walter Helmut Fritz aus dem Jahr 1964 geht es um einen Konflikt zwischen Mutter und Tochter, den die Mutter nicht als solchen wahrnimmt, der die Tochter aber in einen inneren Zwiespalt stürzt.

Teilaufgabe 1a) – Titel, Autor, Thema, Textart

Die Tochter fühlt sich von ihrer Mutter bedrängt, weil sie ihr ihren Freiraum nimmt. Sie geht aus dem Badezimmer, wenn die Mutter hereinkommt, und sucht verzweifelt nach Ausreden, um nicht dauernd in der Nähe ihrer Mutter sein zu müssen. Schließlich verlässt sie das Haus, ohne sich zu verabschieden. Elsa irrt durch die Stadt und überlegt sich, eine eigene Wohnung zu suchen und bald von zu Hause auszuziehen. Doch als sie nachts wieder nach Hause zurückkehrt, kommt ihr der Gedanke, dass ihre Mutter seit dem Tod des Vaters oft krank ist und ihre Hilfe braucht. Das lässt sie an ihrer Entscheidung zweifeln.

Elsa wohnt noch bei ihrer Mutter zu Hause und fühlt sich von dieser eingeengt und bedrängt („[…] als ihre Mutter aus dem Zimmer nebenan zu ihr hereinkam […]", Z. 3/4). Sie reagiert genervt und empfindet ihre Mutter als aufdringlich (Z. 16–18). Mittlerweile fürchtet sie sich sogar vor den ständigen Begegnungen (Z. 20–21). Also reagiert sie mit Flucht aus der Wohnung, weil sie keine Privatsphäre mehr hat („Wenig später allerdings verließ Elsa das Haus, ohne ihrer Mutter Adieu zu sagen.", Z. 48–50). Als ungenaues Ziel hat sie eine Wohnungsvermittlung in der Stadt, weil sie beabsichtigt, auszuziehen (Z. 52–54). Sie sucht die Anonymität der Stadt und lässt sich mit den Menschen treiben (Z. 71-73), um auf andere Gedanken zu kommen. Erst in der Nacht kehrt sie unverrichteter Dinge nach Hause zurück und vermeidet so eine erneute Begegnung mit ihrer Mutter (Z. 75–79). Elsa ist im Grunde verzweifelt (Z. 110–113). Ihr gegenüber steht ihre Mutter, die sich um Elsas Nähe bemüht (Z. 15–18). Die Mutter realisiert Elsas eigentliche Gedanken nicht

(Z. 45–47) und behandelt Elsa höflich und freundlich („[...] antwortete die Mutter und lächelte.“, Z. 25–27), nimmt aber nicht wahr, dass Elsa auch Zeit für sich braucht. Die Mutter ist seit dem Tod ihres Mannes oft einsam (Z. 88–90), ebenso ist sie alt und krank (Z. 108–109). Deswegen möchte sie viel Zeit mit Elsa verbringen. Die Beziehung zwischen Mutter und Tochter ist angespannt. Die Mutter weiß nicht, dass sie ihre Tochter nervt („Die Mutter nahm die Verzweiflung ihrer Tochter nicht einmal als Ungeduld wahr.“, Z. 45–47), obwohl Elsa versucht, es ihr zu zeigen, indem sie immer dann geht oder nach Ausreden sucht, wenn ihre Mutter sich ihr nähert (Z. 28–33, Z. 37–41, Z. 44). Andererseits unterscheidet sich Elsas äußeres Verhalten ihrer Mutter gegenüber („Komm, ich mach dir Platz, sagte sie zu ihrer Mutter und lächelte ihr zu.“, Z. 22–24) deutlich von ihren Gedanken. Die Mutter liebt ihre Tochter zu sehr (Z. 95), um sie gehen zu lassen. Deshalb nimmt sie auch so viel Rücksicht (Z. 25–27). Elsa fühlt sich aber dadurch eingeengt. Trotzdem fühlt sie sich für ihre Mutter verantwortlich. Dadurch wird die Beziehung kompliziert, da beide nicht offen über ihre jeweiligen Gedanken und die Gründe für ihr Verhalten sprechen. Für Elsa ergibt sich aus der Situation ein innerer Zwiespalt. Dieser wird durch die Er-/Sie-Erzählform und das personale Erzählverhalten für den Leser deutlich, denn der Erzähler übernimmt den Blickwinkel von Elsa und gibt deren Gedanken z.B. durch eine Aufzählung von Adjektiven („[...] behext, entsetzt, gepeinigt [...]“, Z. 19) oder durch Ellipsen wieder („Ruhig bleiben!“, Z. 11–12). Auch ihr Verhalten in der Stadt, das durch Parataxen und Anaphern aneinandergereiht dargestellt wird (Z. 71–79), deutet an, dass sie eigentlich ziellos umherirrt. Die Darstellung ihrer Gedanken legt offen, dass sie sich unter fremden Menschen sogar wohler fühlt als zu Hause (Z. 102–104). Elsa nimmt sich vor, dass sie sich bei der nächsten Begegnung nicht mehr beherrschen wird. So wird deutlich, dass Elsa sich durch die Anwesenheit ihrer Mutter bedrängt und verfolgt fühlt. Sie wartet fast schon darauf, dass ihre Mutter wieder hinterherkommt: „Sie behielt einige Augenblicke länger als nötig die Klinke in der Hand, wie um die Tür mit Gewalt zuzuhalten.“ (Z. 30–33). Andererseits kann sie ihre Mutter auch nicht verlassen, da diese allein (Z. 89), „alt und oft krank“ ist (Z. 109). Nachdem sie erst kurz vor Mitternacht aus der Stadt zurück gekehrt ist, rollt sie sich in ihrem Sessel zusammen (Z. 110). Es geht ihr so schlecht, dass sie am liebsten laut schreien würde. Hier wird durch eine Personifikation der innere Konflikt Elsas betont: „[...] in die Nacht mit ihrer entsetzlichen Gelassenheit.“ (Z. 112–113). Damit wird ein Kontrast zwischen der Stille der Nacht und Elsas Innensicht klar. Es zeigt sich, dass Elsa trotz ihrer Reflexion während ihrer Flucht in die Stadt keine Lösung für ihr Problem gefunden hat, denn eigentlich weiß sie, dass sie ihre Mutter nicht alleine lassen kann, braucht aber gleichzeitig Gelegenheiten, um Zeit für sich zu haben („Sie war zwanzig Jahre alt und verdiente.“, Z. 82–83).

Text aus der Sicht Elsas:

Warum lässt mir Mutter nie meine Privatsphäre, sie verfolgt mich regelrecht. Wenn ich mich im Bad fertig machen will, kommt sie herein – immer unter dem Vorwand, es würde nicht so lange dauern. Kann sie mich nicht wenigstens im Bad in Ruhe lassen? Nur einen kleinen Moment? Das ist immer so, immer läuft sie hinter mir her. Ich weiß, dass sie nicht alleine sein will und dass sie meine Nähe sucht, aber ich brauche auch mal Zeit für mich. Das macht mich so wütend! Am besten, ich verschwinde in die Stadt – dort kennt mich keiner, und keiner verfolgt mich ... Wo ist denn nun diese Wohnungsverwaltung? Es wird Zeit, dass ich mir eigene vier Wände suche. Keiner kann mir Auskunft geben – weder in dem Haushaltswarengeschäft noch in der Apotheke. Hier macht auch keiner auf. Es ist zum Verzweifeln – und jetzt ist auch noch bald Weihnachten. Ich laufe durch die Stadt, bis Mutter zu Bett gegangen ist – dann stört sie mich nicht mehr. Ich bin zwanzig Jahre alt, ich brauche meine Privatsphäre. Ich weiß, dass Mama nach dem Tod von Papa allein ist und jemanden zum Reden braucht, aber ich kann das nicht mehr. Ich fühle mich bedrängt! Da sind mir fremde Leute fast lieber als meine Mutter ... Es ist schon spät – ich muss nach Hause zurück – fast Mitternacht. Verdammt, was soll ich nur tun? Ich weiß, dass sie oft allein und krank ist – sie hat doch sonst keinen außer mir. Was soll ich nur machen? Ich kann sie doch nicht alleine lassen. Kann mir keiner helfen???

Ausdrücke und Wendungen, die ich mir merken möchte:

Wonach richtet sich die Note der Schreibaufgabe (Aufgabentyp 4a)?

1. Beurteile den Schüleraufsatz anhand des Bewertungsbogens.

Inhaltliche Leistung

Aufgabe	Anforderung	erfüllt	nicht erfüllt
	Der Prüfling ...		
1 a)	schreibt eine Einleitung, in der er ... • Titel, Autor, Textart sowie • das Thema (*Konflikt zwischen Mutter und Tochter, den die Mutter nicht wahrnimmt, der die Tochter aber in einen inneren Zwiespalt stürzt*) benennt.		
1 b)	fasst den Text kurz zusammen (*Tochter fühlt sich von Mutter bedrängt; geht aus Badezimmer, wenn Mutter hereinkommt; verlässt das Haus, ohne sich zu verabschieden; will in der Stadt eine eigene Wohnung suchen; kehrt unverrichteter Dinge nachts zurück; denkt an die Mutter, die einsam und oft krank ist; ist unschlüssig*).		
1 c)	stellt dar, welche Personen sich gegenüberstehen und welche Absichten sie verfolgen, z.B.: • *Mutter: sucht Nähe ihrer Tochter, nimmt eigene Aufdringlichkeit nicht wahr, liebt ihre Tochter ...* • *Tochter: braucht Privatsphäre, fühlt sich bedrängt, flüchtet vor der Nähe ihrer Mutter, sucht die Anonymität der Stadt, ist hin- und hergerissen zwischen Mitleid und Abkehr ...*		
1 d)	beschreibt die Beziehung zwischen Mutter und Tochter und zieht dazu Textbelege heran, z.B.: • *angespanntes Verhältnis, Mutter erkennt die Bedrängnis ihrer Tochter nicht, keine offene Aussprache ...*		
1 e)	untersucht, wie durch sprachliche und formale Mittel deutlich gemacht wird, dass Elsa in einem innerem Zwiespalt steckt, z. B.: • *Aufzählung/Adjektive: Beschreibung der Emotionen (Z. 19),* • *Parataxen und Ellipsen: Verdeutlichung der inneren Anspannung, der Gedanken (Z. 7–8, Z. 9–12, ...)* • *Anaphern: Betonung des Fluchtgedankens (Z. 69–83)* • *Er-/Sie-Erzählform und personales Erzählverhalten: Offenlegung von Elsas Reaktionen und Gedankengängen (Z. 7–8, 9–12) ...*		
1 f)	verfasst einen kurzen Text aus der Sicht von Elsa, aus dem deutlich wird, warum Elsa fluchtartig die Wohnung der Mutter verlässt, in dem die Gedanken deutlich werden, die Elsa hat, als sie durch die Stadt läuft, und der angibt, welche Sorgen sie sich macht (Ich-Form).		

Darstellungsleistung

	Anforderung	erfüllt	nicht erfüllt
	Der Prüfling ...		
1	• strukturiert seinen Text schlüssig und gedanklich klar.		
2	• belegt seine Aussagen durch angemessenes und korrektes Zitieren.		
3	• formuliert syntaktisch variabel (Satzbau).		
4	• drückt sich präzise und differenziert aus.		
5	• schreibt sprachlich richtig (Rechtschreibung, Zeichensetzung, Grammatik).		

B Arbeitstechniken und Strategien zur Bearbeitung von Schreibaufgaben

B 1 Arbeitstechnik: Im Wörterbuch nachschlagen

Das Wörterbuch ist für die Abschlussprüfung ein wichtiges Hilfsmittel:

- Du benötigst es zum Klären von unbekannten Wörtern.
- Du kannst nachschlagen, um die Rechtschreibung von Wörtern zu überprüfen. Das ist vor allem für die Überarbeitung eigener Texte wichtig.

1. Erkläre, welche Bedeutung die unterstrichenen Wörter im Textzusammenhang haben. Benutze dein Wörterbuch.

Millionen Menschen nutzen jede Gelegenheit, um zum Smartphone zu greifen. Nun zeigt eine Studie von Medienforschern, dass diese exzessive Nutzung große Risiken birgt. Besonders häufig chatten, posten und spielen die Probanden unter 25 Jahren. Die Angst, nicht alles von seinen Freunden mitzubekommen, führt zu permanentem Kommunikationsdruck und dazu, dass viele Menschen Hunderte Male am Tag auf ihr Mobiltelefon schauen oder selbst Kurznachrichten verbreiten.

exzessive Nutzung: ______________________

____

Risiken: ______________________

____

die **Probanden:** ______________________

____

permanentem Kommunikationsdruck: ______________________

____

TIPP

1. Bei Fremdwörtern gibt es oft mehrere Bedeutungen. Um die richtige Bedeutung herauszufinden, mache die **Ersatzprobe:** Setze jede angegebene Bedeutung im Text an die Stelle des Fremdwortes. Welche Bedeutung ist im Textzusammenhang sinnvoll? Prüfe und wähle aus.
2. Manche Wörter findet man nicht auf Anhieb im Wörterbuch, weil sie im Text in veränderter Form vorkommen. Gehe daher vor dem Nachschlagen so vor:
   - Bilde von gebeugten Verben die Grundform (den Infinitiv): *aß → essen.*
   - Bilde bei Nomen die Einzahl (Singular): *Kakteen → Kaktus.*
   - Schlage bei zusammengesetzten Wörtern erst unter dem ersten Wortteil nach. Wenn dort die Wortzusammensetzung nicht zu finden ist, musst du auch den zweiten Wortteil nachschlagen:
     - Reflexionsprozess: → *Reflexion* → *Prozess.*

2. In dem folgenden Text befinden sich sechs Rechtschreibfehler. Streiche falsch geschriebene Wörter durch und schreibe sie richtig auf.

Smartphones sind genial, weil ich damit mit meinen Freunden über Hausaufgaben und anstehende Klassenarbeiten diskutiren kann. Natürlich kommt an einem einziegen Tag eine riesige menge von Nachrichten zusammen, weil viele über flüssige und unwichtige Miteilungen geschrieben werden. Wenn ich mich durch mein Handy gestrest fühle, stelle ich einfach den Signalton aus.

TIPP

Alle wichtigen Rechtschreibregeln findest du auch noch einmal auf der Internetseite **www.finaleonline.de.**
Einfach „Mittlerer Schulabschluss" und dein Bundesland eingeben und dann das kostenlose „EXTRA-Training Rechtschreibung" herunterladen.
Neben den Regeln findest du dort auch noch weitere Übungen mit Lösungen.

B 2 Arbeitstechnik: Texte erschließen und Inhalte zusammenfassen – literarische Texte

Um einen literarischen Text zu erschließen, gehst du am besten schrittweise vor.

1. Bearbeite den Text auf Seite 20 mithilfe des TIPPS.

TIPP

VOR DEM LESEN

1. Vermutungen äußern

Stelle Vermutungen zum Inhalt an:
- Lies die Überschrift des Textes. Worum geht es wohl in der Erzählung?
- Gibt es zu dem Text eine Abbildung? Was ist darauf zu sehen?

WÄHREND DES LESENS

Lies den Text und überprüfe, ob deine Vermutungen stimmen.

2. Unbekannte Begriffe klären
- Markiere Begriffe und Textstellen, die du nicht verstehst.
- Versuche, die Bedeutung selbst herauszufinden, indem du den Satzzusammenhang betrachtest. Oft wird in den folgenden Sätzen die Bedeutung erklärt. Schlage ansonsten im Wörterbuch nach (siehe B 1, S. 18) und notiere die Bedeutung am Rand.

3. Schlüsselstellen unterstreichen
- Unterstreiche Schlüsselstellen. Das sind die Textstellen, die Antwort auf folgende Fragen geben:
  - Wo und wann spielt die Erzählung?
  - Welche Personen handeln dort?
  - Worum geht es?
- Halte am Rand weitere Beobachtungen fest:
  - Wie wirkt der Text auf dich (lustig, ernst, spannend, ...)?
  - Wer erzählt die Geschichte (siehe Glossar: „Merkmale erzählender Texte“, S. 141)?
  - Welche sprachlichen Mittel werden verwendet (siehe S. 143)?
  - Welche Wirkung entsteht durch den Satzbau?

NACH DEM LESEN

4. Informationen entnehmen
- Bilde Sinnabschnitte. Das sind Absätze, die inhaltlich eng zusammengehören. Ein neuer Sinnabschnitt beginnt, wenn z. B. eine neue Person auftritt oder ein wichtiges Ereignis geschieht. Du kannst dich auch an den vorhandenen Absätzen orientieren.
- Formuliere zu jedem Sinnabschnitt eine Überschrift (ein Stichwort oder einen kurzen Satz).

5. Inhalte zusammenfassen
- Notiere zu jeder Überschrift stichwortartig den Inhalt des Sinnabschnittes. Nimm dazu die unterstrichenen Schlüsselstellen zu Hilfe.
- Bilde aus den Stichpunkten zum Inhalt vollständige Sätze und verknüpfe sie miteinander. So erhältst du eine kurze Inhaltszusammenfassung des Textes.
- Bestimme die Textsorte (Erzählung, Kurzgeschichte, Roman, Jugendbuchauszug, Gedicht).

Streuselschnecke *Julia Franck (2000)*

14-Jährige erhält Anruf von einem Fremden, er will sie kennenlernen, sie findet ihn sympatisch

Ort: Berlin

Ich-Form, personales Erzählverhalten

Der Anruf kam, als ich vierzehn war. Ich wohnte seit einem Jahr nicht mehr bei meiner Mutter und meinen Schwestern, sondern bei Freunden in Berlin. Eine fremde Stimme meldete sich, der Mann nannte seinen Namen, sagte mir, er lebe in Berlin, und fragte, ob ich ihn kennenlernen wolle. Ich zögerte, ich war mir nicht sicher. Zwar hatte ich schon viel über solche Treffen gehört und mir oft vorgestellt, wie so etwas wäre, aber als es so weit war, empfand ich eher Unbehagen. Wir verabredeten uns. Er trug Jeans, Jacke und Hose. Ich hatte mich geschminkt. Er führte mich ins Café Richter am Hindemithplatz und wir gingen ins Kino, ein Film von Rohmer[1]. Unsympathisch war er nicht, eher schüchtern. Er nahm mich mit ins Restaurant und stellte mich seinen Freunden vor. Ein feines, ironisches Lächeln zog er zwischen sich und die anderen Menschen. Ich ahnte, was das Lächeln verriet.

---

besucht Mann öfter, bekommt aber kein Geld

Einige Male durfte ich ihn bei seiner Arbeit besuchen. Er schrieb Drehbücher und führte Regie bei Filmen. Ich fragte mich, ob er mir Geld geben würde, wenn wir uns treffen, aber er gab mir keins, und ich traute mich nicht, danach zu fragen. Schlimm war das nicht, schließlich kannte ich ihn kaum, was sollte ich da schon verlangen? Außerdem konnte ich für mich selbst sorgen, ich ging zur Schule und putzen und arbeitete als Kindermädchen. Bald würde ich alt genug sein, um als Kellnerin zu arbeiten, und vielleicht wurde ja auch noch eines Tages etwas Richtiges aus mir.

Zwei Jahre später, der Mann und ich waren uns noch immer etwas fremd, sagte er mir, er sei krank. Er starb ein Jahr lang, ich besuchte ihn im Krankenhaus und fragte, was er sich wünsche. Er sagte mir, er habe Angst vor dem Tod und wolle es so schnell wie möglich hinter sich bringen. Er fragte mich, ob ich ihm Morphium[2] besorgen könne. Ich dachte nach, ich hatte einige Freunde, die Drogen nahmen, aber keinen, der sich mit Morphium auskannte. Auch war ich mir nicht sicher, ob die im Krankenhaus herausfinden wollten und würden, woher es kam. Ich vergaß seine Bitte. Manchmal brachte ich ihm Blumen. Er fragte nach dem Morphium, und ich fragte ihn, ob er sich Kuchen wünsche, schließlich wusste ich, wie gerne er Torte aß. Er sagte, die einfachen Dinge seien ihm jetzt die liebsten – er wolle nur Streuselschnecken, nichts sonst. Ich ging nach Hause und buk[3] Streuselschnecken, zwei Bleche voll. Sie waren noch warm, als ich sie ins Krankenhaus brachte. Er sagte, er hätte gerne mit mir gelebt, es zumindest gern versucht, er habe immer gedacht, dafür sei noch Zeit, eines Tages – aber jetzt sei es zu spät. Kurz nach meinem siebzehnten Geburtstag war er tot. Meine kleine Schwester kam nach Berlin, wir gingen gemeinsam zur Beerdigung. Meine Mutter kam nicht. Ich nehme an, sie war mit anderem beschäftigt, außerdem hatte sie meinen Vater zu wenig gekannt und nicht geliebt.

[1] Rohmer: Spielfilme von Rohmer thematisieren Beziehungen von Erwachsenen. Sie sind ohne Aktion; es wird viel gesprochen und diskutiert.

[2] Morphium: Droge; eines der stärksten Schmerzmittel

[3] buk: Präteritum von backen

B 3 Arbeitstechnik: Texte erschließen und Inhalte zusammenfassen – Sachtexte

Um einen Sachtext zu erschließen, gehst du am besten schrittweise vor.

1. Bearbeite den Text auf Seite 22 mithilfe des TIPPS.

TIPP

VOR DEM LESEN

1. Vermutungen äußern
- „Überfliege“ den Text: Wovon könnte der Text handeln?
- Lies die Überschrift, die Zwischenüberschriften und betrachte die Abbildungen.
  - Notiere am Rand, was du bereits über das Thema weißt.
  - Stelle W-Fragen an den Text: Was ...? Wer ...? Warum ...? Wo ...? Wann ...?

WÄHREND DES LESENS

Lies den Text und überprüfe, ob deine Vermutungen stimmen.

2. Unbekannte Begriffe klären
- Markiere Begriffe und Textstellen, die du nicht verstehst.
- Versuche, die Bedeutung selbst herauszufinden, indem du den Satzzusammenhang betrachtest. Oft wird in den folgenden Sätzen die Bedeutung erklärt. Schlage ansonsten im Wörterbuch nach (siehe B 1, S. 18) und notiere die Bedeutung am Rand.

3. Schlüsselstellen unterstreichen
- Unterstreiche Schlüsselstellen:
  - Textstellen, die Antwort auf deine W-Fragen geben.
  - Informationen, die du interessant findest.
  - Wenn du die Aufgaben zum Text bereits gelesen hast, unterstreiche die Textstellen, die du zur Bearbeitung nutzen kannst.

NACH DEM LESEN

4. Informationen entnehmen
- Bilde Sinnabschnitte. Das sind Absätze, die inhaltlich eng zusammengehören. Du kannst dich auch an den vorhandenen Absätzen orientieren.
- Formuliere zu jedem Sinnabschnitt eine Überschrift (ein Stichwort oder einen kurzen Satz).
- Notiere zu jeder Überschrift stichwortartig den Inhalt des Sinnabschnittes. Nimm dazu die unterstrichenen Schlüsselstellen zu Hilfe.

5. Inhalte zusammenfassen
- Bilde aus den Stichpunkten zum Inhalt vollständige Sätze und verknüpfe sie miteinander. So erhältst du eine kurze Inhaltszusammenfassung des Textes.
- Schreibe nicht aus dem Text ab, sondern formuliere in eigenen Worten.
- Bestimme die Textsorte (Reportage, Zeitungsbericht, Interview).

Was ist ein Blog und was macht ein Blogger eigentlich genau? *Andreas Meyhöfer*

Was? Weblog/Blog = Online-Tagebuch

Weblog: Kurzform für World Wide Web & Logbuch

Wer? Web-Logger/ Blogger

Das Weblog, das Blog oder mittlerweile laut Duden auch der Blog ist aus dem Ursprung heraus nichts anderes als ein Online-Tagebuch. User, die das Internet früh für sich entdeckt hatten, stellten ihre Lebensereignisse online. Wofür einst das gute alte Tagebuch aus Papier herhalten durfte, wurde nun das World Wide Web als Medium genutzt. Das Kunstwort Weblog als Kurzform für World Wide Web & Logbuch entstand und die ersten Web-Logger, also Blogger, waren geboren.

Was? Unterschied Webseite/Blog

steuern

Mittlerweile ist das Medium Blog den Kinderschuhen entwachsen und schon lange kein reines Tagebuch mehr für persönliche Gedanken und Träume. Blogs entstehen aus den unterschiedlichsten Gründen, Zielsetzungen und mit den vielfältigsten Themen. Der Unterschied zwischen teilweise überladenen Webseiten und Blogs ist der einfache und schlichte Aufbau. [...] Reine Blogs bieten dem Leser eine sauber strukturierte Informationsquelle ohne viel Drumherum. In der Regel sind Blogbeiträge absteigend nach Datum aufgelistet und geben dem Blogleser eine genaue Übersicht über die Aktualität eines Beitrags.

Dank Kategorien und Schlagwörtern können Blogleser schnell und einfach durch den Blog navigieren. Die entsprechende interne Verlinkung und Auflistungen aller Artikel, die einer Kategorie oder einem Schlagwort zugeordnet sind, tragen erheblich zur Nutzerfreundlichkeit bei. [...]

Die Faszination Blog hat weltweit mittlerweile viele Millionen Anhänger und täglich werden es mehr. Das Tolle an einem Blog ist, dass er dank der Kommentarfunktion ganz einfach zu einem regen Gedankenaustausch von Gleichgesinnten beitragen kann. [...] Möchte man einen eigenen Blog erstellen, findet man im Netz kostenlose Blogging-Dienste und kann so ohne finanziellen Aufwand und mit wenigen Klicks sofort loslegen. Für eine einfache und schnelle Einrichtung ist in der Regel keine Registrierung vonnöten, es reicht, einen Nickname sowie eine Mailadresse anzugeben.

Egal, ob jemand aus Spaß an der Freude im Hobbybereich bloggt oder seinen Lebensunterhalt damit bestreiten möchte, inzwischen ist alles möglich. Dabei gibt es zahlreiche unterschiedliche Blogthemen wie Fashionblogs, Kunstblogs, Newsblogs, Mikroblogs (wie z.B. Twitter), Wissenschaftsblogs und viele mehr. Die Liste lässt sich endlos verlängern. [...]

Vom Einzelkämpfer bis zu ganzen Gruppen gibt es Blogger, die einzelne Blogs oder gar Blognetzwerke betreiben. Der Blog ist global betrachtet weitaus mehr als nur ein Tagebuch oder eine Website, sondern ein Medium, das mitunter eine sehr große Meinungsmacht mit sich bringt. Von professionellen Journalisten werden Blogger oft fachlich nicht ernst genommen, sei es wegen der fehlenden journalistischen Ausbildung oder einfach, weil man die neue Konkurrenz fürchtet. Zudem sind Blogger oftmals schneller und damit aktueller in ihrer Berichterstattung.

https://blogsheet.info/blog-blogger-genau-erklaert-18677, Zugriff: 23.10.2017 (gekürzt und vereinfacht)

B 4 Arbeitstechnik: Schaubilder auswerten

Häufig findest du in Prüfungsaufgaben auch Schaubilder wie Diagramme und Tabellen. Diese enthalten Zusammenfassungen von Daten, die nach bestimmten Gesichtspunkten geordnet sind.
Folgende Aufgabenstellungen sind bei Schaubildern möglich:

- Du musst überprüfen, ob die vorgegebenen Aussagen zu einem Schaubild richtig sind oder nicht.
- Du musst feststellen, ob die Informationen eines Schaubildes die Aussagen eines Textes bestätigen, ergänzen oder widerlegen. Dazu musst du ein Schaubild richtig lesen und verstehen.

1. Werte Schaubild A (Seite 24) nach folgenden Schritten aus:

Erster Schritt: Sich orientieren

a) Worum geht es in dem Schaubild A? Notiere stichpunktartig.

Thema: ______________________

Zahlenangaben: ______________________

hellgraue Balken: ______________________

dunkelgraue Balken: ______________________

Vergleiche zwischen: ______________________

____

TIPP zum ersten Schritt

1. Lies die Überschriften und Erläuterungen. Um welches Thema geht es?
2. Welche Zahlenangaben werden gemacht? Werden sie in Prozent, Promille oder in absoluten Zahlen (z. B. in Tausend) angegeben?
3. Worauf beziehen sich diese Angaben?
4. Was wird miteinander verglichen?

Zweiter Schritt: Den Inhalt des Schaubildes erfassen und stichpunktartig aufschreiben

b) Schreibe die Informationen auf, die du dem Schaubild entnehmen kannst.

____

____

____

____

TIPP zum zweiten Schritt

1. Sieh dir das Schaubild genauer an. Worauf bezieht sich der größte Wert?
2. Worauf bezieht sich der niedrigste Wert?
3. Gibt es weitere Auffälligkeiten?

Dritter Schritt: Aufgabenstellung beantworten und Ergebnisse aufschreiben

c) Beantworte die Aufgaben zu Schaubild A. Achte genau auf die Aufgabenstellung.

____

____

____

____

TIPP zum dritten Schritt

1. Formuliere in ganzen Sätzen.
2. Verwende folgende Formulierungen:
   es gibt weniger als ...
   mehr als bei ...
   genauso oft ...
   seltener ...
   auffällig ist, dass ...

2. Bearbeite in gleicher Weise die Schaubilder B und C.

Schaubild A: Balkendiagramm
Medienbeschäftigung in der Freizeit

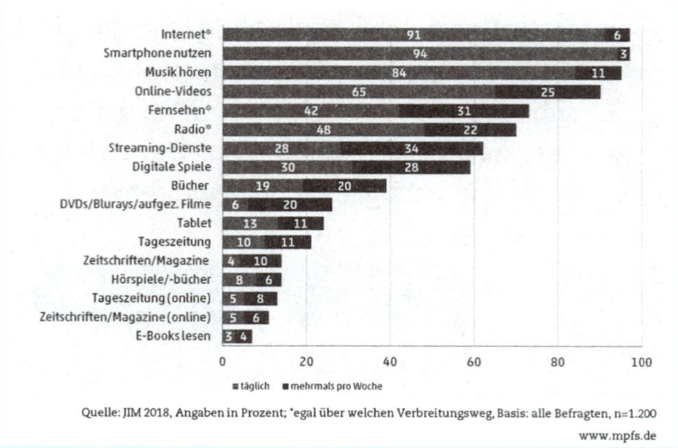

Quelle: JIM 2018, Medienpädagogischer Forschungsverbund Südwest

INFO

Balkendiagramme zeigen oft absolute Zahlen oder Prozentzahlen an. Die Länge des Balkens gibt die Anzahl an, die man meist auf der x-Achse ablesen kann. Neben der y-Achse wird angegeben, worauf sich die Balken beziehen.

Aufgaben:
1. Welches Medium wird von den Jugendlichen am häufigsten täglich genutzt?
2. Welche Medien sind bei der regelmäßigen Nutzung (mehrmals pro Woche) am beliebtesten?

Schaubild B: Kreisdiagramm
Familien, Paare ohne Kinder, Alleinstehende

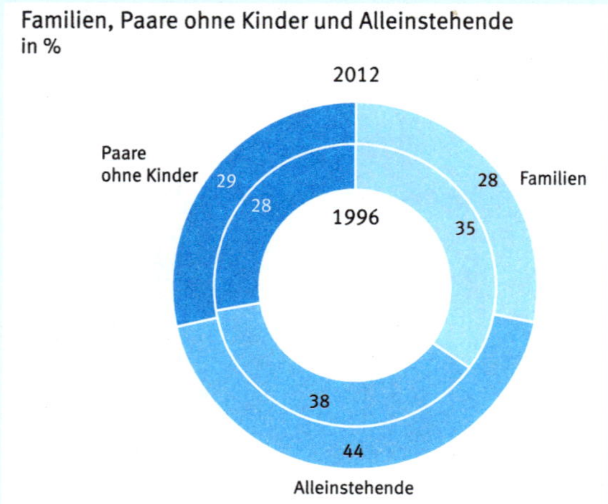

Quelle: Statistisches Bundesamt, Wiesbaden 2013

INFO

Kreisdiagramme zeigen die prozentuale Zusammensetzung einer Gesamtmenge. Dabei ist der Kreis in mehrere Teile unterteilt, die jeweils den Anteil an der Gesamtmenge wiedergeben.

Aufgaben:
1. Welche Lebensweise hat von 1996 bis 2012 am meisten zugenommen?
2. Beschreibe die Entwicklung der verschiedenen Lebensweisen von 1996 bis 2012.

Schaubild C: Verlaufsdiagramm
Preisentwicklung Telekommunikation

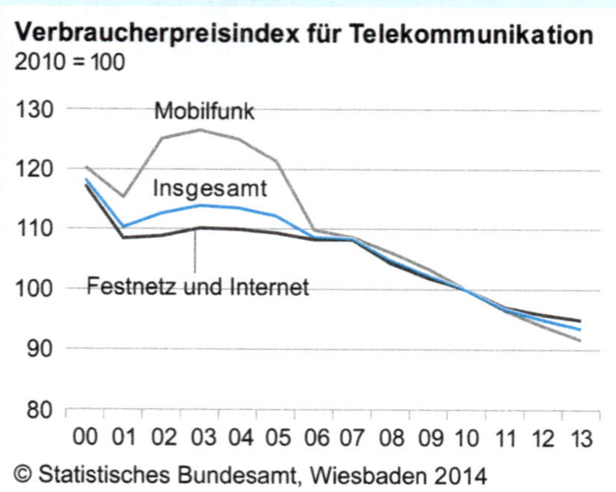

INFO

Kurven- oder Liniendiagramme eignen sich dazu, Daten von verschiedenen Zeitpunkten grafisch vergleichend darzustellen.

Aufgaben:
1. Beschreibe die Entwicklung der Preise für Telekommunikation.
2. In welchem Zeitraum und in welchem Bereich stiegen die Preise für Telekommunikation am stärksten an?

B 5 Schreibaufgabe zu einem informierenden Text in sechs Schritten bearbeiten (Aufgabentyp 2)

Auf den folgenden Seiten lernst du die wichtigsten Arbeitsschritte zur Erarbeitung eines informierenden Textes kennen. Auf den Seiten 26–29 findest du die Materialien, mit denen du diese Schritte üben kannst. Auch in den angeleiteten Prüfungsaufgaben zum Thema „Sprachkultur und Leselust“ (Teil C) wird auf diese grundlegenden Seiten verwiesen.

Erster Schritt: Sich orientieren

1. Lies die Aufgabenstellung in der Prüfungsvorlage auf Seite 26 „mit dem Stift“. Markiere die Operatoren und die Schlüsselwörter.

2. Mache dir klar, in welcher Situation und an wen du schreibst:

   Adressat: ______________________

   Situation/Thema: ______________________

   Schreibziel: ______________________

3. Notiere stichpunktartig, was dir zu dem Thema „Mirjam Pressler“ einfällt. Wer ist Mirjam Pressler? Wovon könnten die Materialien handeln?

   ____

   ____

   ____

   ____

TIPP zum ersten Schritt

Stürze dich nicht gleich in die Arbeit, sondern verschaffe dir einen ersten Überblick:

1. Mache dir klar, was die Aufgabe von dir verlangt. Lies dazu die einzelnen Teilaufgaben und unterstreiche alle wichtigen Hinweise auf das, was du tun sollst. Die Operatoren in den Aufgaben sind zur besseren Orientierung fett gedruckt. Eine Erklärung der Verben findest du im Teil C 3 auf S. 66 und im Glossar.
2. Die Informationen zum Adressaten und zur Situation findest du im Vortext über der Aufgabenstellung.

Zweiter Schritt: Materialien erschließen und Inhalte erfassen

4. a) Erschließe die Materialien (Texte, Bilder, Tabellen) wie im TIPP zum zweiten Schritt dargestellt. Setze dazu die Bearbeitung fort.
   b) Kennzeichne die Informationen (Schlüsselstellen), die die Teilaufgaben erfordern, durch Unterstreichungen und Randbemerkungen (z. B. zum Lebenslauf Mirjam Presslers, zum Inhalt ihrer Werke ...).
   Verwende dazu für jede Teilaufgabe eine eigene Farbe.

TIPP zum zweiten Schritt

1. Markiere alle Textstellen, die dir unklar sind. Kläre unbekannte Ausdrücke aus dem Sinnzusammenhang oder schlage im Wörterbuch nach. Beachte auch die Worterklärungen unter dem Text.
2. Unterstreiche Schlüsselstellen. Das sind Antworten auf die W-Fragen und Textstellen, die du zur Bearbeitung der Teilaufgaben heranziehen willst.
3. Kennzeichne mit Markierungen und Symbolen (!?) Textstellen, die für das Verständnis der Materialien wichtig sind. Verdeutliche Verweise mit Pfeilen (➡).
4. Notiere zu jedem Abschnitt in der Randspalte Stichpunkte zum Inhalt.

Sprachkultur und Leselust

Teil II

Deine Schule soll nach der Autorin Mirjam Pressler benannt werden. Zur Namensgebung soll es eine große Schulfeier geben, an der alle Schülerinnen und Schüler, Lehrerinnen und Lehrer und Eltern teilnehmen. Damit alle für diesen Termin gut vorbereitet sind, bist du als Schulsprecher gebeten worden, einen Informationstext über Mirjam Pressler zu schreiben. Um diesen Text schreiben zu können, bekommst du eine Materialsammlung (M1 – M7).

Lies zunächst die Aufgabenstellung und dann die Materialien aufmerksam durch, bevor du mit dem Schreiben beginnst.

1. **Verfasse** auf Grundlage der Materialien M1 bis M7 einen **informierenden Text** über Mirjam Pressler. Schreibe nicht einfach aus den Materialien ab, sondern achte auf eine eigenständige Darstellung in einem zusammenhängenden Text.

   Gehe dabei so vor:
   a) **Formuliere** für den Text eine passende Überschrift.
   b) **Schreibe** eine Einleitung, in der du die Autorin Mirjam Pressler kurz vorstellst (Geburtsjahr, -ort, Tätigkeiten, Aufenthaltsort).
   c) **Stelle dar**, wie Mirjam Pressler zum Schreiben gekommen ist, und **erkläre**, warum Literatur für sie eine große Bedeutung hat.
   d) **Erläutere**, welche Themen sie in ihren Kinder- und Jugendbüchern verarbeitet, und wie Mirjam Pressler ihre eigenen Lebenserfahrungen mit der Welt ihrer Figuren verknüpft.
   e) **Schlussfolgere** anhand der Materialien und eigener Überlegungen, warum Mirjam Pressler gerade für Kinder und Jugendliche schreibt. **Erläutere** dabei auch den Begriff „beschädigte Kindheit".
   f) **Notiere** unterhalb des Textes die Nummern der von dir genutzten Materialien.

M1 Lebensdaten von Mirjam Pressler

Geburtsjahr	1940
Geburtsort	Darmstadt
Kindheit	– uneheliches Kind einer jüdischen Mutter – wuchs bei Pflegeeltern und in einem Kinderheim auf
Ausbildung	Abitur, Studium: Kunst (Frankfurt) und Sprachen (München)
Berufstätigkeit	unterschiedliche Jobs: z. B. Bürotätigkeiten, Inhaberin eines Jeansladens
Besonderheiten	– ein Jahr Aufenthalt in Kibbuz[1] in Israel – 1. Veröffentlichung: Roman „Bitterschokolade" (1980) – mittlerweile mehr als 30 veröffentlichte Kinder- und Jugendbücher
aktueller Wohnort	Landshut (Bayern)
Auszeichnungen	viele Auszeichnungen: – mehrfach: Deutscher Jugendliteraturpreis: 1994 für Übersetzungswerk, 1995 für Roman »Wenn das Glück kommt, muss man ihm einen Stuhl hinstellen« und 2010 für Gesamtwerk – Trägerin des Bundesverdienstkreuzes erster Klasse

[1] der Kibbuz: eine Wohngemeinschaft in Israel

M2 Auszug aus einem Interview mit Mirjam Pressler

Die Welt: Sie wuchsen erst in einer Pflegefamilie auf, später im Kinderheim. Wenn Sie nicht einschlafen konnten, dachten Sie sich Fortsetzungs-Schauer-Geschichten aus. Waren Geschichten für Sie eine Art Lebenshilfe?

Pressler: Geschichten waren essenziell[1] für mich. Ich habe mir sehr oft welche ausgedacht, aber nicht nur Schauer-Geschichten, auch Kitsch-Geschichten.

Die Welt: Welche?

Pressler: Eher märchenhafte: dass auf einmal der Vater auftaucht, reich und berühmt, und mich mitnahm – solche Sachen halt. Ich habe damals auch Karl May[2] gelesen und seine Geschichten weitergesponnen. Ich habe mir auch in der Straßenbahn immer Geschichten weitererzählt, nicht nur beim Einschlafen. Immer wenn ich irgendwo etwas machen musste, was mich langweilte, habe ich mir selbst Geschichten erzählt. Ich war eine Tagträumerin.

Die Welt: Ihre Jugendbücher spielen überhaupt nicht in der heilen Welt: Sie schildern darin Kinder, die von Eltern auf der Flucht getrennt werden, oder Kinder, die mit Behinderungen leben müssen. Es gibt Verhältnisse, die ein Kind nicht ändern kann, haben Sie mal gesagt und geraten, es solle möglichst schnell erwachsen werden. Das ist ein harter Satz.

Pressler: Das stimmt. Aber zu diesem Satz stehe ich nach wie vor. Viele meiner Bücher handeln von einer beschädigten Kindheit. Es gibt Situationen, die Kinder von sich aus nicht ändern können. Ich finde es wichtig, dass sie verstehen, dass nicht sie daran schuld sind, sondern dass es die Umstände sind. Man kann als Kind seine Eltern nicht ändern, auch die sozialen Umstände nicht. Wenn Kinder merken, dass es nicht ihre Schuld ist, können sie vielleicht anfangen, darüber zu reden. Denn vorher ist ja alles schambesetzt[3]. In dem Moment, da man es aussprechen oder hinschreiben kann, verliert es seinen Stachel. Und je öfter man das macht, umso leichter fällt es einem. Man bekommt so eine gewisse Distanz.

http://www.welt.de/kultur/literarischewelt/article141884756/Ich-wollte-Erfolg-als-Autorin-nicht-als-Juedin.html, Zugriff: 04.01.2016

[1] essenziell: bedeutungsvoll, wichtig
[2] Karl May: Autor von „Winnetou"
[3] schambesetzt: sich für etwas schämen, peinlich sein

M3 Über das Schreiben

Mirjam Pressler ist zunächst mit Jugendbüchern bekannt geworden, die sich mit Themen der belasteten Kindheit, der Ausgrenzung, des am Rande Stehens durch soziale Umstände beschäftigt haben. 1986 übersetzte sie die Ausgabe vom „Tagebuch der Anne Frank" aus dem Niederländischen ins Deutsche. Seitdem hat sie sich nicht nur intensiv mit der Person Anne Frank beschäftigt, sondern auch vermehrt mit dem jüdischen Glauben und Leben auseinandergesetzt, verpackt in Geschichten ganz unterschiedlicher Zeit-Epochen. Der Auslöser hierfür war die Lebensgeschichte von Anne Frank. […] „Ich wollte nie *die* jüdische Autorin werden, die sogenannte *„Alibi-Jüdin"*. Aber irgendwie bin ich da so hineingeschlittert und es hat sich, nicht mit Absicht, so ergeben." Aus dem ganz profanen[1] Grund der Geldnot begann sie zu schreiben. Heute sagt sie, „ich habe Glück gehabt, dass ich sofort die richtige Lektorin[2], den richtigen Verlag und auch noch als Anfänger den Preis bekommen habe". Hinter dem Quäntchen notwendigem Glück steckt allerdings auch die hohe Qualität, dem Genre[3] Kinderbuch Inhalte mit schwierigen, realistischen Themen eine neue Form zu geben. „Dass mir Schreiben so viel Spaß machte, wusste ich vorher gar nicht. Erst als ich anfing, habe ich das gemerkt." [...]

nach: http://www.buecher-leben.de/ein-besuch-bei-mirjam-pressler-in-landshut/

[1] profan: einfach
[2] die Lektorin: Verlagsmitarbeiterin
[3] das Genre: die Gattung

M4 Klappentext des Buches „Wenn das Glück kommt, muss man ihm einen Stuhl hinstellen" von Mirjam Pressler

Das Glück kam bisher nur selten zu Halinka. Halinka ist zwölf und lebt seit Jahren im Heim. Was vor dieser Zeit war, erzählt sie nicht. Halinka hat keine Freundin und will auch keine. Am liebsten ist sie allein in ihrem wunderbaren Versteck auf dem Speicher. Dort schreibt sie all die Sprüche und Sätze auf, die ihr durch den Kopf gehen. Manchmal lässt sie sich mit Huckleberry Finn[1] auf einem Floß den Mississippi hinuntertreiben. Dann hat Fräulein Urban, die Heimleiterin, die verrückte Idee, alle Mädchen für das Müttergenesungswerk sammeln zu lassen. Halinka möchte unbedingt Sammelkönigin werden. Vielleicht kann sie dann wieder ihre geliebte Tante Lou besuchen. Halinka weiß - wenn das Glück kommt, dann muss man ihm einen Stuhl hinstellen. Und darauf wartet sie.

Beltz und Gelberg. 12. Auflage 2015

[1] Huckleberry Finn: eine Figur aus dem Roman „Tom Sawyer"

M5 Auszug aus einer Rezension zu „Wenn das Glück kommt, muss man ihm einen Stuhl hinstellen"

Möglich, dass solche Gerüche, Farben, Klänge Jugendlichen von heute fremd sind; die Gefühle, um die es in dieser merkwürdigen Woche im Leben eines zwölfjährigen Heimkinds geht, sind es nicht - Verlassenheit, Eifersucht, verletzter Stolz, Wut, Hass, Sehnsucht nach Zärtlichkeit und gleichzeitig ängstliche Abwehr jeder Zärtlichkeit. Um das tiefe Misstrauen eines verlassenen Kindes geht es in dem Roman; ums sich Behaupten in einer Welt, die nicht freundlich ist zu Kindern, in der man kämpfen muss, um nicht unterzugehen, und mit Zuneigung oder Hoffnung geizig haushält, damit man am Ende nicht reinfällt. Weshalb Halinka auch Distanz hält zu Renate, die nachts im Schlafsaal so oft vor sich hin weint. Denn „was nützt eine Freundin, die nicht stark ist" im Heim, wo nur der Starke Recht hat. O ja, sie kennt sich aus, diese Zwölfjährige, und sie ist so wenig gut, wie die Welt wenig gut ist. Und so wird sie also auch zehn Mark klauen aus der vollen Sammelbüchse.

Authentizität[1] rühmten die Kritiker an den Romanen Presslers, mit mehr als 30 Büchern einer der erfolgreichsten deutschen Kinder- und Jugendbuchautorinnen, vielfach ausgezeichnet, auch für ihre vorzüglichen Übersetzungen. Authentisch ist sie, weil sie Phantasie hat und Einfühlungsvermögen in die komplizierte Seelenlage von Kindern. Es sind Geschichten von Außenseitern – von Eva, die ihren Kummer in sich hineinfrisst („Bitterschokolade"), von Thomas, einem gehbehinderten 15-Jährigen („Stolperschritte"), von Herbert, dem Schulversager („Kratzer im Lack"). Oder, mit autobiografischen[2] Zügen, eben von Halinka, die ins Heim kommt wegen Verwahrlosung.

Elisabeth Bauschmid, Zeitschrift DER STANDARD, 22.06.2006

[1] die Authentizität: die Echtheit
[2] autobiografisch: das eigene Leben beschreibend

M6 Die Autorin und ihre Bücher

[...] Inzwischen war sie (Mirjam Pressler) auf Jugendbücher voll ungeahnter Ernsthaftigkeit gestoßen. Das machte ihr Mut: „Was ich mir wünsche, ist ein Ernstnehmen der kindlichen Welt, der äußeren und der inneren, mit allem Schwierigen, was dazugehört." Die Helden ihrer Bücher sind Außenseiter. [...] Nicht immer gehen ihre Geschichten gut aus.

Daher wird ihr häufig ein Mangel an Positivem vorgeworfen. Eltern vermissen heitere Lebensperspektiven in ihren Büchern. Doch die jungen Leser sind begeistert. „Ich finde, Sie schreiben genauso wie es wirklich ist. Ganz ohne Kompromisse beim Inhalt und bei der Sprache", findet der Jungleser Johannes. Und eine Mira schreibt: „Jedes Mal kommt es einem so vor, als hätten Sie die Geschichte, die Sie schreiben, selber erlebt." Sie spüren: Es geht der Autorin um eine stabile Identität ihrer Leser. [...]

Claudia Schülke, Hamburger Abendblatt, 07.06.2010, http://www.abendblatt.de/kultur-live/article107692930/Grosse-Literatur-fuer-kleine-Leser.html (gekürzt)

M7 Buchcover „Novemberkatzen"

Quelle: Beltz&Gelberg in der Verlagsgruppe Beltz, Weinheim

Dritter Schritt: Schreibplan anlegen

INFO zum dritten Schritt

Ein Schreibplan hilft, die Materialien nach den Vorgaben der Teilaufgaben zu bearbeiten:

1. Nutze die Aufgabenstellung und deren Unterpunkte für deine Gliederung.
2. Lege in einem Schreibplan (Tabelle) die Gliederung deines Textes nach den Teilaufgaben (oberste Zeile) fest. In den senkrechten Spalten trägst du dazu passende Informationen aus den Materialien M1 – M7 ein.
   Wenn du schon oft mit einem Schreibplan gearbeitet hast und gut formulieren kannst, kannst du diesen Schritt auch überspringen. Weise den einzelnen Teilaufgaben stattdessen verschiedene Farben zu. Mit diesen Farben markierst du zugehörige Passagen in den Materialien (siehe 2. Schritt, Aufgabe 4b). Anschließend machst du direkt mit dem 5. Schritt weiter und schreibst deinen Text auf der Grundlage deiner Markierungen.
3. In die Spalte *„Daran muss ich denken"* trägst du ein, worauf du bei der anschließenden Verschriftlichung achten willst. Notiere hier außerdem, welche Materialien du verwendet hast (Teilaufgabe 1 f).

5. Übertrage den Schreibplan unten auf eine DIN-A4-Seite. Lasse in den einzelnen Zeilen/Spalten ausreichend Platz. Du kannst auch den vorbereiteten Schreibplan von Seite 68 kopieren (C 5).

Schreibplan

Adressat: deine Mitschüler, Lehrer, Eltern

Situation/Thema: Namensgebung der Schule/Autorin Mirjam Pressler

Schreibziel: informierender Text über Mirjam Pressler

Aufgaben/ Material	1 a) Überschrift	1 b) Einleitung	1 c) …	1 d) …	1 e) …	Daran muss ich denken:
M1	/	– 1940 in Darmstadt – …				– Material sichten – Informationen zu den Teilaufgaben markieren – Randbemerkungen – Stichworte aus den Materialien in Schreibplan übertragen – …
M2	/	– Pflegefamilie – Kinderheim				
M3			– aus Geldnot – hat sich so ergeben …			
M4				– Figur Halinka lebt auch im Heim …		
M5						
M6						
M7						

Vierter Schritt: Materialien auswerten und Stichworte im Schreibplan festhalten

INFO zum vierten Schritt

Deine Schreibaufgabe besteht darin, in einem informierenden Text alle Teilaufgaben zusammenhängend zu bearbeiten:

a) Finde eine passende **Überschrift** (Teilaufgabe 1 a). Orientiere dich dabei an der Vorgabe des Themas. Achte darauf, dass die Überschrift zum Lesen anregt (Adressatenbezug).
b) In der **Einleitung** führst du in das Thema ein und machst kurz Angaben zu dem, was die Teilaufgabe fordert (Teilaufgabe 1 b).
c) Im **Hauptteil** erarbeitest du die Teilaufgaben 1 c–d. Das sind Aufgaben zu inhaltlichen Aspekten (z. B. *Lebenserfahrungen*). Beachte dazu genau die Operatoren (z. B. *darstellen, erklären, erläutern* ...) und die Schlüsselwörter in den Teilaufgaben (z. B. *Bedeutung der Literatur, verarbeitete Themen* ...).
d) Im **Schlussteil** ziehst du Schlüsse zu den genannten Aspekten der Teilaufgabe 1 e (z. B. *Warum schreibt die Autorin gerade für Jugendliche?*).
e) Abschließend nennst du in einem Satz noch die **Materialien**, die du verwendet hast (Teilaufgabe 1 f). Orientiere dich dazu an deiner Tabelle bzw. deinem Schreibplan oder an den von dir gemachten farbigen Markierungen.

6. Ergänze nun deinen Schreibplan stichwortartig. Beginne mit der ersten Spalte zur Überschrift (1 a).

7. Notiere in der zweiten Spalte Stichworte zur Einleitung (Teilaufgabe 1 b). Gehe dazu auf die vorgegebenen Aspekte in der Teilaufgabe (*Geburtsjahr, -ort, Tätigkeiten, Aufenthaltsort*) ein.

8. a) Markiere in den Materialien, wie Mirjam Pressler zum Schreiben gekommen ist, und trage die gefundenen Informationen in die dritte Spalte des Schreibplans ein (Teilaufgabe 1 c).
   b) Notiere die Gründe, warum ihr Literatur viel bedeutet, ebenfalls in Spalte 3 (1 c).

9. a) Markiere in den Materialien, welche Themen die Autorin in ihren Büchern verarbeitet, und übertrage diese in die 4. Spalte des Schreibplans (Teilaufgabe 1 d).
   b) Sammle Hinweise darauf, wie die Autorin ihre Lebenserfahrungen mit der Welt ihrer Figuren verknüpft, und notiere diese ebenfalls in Spalte 4 (Teilaufgabe 1 d).

TIPP zum 4. Schritt

Wenn du dich dazu entschieden hast, dass dir die farbigen Markierungen zu den Teilaufgaben als Schreibplan reichen, überprüfe noch einmal, ob du zu allen Teilaufgaben ausreichende Informationen markiert hast.

TIPP zu 8./9./10.

1. Orientiere dich beim Festhalten der Notizen an den Operatoren (*stelle ... dar, erkläre* ...) und am Wortlaut (*Schlüsselwörter*) der Teilaufgaben. So kannst du beim Ausformulieren der Ergebnisse Wiederholungen vermeiden.
2. Achte darauf, dass du in **mehreren** Materialien Informationen zu **einer** Teilaufgabe finden kannst.

10. a) Ergänze stichpunktartig in Spalte fünf des Schreibplans den Begriff „beschädigte Kindheit“ (1 e).
- Kindheit wird nicht als „heile Welt“ dargestellt
- Flucht, Ausgrenzung...

   b) Ziehe Schlüsse aus den Informationen, die du über die Autorin gesammelt hast, und notiere dir, warum sie deiner Meinung nach für Kinder und Jugendliche schreibt (Teilaufgabe 1 e). Ergänze deine Ergebnisse ebenfalls in der fünften Spalte deines Schreibplans.
- Pressler hat Ähnliches selbst erlebt, will Kindern Mut machen, ihnen das Gefühl nehmen, an ihrer Situation schuld zu sein ...
- ...

Fünfter Schritt: Einen informierenden Text schreiben

TIPP zum fünften Schritt

1. Schreibe deinen Text. Lasse einen **breiten Rand** an der Seite und unten, damit du Platz für die Überarbeitung und Ergänzungen hast.
2. Formuliere eine Überschrift, die zum Thema deines Textes passt (*Wissenswertes über Mirjam Pressler*).
3. Bringe die Ergebnisse aus deinem **Schreibplan** bzw. die Ergebnisse deiner Markierungen als Alternative zum Schreibplan in eine **schlüssige und zusammenhängende Reihenfolge**. Achte darauf, dass du die Stichpunkte/Informationen aus den verschiedenen Materialien miteinander verknüpfst. Orientiere dich an den Teilaufgaben. Setze nach jeder Teilaufgabe einen Absatz.
4. Berücksichtige beim Ausformulieren deines informierenden Textes den **Adressaten** (*deine Mitschülerinnen und Mitschüler, Lehrerinnen und Lehrer, Eltern*). Schreibe **sachlich, verständlich** und **anschaulich**: *Mirjam Pressler wählt in ihren Büchern Themen, die für uns alle eine Bedeutung haben.*
5. Halte dich an die dargestellten Fakten und Zahlen. Verwende Fachbegriffe, erkläre aber auch Begriffe und Namen, die in der Alltagssprache nicht häufig vorkommen.
6. Formuliere **in eigenen Worten** und im **Präsens**. Kennzeichne Zitate oder Belege durch Anführungszeichen und Angabe der Quelle: *Mirjam Pressler sagt von sich „Ich war eine Tagträumerin." (M2, Zeile 26).*

11. Verfasse deinen informierenden Text auf einem Extrablatt. Orientiere dich am TIPP und nutze die Ergebnisse deiner Vorarbeit.

Teilaufgabe 1a: Wissenswertes über ...

Teilaufgabe 1b: Unsere Schule soll nun nach der Autorin Mirjam Pressler benannt werden. Deshalb sollten alle Beteiligten genauer wissen, wer Mirjam Pressler eigentlich ist. Die Autorin wurde 1940 in ... geboren und ...

Teilaufgabe 1c: Mirjam Pressler ist aus einem ganz naheliegenden Grund zum Schreiben gekommen, nämlich weil sie ...

Dennoch hat Literatur für sie eine große Bedeutung. Schon in früher Kindheit dachte sie sich Geschichten aus, in denen ...

Teilaufgabe 1d: Presslers Bücher sind sicher deshalb so beliebt, weil sie darin Themen aufgreift, die für uns alle eine große Bedeutung haben und mit denen sich viele identifizieren können, zum Beispiel ...

Ihre eigenen Lebenserfahrungen lässt sie dabei nicht außen vor, denn ...

Teilaufgabe 1e: Für Mirjam Pressler sind wir Jugendlichen und Kinder eine wichtige Lesergruppe, da ...

Der Begriff „beschädigte Kindheit" ist damit eng verbunden. Sie meint damit, ...

Teilaufgabe 1f: Ich habe für meinen Text Informationen aus den Materialien ... genutzt.

Sechster Schritt: Text überarbeiten

12. Überarbeite deinen informierenden Text. Verwende dazu die CHECKLISTE.

CHECKLISTE zur Überarbeitung von Texten (Aufgabentyp 2)

1. Den Text inhaltlich überprüfen (Inhaltsleistung)

- ✓ Hast du eine interessante Überschrift gewählt?
- ✓ Hast du in deinem Text alle Ergebnisse deiner Vorarbeit berücksichtigt?
- ✓ Sind deine Informationen für den Leser nachvollziehbar und interessant formuliert?
- ✓ Wurden die Informationen (Aussagen, Fakten, Zahlen) richtig aus den Materialien übernommen?
- ✓ Wurden nachvollziehbare Schlussfolgerungen gezogen, die sich sinnvoll aus den Materialien ergeben?
- ✓ Hast du die Nummern der von dir genutzten Materialien notiert?

2. Den Text sprachlich überprüfen (Darstellungsleistung)

- ✓ Hast du den Text sinnvoll gegliedert? Ist er durch Absätze überschaubar gestaltet?
- ✓ Hast du eigenständig formuliert und nur Namen, Fakten und Daten aus den Materialien übernommen?
- ✓ Hast du unnötige Wiederholungen und unklare Formulierungen vermieden?
- ✓ Sind deine Sätze vollständig?
- ✓ Kannst du komplizierte Sätze vereinfachen?
- ✓ Hast du Zusammenhänge durch sinnvolle Satzverknüpfungen verdeutlicht?
- ✓ Hast du im Präsens geschrieben?
- ✓ Überprüfe auch Rechtschreibung, Zeichensetzung und Grammatik, denn sie fließen in die Bewertung ein und können den Lesefluss beeinträchtigen.
- ➡ Kontrolliere deinen Text mehrfach und berücksichtige deine persönlichen Fehlerschwerpunkte.

B 6 Schreibaufgabe zu einem erzählenden Text in sechs Schritten bearbeiten (Aufgabentyp 4a)

Auf den folgenden Seiten werden die wichtigsten Arbeitsschritte für das Lesen und Erschließen eines erzählenden Textes und die Schritte zur Bearbeitung der Prüfungsaufgaben dargestellt. Auf den Seiten 35 – 37 findest du den erzählenden Text, mit dem du diese Schritte üben kannst. Auch in den angeleiteten Prüfungsaufgaben zum Thema „Eine Frage der Beziehung“ (Teil D) wird auf diese grundlegenden Seiten verwiesen.

Erster Schritt: Sich orientieren

TIPP zum ersten Schritt

Stürze dich nicht gleich in die Arbeit, sondern verschaffe dir einen ersten Überblick:

1. Mache dir klar, was die Aufgabe von dir verlangt. Lies dazu die einzelnen Teilaufgaben und unterstreiche alle wichtigen Hinweise auf das, was du tun sollst. So erhältst du oft schon Anhaltspunkte, worauf du beim Lesen und Erschließen des Textes achten musst.
2. Worum geht es in dem Text? Was verrät dir die Überschrift?

1. Lies die Aufgabenstellung in der Prüfungsvorlage (Seite 35) „mit dem Stift“. Markiere die Operatoren und die Schlüsselwörter.
2. Gib mit eigenen Worten wieder, was du tun sollst. Beachte die Reihenfolge der einzelnen Schritte.

   ___

   ___

3. Notiere stichpunktartig, was dir zu dem Titel „Marathon“ einfällt. Wovon könnte der Text handeln?

   ___

   ___

Zweiter Schritt: Text erschließen und Inhalt erfassen

4. a) Erschließe den Text wie im TIPP zum zweiten Schritt dargestellt. Setze dazu die Bearbeitung fort.
   b) Kennzeichne Besonderheiten durch Unterstreichungen und Randbemerkungen (z. B. zu Satzbau, sprachlichen Gestaltungsmitteln, Erzählform und -verhalten).

5. Worum geht es im Text? Formuliere Stichworte zum Thema.

   – Druck, den ein Vater auf seinen Sohn ausübt

   ___

   ___

TIPP zum zweiten Schritt

1. Markiere alle Textstellen, die dir unklar sind. Kläre unbekannte Ausdrücke aus dem Sinnzusammenhang oder mithilfe des Wörterbuchs. Beachte auch die Worterklärungen unter dem Text.
2. Unterstreiche Schlüsselstellen. Das sind Antworten auf die W-Fragen und Textstellen, die du zur Bearbeitung der Teilaufgaben heranziehen willst.
3. Bilde Sinnabschnitte. Notiere dazu jeweils eine Überschrift.
4. Notiere zu jedem Abschnitt Stichpunkte zum Inhalt.
5. Bestimme die Textart.

Eine Frage der Beziehung

Teil II

1 **Analysiere** den Text „Marathon" von Reinhold Ziegler. Gehe dabei so vor:

a) **Schreibe** eine Einleitung, in der du Titel, Autor, Textart und Thema **benennst**.

b) **Fasse** den Text **zusammen**.

c) **Stelle** die Entwicklung der Sportlerkarriere des Sohnes **dar** und **erkläre**, warum er die gesteckten Ziele jeweils erreicht oder nicht.

d) **Erläutere** die Beziehung des Sohnes zu seinem Vater und ziehe dazu Textbelege heran.

e) **Untersuche**, wie durch sprachliche und formale Mittel deutlich gemacht wird, dass der vom Vater in der Kindheit ausgeübte Druck den Sohn ständig begleitet (*mögliche Aspekte: Satzbau, sprachliche Gestaltungsmittel, Erzählform und Erzählhaltung*). **Erkläre** in diesem Zusammenhang auch das Ende des Textes.

f) Ein Mitschüler sagt über den Text: *„Ich finde, der Sohn war zu gemein zu seinem Vater. Der wollte doch wirklich nur sein Bestes."* **Setze** dich mit dieser Aussage **auseinander** und überlege, ob du die Einschätzung teilen kannst. **Begründe** deine Meinung und beziehe dich dabei auf den Text.

Marathon (2001) *Reinhold Ziegler*

Ich-Form

Aufzählung, Vater hat große Erwartungen an den Sohn – Sportler

Ob ich meinen Vater schon hasste, als ich auf die Welt kam, bezweifle ich. Ich vermute, ich fing damit erst an, als ich laufen lernen musste. Ein Sohn, der nur krabbeln konnte, der sich später mühsam von einem Bein aufs andere fallend, durch die Welt hangelte, der schließlich gehen konnte, aber doch nicht lief, noch nicht federnd aus den Fußgelenken, noch nicht abrollend mit der ganzen Sohle, noch nicht locker aus den Hüften heraus, noch nicht exakt im Knie geführt, der eben ging, wie ein Kind geht – all das muss ihn ungeduldig geschmerzt haben in seinem großen Sportlerherz. Und diese Ungeduld ließ er mich damals schon spüren.

Ehrgeiz des Vater verfolgt den Sohn

[...] Wenn ich an meine Kindheit denke, sehe ich nur ein Bild vor mir: Es ist mein Vater, laufend, schräg rechts vor mir. Er blickt über seine linke Schulter zurück und ruft: „Auf, auf!" Und wenn ich länger hineinhöre in dieses Bild, dann höre ich sein gleichmäßiges Atmen, höre seinen Rhythmus: Schritt, Schritt, ein – Schritt, Schritt, aus. Und ich höre mein eigenes Keuchen, spüre mein Herz stechen und spüre den Hass, der mich zurückhalten will und der mich doch immer hinter ihm hertreibt. Und dann mein Vater, wie er zu anderen redete: „Der Junge hat Talent", höre ich. „Aus dem wird mal was", höre ich. Wenn er zu mir redete, hörte ich nur: „Auf, auf!"

An meinem dreizehnten Geburtstag lief ich zum ersten Mal die fünftausend Meter. Es war ein Sportfest, und ich musste mit den Achtzehnjährigen starten, weil in meiner Altersklasse und den zweien darüber niemand sonst auf diese Distanz antrat. Meine Vereinskameraden standen am Rand der Bahn und feuerten mich an. Fast zehn Runden hielt ich mit den Großen mit, dann fiel ich ab. Vater wartete an Start und Ziel, bei jeder Runde schrie er mir sein „Auf, auf!" ins linke Ohr, die letzte Runde lief er auf dem Rasen neben mir her. „Auf, auf, auf!", schrie er, aber ich hörte nichts mehr, lief wie bewusstlos, Schritt, Schritt, ein – Schritt, Schritt, aus – bis mir irgendwer eine Decke überwarf und ich verstand, dass es vorbei war. […] „Gut gemacht, mein Läuferlein“, flüsterte er in mein Keuchen. Und ich nahm diese Worte und schloss sie ein wie einen Edelstein, den man immer mal wieder ganz allein hervorholt, um ihn zu betrachten. „Gut gemacht, gut gemacht.“

Später standen wir beieinander, alle die, denen Laufen Spaß machen musste. „Viel hat da nicht gefehlt“, hörte ich meinen Vater. „Nächstes Jahr packen wir den ganzen Tross.“ Ich ging weg, nahm mein „Gut gemacht“ heraus und sah es von allen Seiten an. Es hatte viele Facetten, das wusste ich nun. Ich wollte nicht an das nächste Jahr denken, aber natürlich tat ich es. Und natürlich hatte Vater recht.

Es war dasselbe Sportfest, ein Jahr später, als ich tatsächlich zum ersten Mal die fünftausend Meter gewann. Von nun an war ich, wie die Zeitungen schrieben, abonniert auf Sieg, das große deutsche Talent, unsere Olympiahoffnung und vieles andere mehr, was mich vergessen ließ, wie sehr ich meinen Vater hasste, vielleicht auch, dass ich ihn überhaupt hasste.

Ich studierte in einer anderen Stadt. Sport natürlich, was sonst. Ich trainierte zweimal täglich, professionell, wie man mir sagte, obwohl es auch nicht viel mehr war als das „Auf, auf!“ meines Vaters, nur besser organisiert, wissenschaftlicher verpackt und anonymer. […] Dann verpasste ich die Qualifikation, wurde nicht zur deutschen olympischen Hoffnung. (…) Ich fing an, auf Marathon zu trainieren. Irgendjemand hatte meinen Laufstil analysiert und mir von der Bahn, von fünftausend und zehntausend weg hin zu Marathon geraten. […] Ich war gut im Marathon, aber meine Zeiten zeigten mir, für die Welt, die ganz große Welt, war ich auch hier nicht gut genug.

In dieser Zeit – es war kurz nachdem ich auch diese Qualifikation verpasst hatte – fuhr ich einmal nach Hause. Wie fremd saß ich dort an dem vertrauten Esstisch, trank Kaffee mit meinen Eltern wie früher und fand doch keine Worte, um das Versagen auszulöschen oder an die kleinen Siege meiner Vergangenheit anzuknüpfen.

Komm, lass uns laufen, sagte mein Vater, noch immer, ohne zu begreifen, wie sehr ich auch diesen Satz hasste. Als wir die Schuhe aussuchten, fragte er: „Wie weit?“ „Marathon“, sagte ich, ohne ihn anzusehen. Er war noch nie Marathon gelaufen, das wusste ich, und er war älter geworden. Ich ließ ihn voranlaufen und merkte nach den ersten paar hundert Metern, dass er es zu schnell anging. Ich ließ mich zurückfallen, aber immer wieder kam sein Kopf über die linke Schulter zu mir: „Auf, auf!“ Nach nicht einmal einem Viertel der Strecke begannen ihn die Kräfte zu verlassen. Wieder drehte er sich um: „Auf! Sei nicht so faul!“, rief er. „Führ du mal!“ ich zog an ihm vorbei, hörte sein Atmen, viel zu hastig, viel zu ausgepumpt, viel zu verkrampft. […]

Ich wollte ihn umbringen, wollte ihn winseln hören, wollte seine Ausflüchte hören, sein „Ich habe es doch nur gut gemeint.“ […]

Ich zog noch ein bisschen an und er ging das Tempo mit. Sein Kopf wurde allmählich rot und fing an zu pendeln, seine Füße rollten jetzt nicht mehr, sondern platschten auf den Boden wie bei einem Kind, das froh ist, überhaupt von der Stelle zu kommen. Ab und zu drehte ich mich um: „Auf, auf!“, rief ich ihm über die Schulter zu.

[...] Keuchend und nach Luft ringend, lief er hinter mir her. Wir waren jetzt viel zu schnell, selbst ich würde dieses Tempo nicht bis zum Ende halten können, aber es würde ohnehin keinen Einlauf durchs große Marathontor geben, nicht heute und nie mehr. Dies war das letzte Rennen meines Lebens, und nichts und niemand konnte mich daran hindern, es für immer zu gewinnen.

Plötzlich taumelte er, wie zwei Kreisel liefen seine Arme neben ihm her. Ich blieb stehen, um ihn aufzufangen, aber er stolperte an mir vorbei, ließ sich ein paar Meter weiter in die Wiese fallen und übergab sich. Ich drehte ihn um, stützte ihm die Stirn, verschaffte ihm mehr Luft. Sag es, dachte ich. Sag dieses verdammte: „Ich wollte doch nur dein Bestes!“ Aber er konnte nicht mehr sprechen, würgte alles heraus, was in ihm war, schnappte nach Luft wie ein Kind im Heulkrampf.

Allmählich kam er zur Ruhe, sah mich an, sah mir von unten her lange in die Augen. „Hasst du mich so sehr?“, fragte er. Da war etwas wie erstauntes Entsetzen in seinen Augen. Aber ich schwieg, sah ihn nur an in all seiner Hilflosigkeit. „Nein, nicht mehr“, antwortete ich schließlich. „Nicht mehr, es ist vorbei, es ist gut.“

Wir blieben lange sitzen, wortlos, aber zum ersten Mal in unserem Leben einig. Dann trabten wir zurück. Ganz ruhig, fast gelassen. Nebeneinander.

aus: Reinhold Ziegler: Der Straßengeher. Weinheim/Basel: Beltz & Gelberg 2001, S. 82–87.

Dritter Schritt: Schreibplan anlegen

TIPP zum dritten Schritt

1. Die Schreibaufgabe besteht darin, in einem zusammenhängenden Text alle Teilaufgaben zu bearbeiten. Nutze die Aufgabenstellung und deren Unterpunkte für deine Gliederung.
2. Lege in einem Schreibplan (Tabelle) die Gliederung deines Textes (linke Spalte) fest:
   a) In der Einleitung stellst du den Text vor, machst Angaben zu Titel, Autor, Textart, Erscheinungsjahr und Thema (Teilaufgabe 1 a). Du formulierst also den TATTE-Satz.
   b) Im Hauptteil wendest du dich den Teilaufgaben 1 b–e zu. Das sind Aufgaben zu inhaltlichen und formalen Aspekten (z. B. Textart, Form, Sprache, Erzählweise). Beachte dazu genau die Operatoren (z. B. *darstellen, beschreiben, erklären* ...) und die Schlüsselwörter in den Teilaufgaben (z. B. *Entwicklung der Sportlerkarriere, gesteckte Ziele, Beziehung* ...). Zitate und Belege unterstützen deine Aussagen. Daher solltest du sie bereits in deinem Schreibplan notieren.
   c) Deinen Text rundest du am Schluss mit einer Stellungnahme ab. Achte auf die genaue Formulierung der letzten Aufgabe (Teilaufgabe 1 f).

6. a) Übertrage den Schreibplan von Seite 38 auf eine DIN-A4-Seite. Lasse in den einzelnen Zeilen ausreichend Platz. Du kannst auch den vorbereiteten Schreibplan von Seite 97 kopieren (D 5).
   b) Vervollständige stichwortartig die linke Spalte. Orientiere dich dazu an den Teilaufgaben von Seite 35 (Operatoren und Schlüsselwörter). So behältst du die Aufgaben im Blick und vermeidest Wiederholungen.

Teilaufgaben	**Stichworte zur Bearbeitung**
❶ a) Einleitung: TATTE-Satz	– Titel: … – Autor: Reinhold Ziegler – Textart: kurze Erzählung (epischer Text) – Erscheinungsjahr: – Thema: …
❶ b) Inhalt zusammenfassen	– bereits als der Sohn noch ganz klein ist, hat sein Vater große Erwartungen an ihn, denn dieser ist Sportler – wenn der Sohn zurückdenkt, …
❶ c) Entwicklung der Sportlerkarriere (Sohn) darstellen; Erreichen und Nicht-Erreichen der Ziele erklären	– Sohn „muss" als Kind lernen, wie er richtig läuft (Z. 4); Vater trainiert ständig mit ihm und feuert ihn an (Z. 4–34) → Vater ist stolz auf ihn, hält viel von ihm, gibt mit ihm an (Z. 35–37) …
❶ d) Beziehung (Vater + Sohn) erläutern + Textbelege	…
❶ e) …	…
❶ f) …	…

Vierter Schritt: Text untersuchen und Stichworte im Schreibplan festhalten

INFO zum vierten Schritt

Ein erzählender Text stellt häufig ein bestimmtes zwischenmenschliches oder gesellschaftliches Problem dar. In der Analyse sollst du diese Textaussage herausarbeiten.

1. Zuerst musst du den **Text vorstellen** und den **Inhalt zusammenfassen**.
2. Danach bearbeitest du **Aufgaben zum Inhalt** und zur **Form/Sprache** des Textes:
   a) Untersuche den Text dazu **aufgabenbezogen**. Konzentriere dich auf die Schwerpunkte, die in den Aufgaben verlangt werden. Suche dazu passende Textstellen.
   b) Mit Blick auf **Inhalt**, **Form** und **Sprache** musst du auf Folgendes achten:
   - **Inhalt:** Überschrift, Thema/Motive, Atmosphäre, Handlung, Personen und ihre Beziehungen, Gefühle, Gedanken, Konflikte.
   - **Form/Sprache:** Textart, Wortwahl (Schlüsselwörter), Satzbau, sprachliche Gestaltungsmittel, Erzählform und -verhalten.

   Du ermittelst diese Gestaltungsmerkmale, um **Wirkung** und **Deutung** des Textes zu erklären. Manchmal musst du auch die **Entstehungszeit** des Textes berücksichtigen.

7. Ergänze deinen Schreibplan stichwortartig. Beginne mit der ersten Zeile zur Einleitung (Teilaufgabe ❶ a) und orientiere dich am TIPP.
   a) Notiere Titel, Autor, Erscheinungsjahr und Textart.
   b) Formuliere das Thema.

TIPP zu 7.: Formulieren einer Einleitung

1. Stelle die Erzählung vor: Autor, Titel, Erscheinungsjahr.
2. Ermittle die Textart. Handelt es sich um einen Auszug aus einem Roman, eine Kurzgeschichte, eine Novelle, eine Parabel, …?
3. Formuliere das Thema des Textes in wenigen Sätzen. Achte darauf, dass deine Formulierung sich auf den gesamten Text bezieht.

8. Notiere in der zweiten Zeile Stichworte zur Zusammenfassung des Inhalts (Teilaufgabe ① b):
   - Nutze dazu deine Stichpunkte aus der Texterschließung (Aufgabe 4, S. 34).
   - Notiere die Stichworte zu den Sinnabschnitten im Schreibplan. Orientiere dich an den unterstrichenen Schlüsselwörtern. So kannst du beginnen:

1. Sinnabschnitt: (Z. 1–19)

- bereits als der Sohn noch ganz klein ist, hat sein Vater große Erwartungen an ihn, denn auch dieser ist Sportler
- der Vater hat schon in seiner Kindheit ungeduldig auf seinen Laufstil des Sohnes geachtet ...

9. a) Markiere im Text die einzelnen Schritte in der Sportlerkarriere des Sohnes und notiere sie in der dritten Zeile deines Schreibplans (Aufgabe ① c). Ergänze passende Textstellen als Belege.
   b) Notiere hinter jedem Karriereschritt, ob dieses Ziel jeweils erreicht wurde oder nicht (Teilaufgabe ① c). Mache dies durch einen Folgepfeil deutlich.

- Sohn „muss" als Kind lernen, wie er richtig läuft (Z. 4); Vater trainiert ständig mit ihm und feuert ihn an (Z. 4–34) → Vater ist stolz auf ihn, hält viel von ihm, gibt mit ihm an (Z. 35–37)
- 13. Geburtstag: erstes Mal 5000-Meter-Lauf (Z. 40–47); läuft gegen 18-Jährige → ...

10. Erläutere, wie du die Beziehung zwischen Sohn und Vater nach der Untersuchung des Textes einschätzt. Sammle dazu Stichwörter in der vierten Zeile der Tabelle (Teilaufgabe ① d).

- schwieriges Verhältnis, da Vater den Sohn von klein auf durch das Training und seine Erwartungshaltung unter Druck gesetzt hat (Z. 1–39)
- Ich-Erzähler meint sogar, seinen Vater später zu hassen, während er dies als Kind noch nicht tat („Ob ich meinen Vater schon hasste, als ich auf die Welt kam, bezweifle ich.", Z. 1–3)
- kein normales Vater-Sohn-Verhältnis, sondern der Vater erscheint durch den übermäßigen Ehrgeiz wie ein Antreiber (Z. 51–55) ...

TIPP zu 10.

1. In Teilaufgabe ① d zeigst du, ob du die Botschaft des Ich-Erzählers und damit die Intention des Textes richtig verstanden hast, denn der Ich-Erzähler verarbeitet in diesem Text das angespannte Verhältnis zu seinem Vater.
2. Betrachte die Beziehung der beiden auf den gesamten Text bezogen. Verdeutliche die dargestellte Entwicklung und erkläre, wie es zu diesem angespannten Verhältnis gekommen ist.
3. In Teilaufgabe ① d wird verlangt, Textbelege heranzuziehen. Diese solltest du wiederum im Schreibplan notieren. Dabei kannst du deinen Text anschaulicher gestalten, wenn du auch wörtlich zitierst.

11. a) Ergänze in Zeile 5 der Tabelle, wie durch Form und Sprache deutlich wird, dass der Druck des Vaters den Sohn ständig begleitet (Teilaufgabe ① e).

- Sohn muss seine Kindheit und Jugend verarbeiten, denn er denkt immer wieder an die Anweisungen seines Vaters – auch als er schon studiert → Wiederholungen: „Auf, auf!" (Z. 25, Z. 53 ...), „Schritt, Schritt , ein – Schritt, Schritt, aus" (Z. 28–29); diese Äußerungen verfolgen ihn, weil der Vater sie immer beim Trainieren wiederholt hat ...

- Erzähler nutzt viele Vergleiche: „[...] der eben ging, wie ein Kind geht [...]“ (Z. 14/15) → macht deutlich, dass er eigentlich ein ganz normales Kind war; „[...] lief wie bewusstlos [...]“ (Z. 57) → zeigt, dass er alles gegegeben hat, um die Erwartungen des Vaters zu erfüllen ...

b) Die Erzählung endet mit den Sätzen *„Wir blieben lange sitzen, wortlos, aber zum ersten Mal in unserem Leben einig. Dann trabten wir zurück. Ganz ruhig, fast gelassen. Nebeneinander.“* (Z. 191 –195). Erkläre, welche Entwicklung in der Beziehung von Vater und Sohn sich hier zeigt (zweiter Teil von Teilaufgabe ❶ e). Ergänze deine Ergebnisse ebenfalls in der fünften Zeile des Schreibplans.

- Sohn behandelt den Vater bei seinem Besuch zu Hause ebenso, wie dieser ihn in all den Jahren seiner Kindheit und Jugend behandelt hat ...
- Sohn treibt Vater an, obwohl er weiß, dass dieser seine Grenzen überschreiten muss, denn er ist mittlerweile alt und noch nie Marathon gelaufen (Z. 127–129) ...

12. a) Lies die Teilaufgabe ❶ f. Mache dir klar, wozu du Stellung nehmen sollst. Erläutere die Aussage im Schreibplan kurz in eigenen Worten.

Ein Mitschüler sagt über den Text, er finde, der Sohn ...
Damit meint er, dass ...

b) Welchen Standpunkt vertrittst du?

c) Sammle in Stichworten Gedanken und notiere sie geordnet in deinem Schreibplan. Schreibe auch die Textstellen auf, die du als Belege in deiner Argumentation berücksichtigen willst.

TIPP zu 11 a) und b)

Achte bei der Untersuchung von Form und Sprache auf Satzbau, sprachliche Gestaltungsmittel, Erzählform und Erzählhaltung. Auf diese Merkmale wird oft schon in der Aufgabenstellung verwiesen. Notiere im Schreibplan auch immer gleich die Wirkung dieser Merkmale.

TIPP zu 12 a) und c)

Wenn eine Stellungnahme zu einer Aussage zum Text/zu einem Zitat von dir erwartet wird, gehe so vor:

1. Gib die Aussage/das Zitat direkt oder indirekt wieder und erkläre, was damit gemeint ist.
2. Stelle deinen Standpunkt eindeutig dar. Du kannst zustimmen, ablehnen oder einen Kompromiss finden. Wichtig ist, dass du die Gründe abwägst und am Ende ein zusammenfassendes Fazit ziehst.
3. Begründe deine Position nachvollziehbar und stichhaltig. Beziehe dich dabei auf den Text und führe auch Zitate an, die deine Meinung anschaulich belegen.

Fünfter Schritt: Text schreiben

TIPP zum fünften Schritt

1. Formuliere deinen Text. Lasse einen **breiten Rand** an der Seite und unten, damit du Platz für die Überarbeitung und Ergänzungen hast. Schreibe so, als würde dein Leser den erzählenden Text nicht kennen.
2. Schreibe im **Präsens**. Um Vorzeitigkeit auszudrücken, nutzt du das **Perfekt**.
3. Bringe die Ergebnisse aus deinem **Schreibplan** in einen **schlüssigen und zusammenhängenden Gedankengang**. Dazu fasst du **ähnliche Beobachtungen** zusammen und beschreibst ihre **Wirkung**, damit dein Leser versteht, warum der Autor bestimmte inhaltliche, sprachliche und formale Merkmale ausgewählt hat. Vermeide **Wiederholungen.**
4. Verwende **Zitate**, wenn du etwas Typisches

oder Bemerkenswertes herausstellen willst oder **um eigene Aussagen zu belegen**. Kennzeichne Zitate durch Anführungszeichen und Zeilenangaben in Klammern.

5. **Fachbegriffe** helfen, präzise zu formulieren.
6. Verwende passende **Satzverknüpfungswörter**. So wirkt dein Text zusammenhängend.
7. Setze nach jeder Teilaufgabe einen **Absatz**.

13. Fasse deine Analyseergebnisse in einem geschlossenen Text zusammen. Orientiere dich am TIPP von Seite 40. Nutze die Vorarbeit aus deinem Schreibplan sowie die folgenden Textanfänge.

Teilaufgabe 1 a: In der kurzen Erzählung „Marathon“ von Reinhold Ziegler, die dieser im Jahre 2001 verfasst hat, geht es um das schwierige Verhältnis eines Sohnes zu seinem ...

Teilaufgabe 1 b: Bereits als der Sohn noch ganz klein ist, hat sein Vater große Erwartungen an ihn, denn dieser ist ebenfalls Sportler. Wenn der Sohn zurückdenkt, erinnert er sich an ...

Teilaufgabe 1 c: Der Sohn „muss“ schon als Kind lernen, wie er richtig zu laufen hat (Z. 4). Der Vater trainiert ständig mit ihm und feuert ihn an (Z. 4–34). Er ist stolz auf ihn und ...

Teilaufgabe 1 d: Vater und Sohn haben ein schwieriges Verhältnis, da der Vater seinen Sohn durch seine Erwartungshaltung unter Druck gesetzt hat (Z. 1–39). Der Ich-Erzähler meint ...

Teilaufgabe 1 e: Durch die verwendete Form und Sprache wird deutlich, dass der Druck des Vaters den Sohn bis zu dem Ereignis bei seinem Besuch begleitet hat, denn der Sohn denkt immer wieder an die Anweisungen seines Vaters. Dies wird z.B. durch die Wiederholungen erkennbar: „Auf, auf!“ (Z. 25, 38/39, 96) oder „Schritt, Schritt, ein – Schritt, Schritt ...

Teilaufgabe 1 f: Ein Mitschüler sagt über den Text, er finde, der Sohn sei zu seinem Vater zu gemein gewesen. Er meint damit, dass er den Vater zum Marathonlauf gezwungen habe ...

Sechster Schritt: Text überarbeiten

14. Überarbeite deinen Text. Verwende dazu die CHECKLISTE.

CHECKLISTE zur Überarbeitung von Texten (Aufgabentyp 4a)

1. Den Text inhaltlich überprüfen (Inhaltsleistung)

- ✓ Hast du in deinem Text alle Unterpunkte der Schreibaufgabe und die Ergebnisse aus deinem Schreibplan berücksichtigt?
- ✓ Sind deine Ergebnisse für den Leser nachvollziehbar formuliert, d. h. hast du erklärt, wie du etwas verstanden hast, und dieses durch Textbelege veranschaulicht?
- ✓ Ist klar, welche Bedeutung Form und Sprache des Textes für die Aussageabsicht haben?
- ✓ Hast du deine Ergebnisse miteinander verknüpft und Zusammenhänge hergestellt?
- ✓ Hast du in der Stellungnahme deine Position durch Begründungen sowie durch Zitate/Belege gestützt?

2. Den Text sprachlich überprüfen (Darstellungsleistung)

- ✓ Hast du den Text sinnvoll gegliedert? Ist er durch Absätze überschaubar gestaltet?
- ✓ Hast du unnötige Wiederholungen und unklare Formulierungen vermieden?
- ✓ Sind deine Sätze vollständig?
- ✓ Kannst du komplizierte Sätze vereinfachen?
- ✓ Hast du Zusammenhänge durch sinnvolle Satzverknüpfungen verdeutlicht?
- ✓ Überprüfe auch Rechtschreibung, Zeichensetzung und Grammatik, denn sie fließen in die Bewertung ein.
- ➡ Kontrolliere deinen Text mehrfach. Berücksichtige deine persönlichen Fehlerschwerpunkte.

B 7 Schreibaufgabe zu einem Gedicht in sechs Schritten bearbeiten (Aufgabentyp 4 a)

Auf den folgenden Seiten werden die wichtigsten Arbeitsschritte für das Lesen und Erschließen eines Gedichtes und die Schritte für die Bearbeitung der Aufgaben dargestellt. Auf der Seite 43 findest du das Gedicht, mit dem du diese Schritte üben kannst. Auch in den angeleiteten Prüfungsaufgaben zum Thema „Eine Frage der Beziehung“ (Teil D) wird auf diese grundlegenden Seiten verwiesen.

Erster Schritt: Sich orientieren

TIPP zum ersten Schritt

Stürze dich nicht gleich in die Arbeit, sondern verschaffe dir einen ersten Überblick:
1. Mache dir klar, was die Aufgabe von dir verlangt. Lies dazu die einzelnen Teilaufgaben und unterstreiche alle wichtigen Hinweise auf das, was du tun sollst. So erhältst du oft schon Anhaltspunkte, worauf du beim Lesen und Erschließen des Gedichtes achten musst.
2. Worum geht es in dem Gedicht? Was verrät dir die Überschrift?

1. Lies die Aufgabenstellung in der Prüfungsvorlage (Seite 43) „mit dem Stift“. Markiere die Operatoren und die Schlüsselwörter.

2. Gib mit eigenen Worten wieder, was du tun sollst. Beachte auch die Reihenfolge der einzelnen Schritte.

3. Notiere stichpunktartig, was dir zu dem Titel „Sachliche Romanze“ einfällt. Um welches Thema könnte es gehen? Wovon könnte das Gedicht handeln?

____

____

Zweiter Schritt: Text lesen und Inhalt erfassen

4. a) Erschließe das Gedicht wie im TIPP zum zweiten Schritt dargestellt. Setze dazu die Bearbeitung fort.
   b) Kennzeichne Besonderheiten durch Unterstreichungen und Randbemerkungen (z. B. zu Strophen- und Versanzahl, Reimschema, Enjambements, sprachlichen Gestaltungsmitteln).

5. Worum geht es im Text? Formuliere Stichworte zum Thema.

   – Beziehung zwischen zwei Partnern nach acht Jahren
   – Alltagstrott, Gewohnheit, verlorene Liebe, ggf. gescheiterte Ehe

TIPP zum zweiten Schritt

1. Markiere alle Textstellen, die dir unklar sind. Kläre diese Ausdrücke aus dem Sinnzusammenhang oder schlage sie im Wörterbuch nach. Beachte auch die Worterklärungen unter dem Text.
2. Unterstreiche Schlüsselstellen. Das sind Textstellen, die für das Verständnis wichtig sind.
3. Formuliere eine Überschrift und Stichworte zu den einzelnen Strophen bzw. Sinnabschnitten. Notiere auch Hinweise zu Atmosphäre und Stimmung.
4. Da auch die formale und sprachliche Gestaltung für das Verständnis wichtig sind, mache dir Notizen zu Strophen- und Versanzahl, Reimschema, Enjambements, sprachlichen Gestaltungsmitteln etc. (vgl. Glossar, Stichwort Lyrik).

Eine Frage der Beziehung

Teil II

1 **Analysiere** das Gedicht „Sachliche Romanze“ von Erich Kästner. Gehe dabei so vor:

a) **Schreibe** eine Einleitung, in der du Titel, Autor, Textart, Thema und Erscheinungsjahr **benennst**.
b) **Fasse** den Inhalt des Gedichts in eigenen Worten **zusammen**.
c) **Beschreibe** die im Gedicht dargestellte Beziehung. Ziehe dazu Textbelege heran.
d) **Untersuche**, wie durch sprachliche und formale Mittel deutlich gemacht wird, dass die Liebe in der dargestellten Beziehung „abhanden“ (V. 3) gekommen ist (*mögliche Aspekte: Strophen, Reimschema, Wortwahl, sprachliche Gestaltungsmittel*).
e) **Erkläre** anhand von Textbelegen, warum Erich Kästner als Titel seines Gedichts „Sachliche Romanze“ ausgewählt hat.
f) **Verfasse** einen kurzen Text aus der Sicht des Mannes oder aus der Sicht der Frau:
- Welche Gedanken hat der Mann/die Frau bezüglich ihrer Beziehung?
- Was fühlt die Person für ihr Gegenüber?
- Warum kann die Person die Situation „einfach nicht fassen“ (V. 17)?

Schreibe in der Ich-Form und **berücksichtige** die Informationen, die das Gedicht gibt.

Sachliche Romanze (1928)
Erich Kästner

Als sie einander acht Jahre kannten
(und man darf sagen: sie kannten sich gut),
kam ihre Liebe plötzlich abhanden.
Wie andern Leuten ein Stock oder Hut.

a → zwei Partner, kennen sich 8 Jahre, „sie“
b → eingeschobener Kommentar, „man“
a → Liebe geht verloren; „plötzlich“ – Grund?
b → Vergleich; Liebe als Gegenstand
↳ Kreuzreim, Parataxe und Enjambement zwischen V. 1 und 2: wirkt amüsant, beinahe alltäglich, wie Erzählung

Sie waren traurig, betrugen[1] sich heiter,
versuchten Küsse, als ob nichts sei,
und sahen sich an und wussten nicht weiter.
Da weinte sie schließlich. Und er stand dabei.

c → verhalten sich anders als sie fühlen
d → Vergleich; wollen Situation nicht wahrhaben
c → Ratlosigkeit
d → Frau reagiert emotional; Mann weiß nicht, was er machen soll; hilflos
↳ Kreuzreim; Beschreibung wirkt sachlich, Feststellung von Tatsachen

Vom Fenster aus konnte man Schiffen winken.
Er sagte, es wäre schon Viertel nach vier
und Zeit, irgendwo Kaffee zu trinken.
Nebenan übte ein Mensch Klavier.

Sie gingen ins kleinste Café am Ort
und rührten in ihren Tassen.
Am Abend saßen sie immer noch dort.
Sie saßen allein, und sie sprachen kein Wort
und konnten es einfach nicht fassen.

[1] sie betrugen: Präteritumform von sich betragen: verhalten

Aus: Erich Kästner: Lärm im Spiegel. In: Gesammelte Schriften, Band 1, Gedichte, Verlag Kiepenheuer & Witsch, Köln, 1959, S. 101.

Dritter Schritt: Schreibplan anlegen

INFO zum dritten Schritt

1. Die Schreibaufgabe besteht darin, in einem zusammenhängenden Text alle Teilaufgaben zu bearbeiten. Nutze die Aufgabenstellung und deren Unterpunkte für deine Gliederung.
2. Lege in einem Schreibplan (Tabelle) die Gliederung deines Textes (linke Spalte) fest:
   a) In der **Einleitung** stellst du den Text vor, machst Angaben zu Titel, Autor, Textart, Erscheinungsjahr und Thema (Teilaufgabe ❶ a). Du formulierst also den TATTE-Satz.
   b) Im **Hauptteil** wendest du dich den Teilaufgaben ❶ b – e zu. Das sind Aufgaben zu inhaltlichen und formalen Aspekten (z. B. *Art der Beziehung, Titel, Form, Sprache*). Beachte dazu genau die Operatoren (z. B. *darstellen, beschreiben, erklären* ...) und die Schlüsselwörter in den Teilaufgaben (z. B. *dargestellte Beziehung, abhanden gekommene Liebe, Titel* ...).
   Zitate und Belege unterstützen deine Aussagen. Daher solltest du sie bereits in deinem Schreibplan notieren.
   c) Zum Schluss verfasst du einen Text aus der Sicht des Mannes/der Frau. Achte genau auf die Fragen, auf die du eingehen sollst. Schreibe in der Ich-Form (Teilaufgabe ❶ f).

6. a) Übertrage den Schreibplan unten auf eine DIN-A4-Seite. Lasse in den einzelnen Zeilen ausreichend Platz. Du kannst auch den vorbereiteten Schreibplan von Seite 97 kopieren (D 5).
   b) Vervollständige stichwortartig die linke Spalte. Orientiere dich dazu an den Teilaufgaben von Seite 43 (Operatoren und Schlüsselwörter). So behältst du die Aufgaben im Blick und vermeidest Wiederholungen.

Teilaufgaben	**Stichworte zur Bearbeitung**
❶ a) Einleitung: TATTE-Satz	– Titel: Sachliche Romanze – Autor: ... – Textart: Gedicht (lyrischer Text) – Erscheinungsjahr: – Thema: ...
❶ b) Inhalt zusammenfassen	– ein Paar stellt nach acht Jahren Beziehung fest, dass die Liebe plötzlich nicht mehr da ist ...
❶ c) Beziehung beschreiben + Textbelege	– die Beziehung der beiden ist dem Alltagstrott und der Gewohnheit verfallen (V. 2); sie stellen fest, dass die Liebe „abhanden" gekommen ist (V. 3) → das belastet die beiden Partner, doch sie wollen es nicht wahrhaben (V. 5) ...
❶ d) Liebe ist „abhanden gekommen" (V. 3) – Eindruck mithilfe von Form und Sprache erklären	– Partner stellen fest, dass die Liebe ein Gefühl ist, das vergehen kann (V. 3); dieser Vorgang wird durch einen Vergleich (V. 4) als fast gewöhnlich dargestellt → alltäglich; Wirkung entsteht durch Kreuzreim und Rhythmus ...
❶ e) ...	...
❶ f) ...	...

Vierter Schritt: Text untersuchen und Stichworte im Schreibplan festhalten

INFO zum vierten Schritt

Ein Gedicht stellt häufig ein zwischenmenschliches oder gesellschaftliches Problem sowie Emotionen oder Stimmungen dar. In der Analyse sollst du diese Textaussage herausarbeiten:

1. Zuerst musst du das **Gedicht vorstellen** und den **Inhalt zusammenfassen**. Dazu kannst du zumeist strophenweise vorgehen.
2. Danach bearbeitest du **Aufgaben zum Inhalt** und zur **Form/Sprache** des Textes:
   a) Lies noch einmal die **Teilaufgaben** ganz genau und untersuche das Gedicht beim zweiten Lesen **aufgabenbezogen**, d. h. du konzentrierst dich auf die Schwerpunkte, die in den Aufgaben verlangt werden, z. B. *die dargestellte Beziehung* (Teilaufgabe 1 c), und suchst nach Versen, die zur Bearbeitung dieser Aufgabe hilfreich sind.
   b) Mit Blick auf **Inhalt, Form** und **Sprache** musst du auf Folgendes achten:
   - **Inhalt:** Überschrift, Thema/Motive, Atmosphäre/Stimmung, Handlung, Personen und ihre Beziehungen, Gefühle, Gedanken, Konflikte.
   - **Form/Sprache:** Gedichtform, Strophen- und Versaufbau sowie -anzahl, Reimschema, Metrum, Wortwahl (Schlüsselwörter), Interpunktion, Satzbau, Enjambements, Zeilenstil, sprachliche Gestaltungsmittel (Metapher, Personifikation, Wiederholung, Vergleich, Anapher ...).
     Wenn dir Fachbegriffe unklar sind, schlage im Glossar unter dem Stichwort Lyrik nach (S. 140). Auch die Rechtschreibung kann für die Interpretation wichtig sein.

Du ermittelst diese Gestaltungsmerkmale, um die **Wirkung** und **Deutung** des Textes zu erklären. Manchmal musst du auch die **Entstehungszeit** des Textes bedenken, denn diese Information kann für das Verständnis ebenfalls von Bedeutung sein.

7. Ergänze deinen Schreibplan stichwortartig. Beginne mit der ersten Zeile zur Einleitung (Teilaufgabe 1 a). Orientiere dich am TIPP:
   a) Notiere Titel, Autor, Erscheinungsjahr und Textart.
   b) Formuliere das Thema.
8. Notiere in der zweiten Zeile Stichworte zur Zusammenfassung (Teilaufgabe 1 b):
   - Nutze deine Stichpunkte aus der Texterschließung (Aufgabe 4, S. 42).
   - Notiere die Stichworte zu den Strophen im Präsens in deinem Schreibplan. Für die Vorzeitigkeit verwendest du das Perfekt. Orientiere dich an den unterstrichenen Schlüsselwörtern. Beginne so:

1. Strophe: (Z. 1–4)
- ein Paar stellt nach acht Jahren Beziehung fest, dass die Liebe plötzlich fort ist
- die Partner wollen es nicht wahrhaben und ...

TIPP zu 7.

Formulieren einer Einleitung:
1. Stelle das Gedicht vor: Autor, Titel, Erscheinungsjahr. Du kannst auch die Quelle angeben. Sie steht meist unter dem Text.
2. Ermittle die Textart, wenn möglich, genauer: Handelt es sich um einen Songtext, eine Ballade, ein Sonett ...? Die Merkmale dieser Textarten kannst du im Glossar ab Seite 139 nachlesen.
3. Formuliere das Thema des Gedichts in wenigen Sätzen. Achte darauf, dass deine Formulierung sich auf den gesamten Text bezieht, z. B. *In dem Gedicht wird eine gescheiterte Beziehung dargestellt, da die Partner nach einigen Jahren feststellen, dass die Liebe zueinander nicht mehr vorhanden ist.*

9. Mache dir Notizen zur Stimmung der beiden Partner und markiere passende Textbelege.
   Ziehe Schlussfolgerungen über die dargestellte Beziehung und notiere diese in der dritten Zeile deines Schreibplans (Teilaufgabe 1 c). Ergänze passende Textstellen als Belege.

- die Beziehung der beiden ist dem Alltagstrott und der Gewohnheit verfallen (V. 2)
- sie stellen fest, dass die Liebe „abhanden gekommen" ist (V. 3) → das belastet die beiden Partner, doch sie wollen es nicht wahrhaben, denn sie verhalten sich anders als sie fühlen (V. 5)
- Frau und Mann gehen mit dieser Feststellung unterschiedlich um, denn …

TIPP zu 9.

1. Orientiere dich beim Festhalten der Notizen an den Operatoren (*beschreibe, erkläre*) und am Wortlaut (*Schlüsselwörter*) der Teilaufgabe. So kannst du beim Ausformulieren der Ergebnisse Wiederholungen vermeiden.
2. Wenn du die Teilaufgaben zu Inhalt, Form und Sprache bearbeitest, ergänze im Schreibplan Textbelege, die du beim Ausformulieren heranziehen willst. So ersparst du dir das Suchen im Text. Beim Zitieren gibst du Verse an: z. B. *V. 3.*
3. Formuliere deine Stichwörter in eigenen Worten.

10. Finde heraus, woran deutlich wird, dass die Liebe der beiden „abhanden gekommen " (V. 3) ist (Teilaufgabe 1 d). Sammle deine Stichwörter in der vierten Zeile der Tabelle:
    a) Markiere Textstellen, die besonders sachlich erscheinen und die zeigen, dass die Beziehung eher lieblos wirkt.
    b) Ermittle, welche formalen und sprachlichen Gestaltungsmittel diesen Eindruck zudem verstärken.

- Partner stellen fest, dass die Liebe ein Gefühl ist, das vergehen kann (V. 3); dieser Vorgang wird durch einen Vergleich (V. 4) als fast gewöhnlich dargestellt → alltäglich; diese Wirkung entsteht durch den verwendeten Kreuzreim und den gleichmäßigen Rhythmus (Metrum)
- beide Partner versuchen dennoch weiterzumachen (Vergleich V. 6), doch auch ihre Ratlosigkeit wird durch Parataxen, die mit der Konjunktion „und" (V. 7) verknüpft sind, deutlich …

TIPP zu 10 a) und b)

Achte bei der Untersuchung der Form und Sprache auf folgende Merkmale: Strophen, Reimschema, Wortwahl, sprachliche Gestaltungsmittel. Auf diese wird häufig bereits in der Aufgabenstellung hingewiesen. Du kannst zusätzlich aber auch weitere Auffälligkeiten einbeziehen, z. B. Verse, Satzbau, Enjambements, Zeilenstil etc. Manchmal weist eine Unregelmäßigkeit beim Strophenaufbau oder bei der Versanzahl auch auf inhaltlich Wichtiges hin. Notiere in deinem Schreibplan dazu auch immer die Wirkung dieser Merkmale.

11. Ergänze in Zeile fünf der Tabelle, warum der Autor Erich Kästner seinem Gedicht den Titel „Sachliche Romanze" gegeben hat (Teilaufgabe 1 e).

- der Titel „Sachliche Romanze" ist ein Oxymoron, d. h. eine Verknüpfung von eigentlich gegensätzlichen Begriffen; damit verdeutlicht Kästner …

TIPP zu 11.

Vergleiche deine Eindrücke aus den Analyseaufgaben mit dem Titel des Gedichts. Achte auch darauf, ob dieser ein sprachliches Gestaltungsmittel enthält.

12. a) Lies die Teilaufgabe 1 f. Mache dir klar, aus wessen Sicht du schreiben sollst (in diesem Fall darfst du eine Person auswählen).
    b) Notiere im Schreibplan stichwortartig, auf welche Inhalte du in dem inneren Monolog eingehen sollst.

1. Darstellung der Gedanken der Frau (Ich-Form) bezogen auf die Beziehung ...

    c) Beantworte die Fragen (Teilaufgabe 1 f) stichwortartig aus der Sicht des Mannes/der Frau, d. h. du schreibst in der Ich-Form und berücksichtigst die Informationen, die der Textauszug gibt. Denke auch daran, die Gedanken und Gefühle der Person darzustellen.

TIPP zu 12 a) – c)

1. Wenn du als letzte Aufgabe einen Text aus der Sicht einer der Figuren schreiben sollst, achte darauf, dass du dich in die Figur hineinfühlst.
2. Schreibe in der Ich-Form und orientiere dich an den Informationen des Textes sowie an den Gedanken und Gefühlen, die dort deutlich werden. Du kannst auch Gefühle und Gedanken ergänzen, die nicht im Text genannt werden. Sie sollten aber zum Text passen.
3. Nutze die Fragen aus der Aufgabenstellung zur Gliederung deines Textes. Beantworte sie nacheinander.
4. Gestalte deine Schreibweise so, dass sie zu der Figur passt (*z.B. Mann/Frau: Beziehung leidet unter dem Alltagstrott; beide können nichts dagegen tun*).

Fünfter Schritt: Text schreiben

TIPP zum fünften Schritt

1. Formuliere deinen Text. Lasse einen **breiten Rand** an der Seite und unten, damit du Platz für die Überarbeitung und Ergänzungen hast. Schreibe beim Ausformulieren so, als würde dein Leser das Gedicht nicht kennen. So erreichst du, dass du genau und detailliert arbeitest.
2. Schreibe im **Präsens**. Um die Vorzeitigkeit auszudrücken, nutzt du das **Perfekt**.
3. Bringe die Ergebnisse aus deinem **Schreibplan** in einen **schlüssigen und zusammenhängenden Gedankengang**. Dazu fasst du **ähnliche Beobachtungen** zusammen und beschreibst ihre **Wirkung**, damit dein Leser versteht, warum der Autor bestimmte inhaltliche, sprachliche und formale Merkmale ausgewählt hat. **Vermeide Wiederholungen.**
4. Verwende **Zitate** – wie in den Teilaufgaben gefordert –, wenn du etwas Typisches oder Bemerkenswertes herausstellen willst oder **um eigene Aussagen zu belegen**. Kennzeichne Zitate durch Anführungszeichen und Zeilenangaben in Klammern: *„Wie andern Leuten ein Stock oder Hut.“ (V. 4).*
5. Verwende die richtigen **Fachbegriffe**, denn mit ihnen kannst du präzise formulieren.
6. Verwende passende **Satzverknüpfungswörter**. So wirkt dein Text zusammenhängend.

13. Fasse deine Analyseergebnisse zum Gedicht „Sachliche Romanze“ von Erich Kästner in einem geschlossenen Text auf einem Extrablatt zusammen. Orientiere dich am TIPP und nutze deine Vorarbeit aus dem Schreibplan sowie die folgenden Textanfänge zu den Teilaufgaben.

Teilaufgabe 1 a: In dem Gedicht „Sachliche Romanze“ von Erich Kästner, das dieser im Jahre 1928 verfasst hat, geht es um eine Beziehung zwischen zwei Partnern, die einigen Jahren der Gewohnheit zum Opfer fällt und daher lieblos erscheint ...

Teilaufgabe 1 b: Ein Paar stellt nach acht Jahren Beziehung fest, dass die Liebe plötzlich nicht mehr da ist. Obwohl sie versuchen, die Beziehung aufrecht zu erhalten, sind sie traurig, denn ihre Bemühungen haben keinen Erfolg ...

Teilaufgabe 1 c: Die Beziehung der beiden ist dem Alltagstrott und der Gewohnheit verfallen (V. 2), denn Frau und Mann stellen fest, dass ihre Liebe „abhanden" (V. 3) gekommen ist. Das belastet die beiden Partner, doch sie wollen diese Tatsache nicht wahrhaben (V. 5), denn ...

Teilaufgabe 1 d: Die Partner müssen feststellen, dass die Liebe ein Gefühl ist, das vergehen kann (V. 3). Dieser Vorgang wird durch einen Vergleich (V. 4) als gewöhnlich dargestellt. Er wirkt ein wenig alltäglich, da die Liebe hier mit einem „Hut" oder „Stock" verglichen wird. Unterstützt wird dieser Eindruck durch die verwendeten Kreuzreime sowie durch den gleichmäßig klingenden Rhythmus, der zum Teil fast ironisch klingt. Die Beschreibung „[sie] versuchten Küsse" (V. 6) zeigt, dass Frau und Mann sich durchaus bemühen, die Beziehung aufrecht zu erhalten, doch der folgende Vergleich („[...] als ob nichts sei", V. 6) zeigt, dass sie sich nicht mit den wahren Gründen auseinandersetzen ...

Teilaufgabe 1 e: Der Titel „Sachliche Romanze" ist ein Oxymoron, d. h. eine Verbindung von sich eigentlich ausschließenden Begriffen. Damit verdeutlicht Kästner die verlorene Liebe, denn die Beziehung ist keinesfalls als romantisch oder gar liebevoll zu bezeichnen, sondern ...

Teilaufgabe 1 f: (Text aus Sicht der Frau) Was ist nur mit uns passiert? Wir kennen uns jetzt acht Jahre und alles ist so gleichgültig geworden. Doch keiner will sich dies eingestehen. Manchmal bin ich so traurig, dass ich nicht weiterweiß. Aber er tröstet mich nicht ...

Sechster Schritt: Text überarbeiten

14. Überarbeite deinen Text. Verwende dazu die CHECKLISTE.

CHECKLISTE zur Überarbeitung von Texten (Aufgabentyp 4a)

1. Den Text inhaltlich überprüfen (Inhaltsleistung)

- ✓ Hast du in deinem Text alle Unterpunkte der Schreibaufgabe und die Ergebnisse aus deinem Schreibplan berücksichtigt?
- ✓ Sind deine Ergebnisse für den Leser nachvollziehbar formuliert, d. h. hast du erklärt, wie du etwas verstanden hast, und dieses durch Textbelege veranschaulicht?
- ✓ Ist klar, welche Bedeutung Form und Sprache des Textes für die Aussageabsicht haben?
- ✓ Hast du deine Ergebnisse miteinander verknüpft und Zusammenhänge hergestellt?
- ✓ Ist der Text aus der Sicht einer Figur in der Ich-Form verfasst und passt er zu den Informationen aus dem Text?

2. Den Text sprachlich überprüfen (Darstellungsleistung)

- ✓ Hast du den Text sinnvoll gegliedert? Ist er durch Absätze überschaubar gestaltet?
- ✓ Hast du unnötige Wiederholungen und unklare Formulierungen vermieden?
- ✓ Sind deine Sätze vollständig?
- ✓ Kannst du komplizierte Sätze vereinfachen?
- ✓ Hast du Zusammenhänge durch sinnvolle Satzverknüpfungen verdeutlicht?
- ✓ Überprüfe auch Rechtschreibung, Zeichensetzung und Grammatik, denn sie fließen in die Bewertung ein.
- ➡ Kontrolliere deinen Text mehrfach. Berücksichtige deine persönlichen Fehlerschwerpunkte.

B 8 Schreibaufgabe zu Sachtext und Schaubild in sechs Schritten bearbeiten (Aufgabentyp 4b)

Auf den folgenden Seiten werden die wichtigsten Arbeitsschritte für das Lesen und Erschließen eines Sachtextes und eines Schaubildes und die Schritte für die Bearbeitung der Prüfungsaufgaben dargestellt. Auf den Seiten 50/51 findest du den Sachtext und das Schaubild, mit dem du diese Schritte üben kannst. Auch in den angeleiteten Prüfungsaufgaben zum Thema „Medien und mehr" (Teil E) wird auf diese grundlegenden Seiten verwiesen.

Erster Schritt: Sich orientieren

1. Lies die Aufgabenstellung in der Prüfungsvorlage (Seite 50) „mit dem Stift". Markiere die Operatoren und die Schlüsselwörter.

2. Gib mit eigenen Worten wieder, was du tun sollst. Beachte die Reihenfolge der einzelnen Schritte.

TIPP zum ersten Schritt

Verschaffe dir einen ersten Überblick:
1. Was verlangen die Aufgaben von dir? Lies die einzelnen Teilaufgaben und unterstreiche alle wichtigen Hinweise auf das, was du tun sollst. So erhältst du oft schon Anhaltspunkte, worauf du beim Lesen und Erschließen der Materialien achten musst.
2. Worum geht es in den Materialien? Was verraten dir die Überschriften?

3. Notiere stichwortartig, um was es in den einzelnen Materialien gehen könnte.

Material 1: Computerspielen als Chance? ...

Material 2: Wie häufig spielen Jugendliche digitale Spiele? ...

Zweiter Schritt: Materialien erschließen und Inhalte erfassen

4. a) Erschließe die Materialien wie im TIPP zum zweiten Schritt dargestellt. Setze dazu die Bearbeitung fort.
   b) Kennzeichne Besonderheiten, die dir auffallen, durch Unterstreichungen und Randbemerkungen.

5. Notiere die wichtigsten Aussagen aus dem Text M1.

Spiele sind gut für das Lernen ...

6. Notiere die wichtigsten Aussagen aus dem Schaubild.

Rund 70 Prozent aller Jugendlichen ...

TIPP zum zweiten Schritt

1. Markiere alle Textstellen, die dir unklar sind, und kläre sie mithilfe des Wörterbuchs oder aus dem Textzusammenhang. Beachte auch die Worterklärungen unter dem Text, falls vorhanden.
2. Unterstreiche Schlüsselstellen. Das sind Antworten auf die W-Fragen und Textstellen, die du zur Bearbeitung der Teilaufgaben heranziehen willst.
3. Notiere zu jedem Textabschnitt Stichpunkte zum Inhalt.
4. Werte das Schaubild aus, wie es in B 4 auf den Seiten 23 und 24 erklärt wird.

Medien und mehr

Teil II

1. **Untersuche** die Materialien M1 und M2 in einem zusammenhängenden Text. Gehe dabei so vor:
   a) **Stelle** die beiden Materialien kurz **vor** und **benenne** das gemeinsame Thema von M1 und M2.
   b) **Fasse** die Informationen aus M1 in eigenen Worten **zusammen**.
   c) **Stelle dar**, wie häufig weibliche und männliche Jugendliche verschiedenen Alters in Deutschland digitale Spiele spielen (M2).
   d) **Setze** M1 und M2 **in Beziehung**, indem du anhand von jeweils zwei Beispielen **erläuterst**, welche positiven Auswirkungen Computerspiele auf Jugendliche haben können, aber auch, welche Probleme sich dadurch ergeben können. Berücksichtige dazu die Nutzungsfrequenz von digitalen Spielen.
   e) Ein Medienforscher sagt: *„Ich bin für ein Verbot des Verkaufs von Computerspielen mit aggressivem Inhalt an Jugendliche unter 18 Jahren, damit diese nicht süchtig bzw. sozial auffällig werden."*
   Nimm Stellung zu der Aussage und **begründe** deine Meinung.
   Beziehe dich auch auf die Materialien.

M1 Computerspielen als Chance?

Niemand zweifelt daran, dass das Spielen im Allgemeinen für Kinder und Jugendliche wertvoll ist, schließlich fördert es viele Fähigkeiten und Fertigkeiten und ermöglicht das Lernen. Nur bei Computerspielen gab es jahrelang unterschiedliche Meinungen bezüglich ihres Wertes. Es wurde gesagt, sie seien gefährlich, machten abhängig und hätten keinen Lernwert. Heute weiß man es besser: Auch Computerspiele sind Spiele, die von den Spielenden verschiedenste Fähigkeiten und Kompetenzen fordern. Natürlich machen sie auch einfach Spaß.

Wissenschaftler haben herausgefunden, dass eine der wichtigsten Fähigkeiten beim Spielen am Computer das Lernen selbst ist: Ein Computerspiel fordert die Spielenden heraus, die Regeln, den Inhalt, die Strategien und Handlungsmöglichkeiten des Spiels zu meistern. Dabei müssen die Spielenden ihr Können ständig an die Anforderungen des Spiels anpassen. Sie entwickeln immer wieder neue Strategien, erproben diese, setzen sie um oder verwerfen sie. Computerspiele sind also Lernspiele und somit auch Lernhilfen. Man kann sie nur erfolgreich spielen, wenn man mit Informationen umgehen kann: Die Spielenden müssen die vorliegenden Informationen überblicken, alle wichtigen Aspekte erkennen und diese im Verlauf des Spiels immer wieder neu bewerten.

Wissenschaftler haben weiterhin herausgefunden, dass es fünf Kompetenzbereiche gibt, die durch das Spielen am Computer besonders gefördert werden. So wird durch den Umgang mit dem Computer und der entsprechenden Software die Medienkompetenz der Spielenden erweitert. Da beim Spielen am Computer meistens schnelle Reaktionen gefragt sind, fördert es auch die sensomotorische Kompetenz, z.B. im Bereich der Auge-Hand-Koordination. Aber auch die kognitive Kompetenz der Spielenden wird gefördert, schließlich kommt es bei Computerspielen fast immer auf logisches Denken, auf Konzentration und vorausschauende

Vorgehensweisen

Planung an. Computerspiele spielt man oft zu zweit oder mit mehreren. Somit sind Teamfähigkeit bzw. Kommunikationsfähigkeit gefragt, also soziale Kompetenzen. Und wie bei jedem Spiel kann man gewinnen oder verlieren. Der Umgang mit Gewinn oder Niederlage stärkt dabei die persönlichkeitsbezogenen Kompetenzen. All diese Kompetenzen sowie die Fähigkeiten und Fertigkeiten, die sich dahinter verbergen, sind, so die Wissenschaftler, im Berufsleben des 21. Jahrhunderts ganz besonders wichtig.

Aber es gibt auch Risiken. Wenn ein 16-Jähriger mehrere Stunden am Tag vorm Rechner sitzt und spielt, dann hat das lästige Nebenwirkungen, wie Rückenbeschwerden vom stundenlangen Sitzen, Augenschmerzen vom unentwegten Anstarren des Bildschirms oder Verspannungen und Krämpfe durch fehlende Bewegung. Als computerspielsüchtig oder gefährdet gelten in Deutschland derzeit ungefähr drei Prozent der Jungen und 0,4 Prozent der Mädchen. Sie spielen täglich mehr als fünf Stunden, d.h. pro Woche mehr als 35 Stunden.

Ob sich Computerspiele mit gewalttätigen Inhalten negativ auf die Spielenden auswirken, ist nach wie vor Streitpunkt. Zwar sind sich die meisten Forscher darüber einig, dass solche Spiele allein keine Gewalttaten hervorrufen. Aber häufig führen sie zu einem Abstumpfen gegenüber Gewalt sowie einem verringerten Mitleidsgefühl und können somit auch eine deutlich aggressionsfördernde Wirkung haben. Auch Amokläufe von Jugendlichen haben gezeigt, dass solche Spiele durchaus Einfluss auf die Spieler haben, denn viele dieser Täter haben nachweislich harte Ballerspiele gespielt.

Harald Stöveken (2016), zusammengestellt unter Verwendung von Informationen von https://www.eltern-bildung.at/ und aus Beiträgen aus dem Heft Erziehung und Wissenschaft 12/2013

M2 Digitale Spiele: Nutzungsfrequenz 2017

Computer-, Konsolen-, Online-, Tablet- und Handyspiele

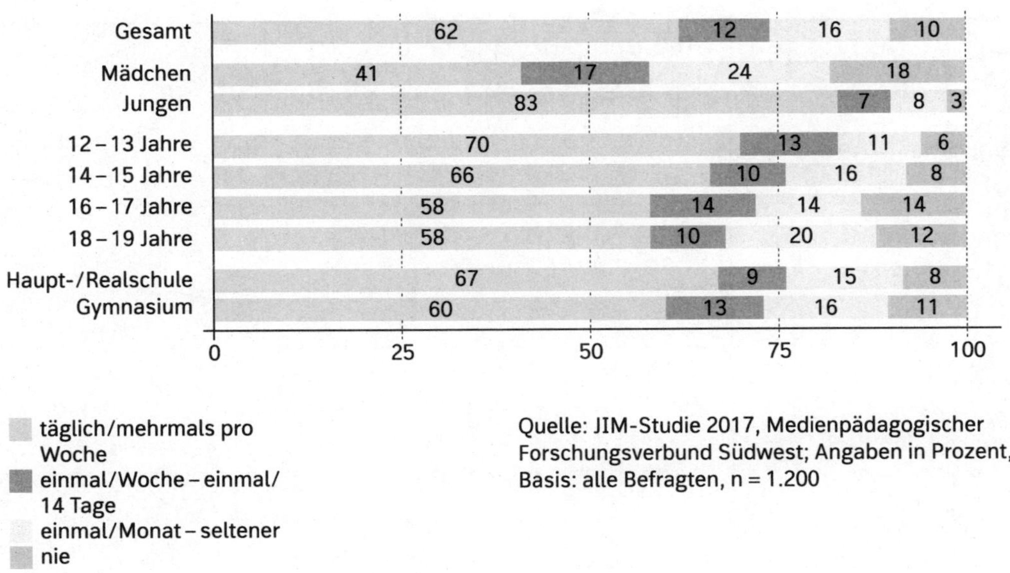

Quelle: JIM-Studie 2017, Medienpädagogischer Forschungsverbund Südwest; Angaben in Prozent, Basis: alle Befragten, n = 1.200

Dritter Schritt: Schreibplan anlegen

TIPP zum dritten Schritt

1. Die Schreibaufgabe besteht darin, in einem zusammenhängenden Text alle Teilaufgaben zu bearbeiten. Orientiere dich zur Gliederung an den Teilaufgaben.
2. Lege in einem Schreibplan wie unten (Tabelle) die Gliederung deines Textes (linke Spalte) fest, indem du für jede Teilaufgabe eine Zeile anlegst und diese stichwortartig wiedergibst.
   a) Zu Beginn stellst du die Materialien (M1, M2) kurz vor, indem du jeweils Angaben zu Titel, Autor, Textart und Erscheinungsjahr machst und das gemeinsame Thema formulierst (TATTE-Satz) (Teilaufgabe 1 a).
   b) In den weiteren Teilaufgaben fasst du die wichtigsten Aussagen der Materialien zusammen und vergleichst diese mit Blick auf den Schwerpunkt (hier: Teilaufgaben 1 b – 1 d). Beachte dabei genau die verwendeten Operatoren sowie den Wortlaut der Aufgabenstellung. Sie gibt dir den Schwerpunkt des Vergleichs vor.
   c) Am Schluss musst du meist zu einer vorgegebenen Thematik Stellung nehmen. (1 e)
3. Wenn du schon häufig mit einem Schreibplan gearbeitet hast und gut formulieren kannst, kannst du diesen Schritt auch überspringen. Weise den einzelnen Teilaufgaben (S. 50) stattdessen verschiedene Farben zu. Mit diesen markierst du zugehörige Passagen in den Materialien. Anschließend machst du direkt mit dem 5. Schritt weiter und schreibst deinen Text auf der Grundlage deiner Markierungen. Achte dabei darauf, dass du den Wortlaut der Materialtexte nicht einfach übernimmst, sondern in eigenen Worten formulierst.

7. a) Übertrage den Schreibplan unten auf eine DIN-A4-Seite. Lasse in den einzelnen Zeilen ausreichend Platz. Du kannst auch den vorbereiteten Schreibplan von Seite 126 kopieren (E 5).
   b) Vervollständige stichwortartig die linke Spalte. Orientiere dich dazu an den Teilaufgaben von Seite 50 (Operatoren und Schlüsselwörter). So behältst du die Aufgaben im Blick und vermeidest Wiederholungen.

Teilaufgaben	**M1**	**M2**
1 a) Einleitung: TATTE-Satz	Titel: Computerspielen als Chance? Autor: …	Titel: Digitale Spiele … Autor: …
gemeinsames Thema	…	
1 b) Informationen aus M1 zusammenfassen	– Spiele fördern verschiedene Fähigkeiten – auch …	
1 c) Darstellen …		
1 d) …		
1 e) …		

Vierter Schritt: Materialien untersuchen und vergleichen, Stichworte im Schreibplan festhalten

INFO zum vierten Schritt

1. **Vergleichen** heißt, Textaussagen, Problemstellungen und Sachverhalte aus verschiedenen Texten (Materialien) unter bestimmten Aspekten gegenüberzustellen mit dem Ziel, Gemeinsamkeiten, aber auch Unterschiede zu ermitteln.
2. Wenn du dich dafür entschieden hast, den Schreibplan nicht als Tabelle anzulegen, sondern deinen Text durch farbiges Markieren vorzubereiten, musst du die Stichwörter zu den Aufgaben 8.–14. (S. 53/54) nicht notieren. Dann erarbeitest du die Aufgaben an den Materialien, markierst passend zu den Aufgaben die Textstellen farbig und schreibst wichtige Notizen, wie z. B. das gemeinsame Thema, an den Rand. Nutze die Notizen zu den Aufgaben als Formulierungshilfen.

8. Ergänze nun deinen Schreibplan stichwortartig. Beginne mit der ersten Zeile zur Einleitung (Teilaufgabe 1 a).
   a) Stelle M1 und M2 kurz vor. Notiere Titel, Autor, Erscheinungsjahr und Textart.

– Material 1 trägt den Titel „Computerspielen als Chance?“ und ist ein Text von Harald Stöveken. Der Text basiert auf Informationen aus unterschiedlichen Internetartikeln und Zeitschriften …
– Material 2 ist ein Balkendiagramm und zeigt …

   b) Formuliere das gemeinsame Thema.

In beiden Materialien geht es aus unterschiedlichen Perspektiven um das Thema Computerspiele …

TIPP zu 8.

Stelle die Materialien vor. Nenne Autor, Titel und Erscheinungsjahr. Ermittle die Textart genauer, wenn möglich. Notiere das Thema der Materialien in wenigen Sätzen.

9. Notiere in der zweiten Zeile des Schreibplans Stichworte zur Zusammenfassung des Inhalts von M1 (Teilaufgabe 1 b). Nutze deine Aufzeichnungen aus dem zweiten Schritt (Aufgabe 4, S. 49).

– Spiele sind gut für das Lernen, sie fördern verschiedenen Fähigkeiten und Kompetenzen
– auch Computerspiele sind Spiele und damit auch gleichzeitig Lernspiel und Lernhilfe
– …

10. Bearbeite nun das Diagramm M2: Stelle dar, wie häufig Jugendliche verschiedenen Alters in Deutschland digitale Spiele spielen. Notiere deine Ergebnisse in der dritten Zeile deines Schreibplans (Teilaufgabe 1 c).

– Thema: Nutzungsfrequenz digitaler Spiele in Deutschland in 2017
– digitale Spiele = Computer-, Konsolen-, Online-, Handy- oder Tabletspiele
– M2 zeigt, dass Jugendliche in Deutschland regelmäßig …

TIPP zu 10.

1. Lies zuerst die Überschrift und den Begleittext (Erläuterungen/Angaben) zum Diagramm.
2. Stelle fest, ob es sich um Mengen- oder Prozentangaben handelt.
3. Untersuche nun Auffälligkeiten, z. B. auffällig hohe oder auffällig niedrige Werte.

11. Setze die Materialien M1 und M2 zueinander in Beziehung, indem du überlegst, was sie gemeinsam haben bzw. worin sie sich unterscheiden oder ergänzen (1 d). Markiere dazu in M1 Textstellen, die sich mit den positiven und negativen Auswirkungen von Computerspielen befassen. Notiere dann, in welchem Verhältnis die Aussagen des Diagramms M2 zu diesen Informationen stehen.
Ergänze deine Ergebnisse zu 1 d in der vierten Zeile des Schreibplans.

M1: Positive Auswirkungen: Computerspiele fördern verschiedenste Fähigkeiten und Kompetenzen …
Negative Auswirkungen: Suchtgefahr …
M2: nennt keine Vor- und Nachteile, sondern informiert allgemein, Aussagen unterstreichen die Aussagen aus M1 (Suchtgefahr!)

12. Lies die nun die Aufgabe 1 e. Mache dir klar, wozu du genau Stellung nehmen sollst. Erläutere die Aussage im Schreibplan kurz in eigenen Worten.

Ein Medienforscher hat gesagt, dass er dafür ist, dass Jugendliche unter 18 Jahren Computerspiele mit aggressivem Inhalt nicht kaufen dürfen, damit sie …

13. Welchen Standpunkt vertrittst du?
- ○ Ja, ich bin auch dieser Meinung.
- ☒ Nein, ich bin nicht dieser Meinung.

14. Sammle in Stichworten Gedanken und notiere sie geordnet in deinem Schreibplan. Schreibe auch die Textstellen auf, die du als Belege in deiner Argumentation berücksichtigen willst.

Meiner Meinung nach kann man zwar fordern, dass Spiele mit gewalttätigen Inhalten nicht an Jugendliche unter 18 Jahren verkauft werden dürfen, aber in der Wirklichkeit lässt sich das nicht so leicht durchsetzen …

TIPP zu 12.–14.

1. In der Stellungnahme wird von dir erwartet, dass du dich mit einer Aussage bzw. einem Zitat aus dem Text befasst.
2. Stelle deinen Standpunkt klar und eindeutig dar. Du kannst der Aussage zustimmen, sie ablehnen oder auch einen Kompromiss finden.
3. Begründe deine Position durch nachvollziehbare Argumente und veranschauliche sie durch Beispiele. Beziehe dich dabei auf den Text und auf Erfahrungen aus deinem Umfeld.

Fünfter Schritt: Text schreiben

TIPP zum fünften Schritt

1. Schreibe deinen Text auf DIN-A4-Papier. Lasse einen **breiten Rand** an der Seite, damit du für die Überarbeitung Platz hast.
2. Bringe die Ergebnisse aus deinem **Schreibplan** in einen **schlüssigen und zusammenhängenden Gedankengang**. Achte darauf, dass du Wiederholungen vermeidest.
Wenn du nur markiert und dir Notizen am Rand gemacht hast, nutzt du diese Vorarbeiten als Grundlage für deinen zusammenhängenden Text. Achte beim Schreiben auch hier darauf, dass du Wiederholungen vermeidest.
3. Verwende **Zitate**, wenn du etwas Typisches oder Bemerkenswertes herausstellen willst oder **um eigene Aussagen zu belegen**. Kennzeichne Zitate durch Anführungszeichen und Zeilenangaben in Klammern: *„Als computerspielsüchtig oder gefährdet gelten in Deutschland derzeit ungefähr drei Prozent der Jungen und 0,4 Prozent der Mädchen.“* (M1, Zeile 81 – 84).
4. Verwende die richtigen **Fachbegriffe**, denn mit ihnen kannst du präzise formulieren. Damit dein Text zusammenhängend wirkt, verwende passende **Satzverknüpfungswörter**. Setze nach jeder Teilaufgabe einen **Absatz**.

15. Verfasse deine vergleichende Analyse auf einem Extrablatt. Orientiere dich dazu am TIPP. Nutze deine Vorarbeit aus dem Schreibplan sowie die folgenden Textanfänge zu den Teilaufgaben.

Teilaufgabe 1 a: In beiden Materialien geht es .../Material 1 .../Das Material 2 trägt ...

Teilaufgabe 1 b: Material 1 befasst sich mit dem Thema, ob Computerspielen als Chance ...

Teilaufgabe 1 c: Material 2 zeigt, dass Jugendliche in Deutschland heutzutage regelmäßig ...

Teilaufgabe 1 d: Computerspiele können, wie alle Spiele, positive Auswirkungen auf die ... Material 1 beschreibt einige dieser positiven ... Material 2 ergänzt die Aussagen aus ...

Teilaufgabe 1 e: Die von einem Medienforscher gemachte Aussage kann ich .../Fest steht, ...

Sechster Schritt: Text überarbeiten

16. Überarbeite deinen Text. Verwende dazu die CHECKLISTE.

CHECKLISTE zur Überarbeitung von Texten (Aufgabentyp 4b)

1. Den Text inhaltlich überprüfen (Inhaltsleistung)

- ✓ Hast du in deinem Text alle Unterpunkte der Aufgabenstellung und die Ergebnisse aus deinem Schreibplan berücksichtigt (Operatoren)?
- ✓ Sind deine Ergebnisse für den Leser nachvollziehbar formuliert?
- ✓ Wurden nachvollziehbare Schlussfolgerungen gezogen, die sich sinnvoll aus den Materialien ergeben?
- ✓ Hast du deine Aussagen am Text belegt?
- ✓ Hast du deine Ergebnisse verknüpft und Zusammenhänge hergestellt?
- ✓ Hast du in der Stellungnahme deine Position durch Begründungen gestützt und Bezug auf die Materialien genommen?

2. Den Text sprachlich überprüfen (Darstellungsleistung)

- ✓ Hast du den Text sinnvoll gegliedert? Ist er durch Absätze überschaubar gestaltet?
- ✓ Hast du unnötige Wiederholungen und unklare Formulierungen vermieden?
- ✓ Kannst du komplizierte Sätze vereinfachen?
- ✓ Hast du Zusammenhänge durch sinnvolle Satzverknüpfungen verdeutlicht?
- ✓ Überprüfe auch Rechtschreibung, Zeichensetzung und Grammatik, denn sie fließen in die Bewertung ein.
- ➡ Kontrolliere deinen Text mehrfach. Berücksichtige deine persönlichen Fehlerschwerpunkte.

C Prüfungsaufgaben zum Themenbereich „Sprachkultur und Leselust“

In diesem Kapitel bearbeitest du zu dem Thema „Sprachkultur und Leselust“ mehrere Prüfungsbeispiele. Notiere die benötigte Arbeitszeit (siehe Seiten 5 und 6).

C 1 Original-Prüfungsaufgabe 2018: Leseverstehen: Lernt langsam lesen! (angeleitetes Üben)

Teil I

Lies den Text sorgfältig durch und bearbeite die Aufgaben 1 – 14.

Lernt langsam lesen! *Johan Schloemann*

(1) Das ist natürlich ganz prima, dass jetzt all die Buchmenschen zur Buchmesse fahren, weil es wieder Zehntausende dicke neue Bücher anzuschauen gibt. Aber es stellt sich verschärft die Frage: Wer soll das alles lesen? Die Frage ist zwar schon uralt. Und seit Erfindung des Buchdrucks wurde sie immer neu mit wachsendem Unmut gestellt. Doch heute spüren Menschen, die gerne lesen oder lesen würden, neben der Konkurrenz zwischen den unzähligen Titeln zusätzlich noch die unglaubliche Macht der digitalen Ablenkung, von Jahr zu Jahr stärker. Alles fühlt sich irgendwie so weggewischt, ausgeflimmert und herumgezwitschert an.

(2) Was also tun? Man könnte sich in Frankfurt auf der Messe verabreden, zu Hause einen „Slow Reading Club“ zu gründen. Das ist gerade ziemlich angesagt. Man trifft sich in einem Café oder einer Bar, macht es sich gemütlich, schaltet sein Telefon aus, keiner darf reden – und dann gilt, wie es in der Ankündigung eines dieser Klubs heißt: „Genießt eine Stunde leisen, ununterbrochenen Lesens!“ Nach der stillen Lesezeit darf, wer will, bleiben und sich unterhalten. Zur Vorbereitung gibt es nur eine Anforderung: BYOB. Also „Bring your own book“, bring dein eigenes Buch mit. Die Slow-Reading-Bewegung folgt dabei von ferne dem Vorbild der aus Italien stammenden Slow-Food-Bewegung – nur dass man in den Leseklubs, anders als beim Slow Food, auch nichtregionale Produkte verzehren darf.

(3) Das moderne Gefühl der Hast und Beschleunigung war stets mit medialen Umbrüchen[1] verbunden. Es liegen naturgemäß noch keine Langzeitstudien[2] darüber vor, was die Echtzeit-Kommunikation im Netz mit unserem Leseverhalten und unserer Konzentrationsfähigkeit genau anstellt. Facebook, das nunmehr Milliarden Menschen verbindet, gibt es erst seit zehn Jahren; und außerdem hängt vieles von individuellen Eigenschaften und Prägungen ab. Aber es mehren sich doch die Klagen und Erfahrungsberichte, dass es insgesamt viel schwieriger geworden sei, sich auf längere Lektüren voll und ganz einzulassen.

(4) Vor einigen Jahren schon berichtete die Leseforscherin Maryanne Wolf über ihren Versuch, ihr einstiges Lieblingsbuch wiederzulesen, nämlich einen Roman des Schriftstellers Hermann Hesse: „Ich las dreißig Seiten, aber wie eine Maschine. Es war, als würde ich nur Informationen aufnehmen, ohne sie zu verarbeiten und darüber nachzudenken. Ich las wie ein Prozessor[3], ohne Gefühl, ohne Fantasie. Es war ein Schock.“

(5) Eine Studie mit Jugendlichen, die 2013 im *International Journal of Educational Research* veröffentlicht wurde, stellt fest, dass das Hin- und Herhüpfen zwischen verschiedenen Fenstern und Angeboten auf Computerbildschirmen die geistige Erfassung der einzelnen Inhalte deutlich beeinträchtigt.
(6) Der Wiener Germanist[4] und Medienforscher Günther Stocker schreibt über die Fähigkeit zum ungestörten Lesen: „Inwiefern Romane, die für die Lektüre gedruckter Bücher verfasst wurden, in der von digitalen Medien geprägten Welt tatsächlich unlesbar – im Sinne eines vertiefenden Lesens – werden, hängt auch von individuellen Nutzungsentscheidungen ab." So eine Nutzungsentscheidung haben die „Slow Reading"-Liebhaber getroffen. Ihre Lösung lautet: Wenn die Leute zwischen Berufsleben und Familie, zwischen vielen abendlichen Internetstunden und vierhundert amerikanischen Qualitäts-Fernsehserien selbst keine Lücke mehr finden für etwas, das sie eigentlich wahnsinnig gerne tun oder getan haben, nämlich gute Bücher zu lesen – dann muss man sich eben, für den Anfang zumindest, gemeinsam zu einem festen Termin treffen, wie zu einem wöchentlichen Yoga-Kurs.
(7) Natürlich ist das „langsame", also ungehetzte und sehr aufmerksame Lesen für sich genommen nichts Neues. Umgekehrt sind Ablenkungen, Abbrüche und Abschweifungen beim Lesen auch nicht erst mit Fernsehen und Internet in die Welt gekommen – darauf hat der Germanist Heinz Schlaffer in mehreren Beiträgen hingewiesen. Das diagonale Lesen, so Schlaffer, habe nicht das moderne Management erfunden, sondern „der Romanleser, der langweilige Textabschnitte überfliegt, um möglichst schnell zu den spannenden zu kommen".
(8) Die „Slow Reading"-Bewegung dürfte jedem sympathisch sein, der sich medial und sonstwie gehetzt fühlt. Aber noch bleibt unklar, wohin sie will. Der amerikanische Literaturprofessor David Mikics gibt in seinem Buch „Slow Reading in a Hurried age"[5] viele Ratschlage, darunter: Stellen rausschreiben, Wörterbuch benutzen, die Gliederung des Textes erkennen. Na, das ist aber eher klassischer Literaturunterricht durch die Hintertür! Die „Slow Reading Clubs" hingegen wollen nur einen Schutzraum für entspanntes Lesen schaffen. Gegen eine allgemeine Atmosphäre, in der man sich fürs versunkene Lesen fast schon schämen muss.

Quelle: http://www.sueddeutsche.de/kultur/slow-reading-bewegung-lernt-langsam-lesen-1.2689979?reduced=true (Zugriff: 07.02.2018) (Text gekürzt und geringfügig verändert)

[1] mediale Umbrüche: deutliche Veränderungen im Medienbereich
[2] Langzeitstudie: Untersuchung über einen längeren Zeitraum
[3] Prozessor: zentraler Teil des Computers, der die Eingaben steuert und verarbeitet
[4] Germanist: Wissenschaftler, der sich mit der deutschen Sprache und Literatur beschäftigt
[5] „Slow Reading in a Hurried Age": sinngemäß übersetzt: langsames Lesen in einem beschleunigten Zeitalter

Lösungshilfen zu 1 – 14

1. Nicht gleich in die Aufgaben stürzen! Erschließe zuerst den Text wie in B 3 (S. 21) dargestellt.
   - Markiere wichtige Schlüsselstellen.
   - Formuliere am Rand Überschriften oder Stichwörter zu den Sinnabschnitten.
   Du findest zu den Aufgaben dann schnell die passenden Textstellen.

Aufgaben ① – ⑭

TIPP zu ① / ② / ③ / ④ / ⑤ / ⑦ / ⑧ / ⑨ / ⑩ / ⑪ / ⑬: Richtige Aussagen ankreuzen

Suche zu jeder Aussage die passende Stelle im Text und unterstreiche sie. Oft findest du in der Aufgabenstellung bereits einen Hinweis darauf, in welchem Abschnitt du die Textstellen findest.

Überprüfe genau, ob die Textstelle mit der Aussage unten übereinstimmt bzw. worin sich Text und Aussage unterscheiden. Achte auf Wortwahl, Fragestellung und Schlüsselwörter.

① Kreuze die richtige Antwort an.
Die Frage *„Wer soll das alles lesen?"* (Z. 3) bedeutet im Textzusammenhang, dass …

a)	es zu viele Buchmessen gibt.	
b)	die meisten Bücher zu dick sind.	
c)	eine Fülle an Lesestoff existiert.	
d)	der Kreis der Leser unbekannt ist.	

② Kreuze die richtige Antwort an.
Eine zusätzliche Herausforderung für Menschen, die gerne lesen, ist die (Abschnitt 1) …

a)	Menge an verfügbaren Daten.	
b)	Schwierigkeit von langen Texten.	
c)	Zerstreuung durch die neuen Medien.	
d)	Unverständlichkeit der Informationen.	

③ Kreuze die richtige Antwort an.
Für die neue Bewegung ist es vor allem wichtig (Abschnitt 2), …

a)	gemütlich zu Hause zu lesen.	
b)	mit engen Freunden zu lesen.	
c)	fremdsprachige Bücher zu lesen.	
d)	still und ungestört zu lesen.	

④ Kreuze die richtige Antwort an.
Die Slow-Reading-Bewegung unterscheidet sich von der Slow-Food-Bewegung durch (Abschnitt 2) …

a)	die Lust am gemeinschaftlichen Tun.	
b)	den besonders langsamen Genuss.	
c)	das Nutzen überregionaler Erzeugnisse.	
d)	die Vorliebe für italienische Produkte.	

Quelle (Aufgaben): Qualitäts- und UnterstützungsAgentur – Landesinstitut für Schule, Soest 2018

5 Kreuze die richtige Antwort an.
Es gibt noch keine Langzeitstudien über den Zusammenhang von Leseverhalten (Abschnitt 3) und ...

a)	dem Missbrauch von Computerspielen.	
b)	der Nutzung sozialer Netzwerke.	
c)	den Folgen gemeinsamen Lesens.	
d)	der Entwicklung individueller Eigenschaften.	

TIPP zu 6 / 12: Textzusammenhang berücksichtigen

1. Markiere die angegebene Textstelle.
2. Mache dir klar, was das Zitat/die Textaussage bedeutet (z. B. Was bedeutet *Prozessor*?).
3. Schlage unbekannte Begrifflichkeiten im Wörterbuch nach, erschließe sie aus dem Textzusammenhang oder orientiere dich an den vorhandenen Worterklärungen unter dem Text.
4. Lies die Textaussagen, die vor oder hinter der angegebenen Textstelle stehen, und unterstreiche die zu der Textaussage passenden Aussagen bzw. Schlüsselwörter (z. B. ... *ohne Gefühl, ...*).
5. Formuliere die Antwort mit eigenen Worten: Mit dem Zitat *„Ich las wie ein Prozessor" (Zeile 34/35) ist gemeint, dass ...*

6 Erläutere das Zitat *„Ich las wie ein Prozessor"* (Z. 34/35) im Textzusammenhang.

____

____

____

____

____

____

7 Kreuze die richtige Antwort an.
Durch das Lesen und Kommunizieren am Bildschirm wird das Verständnis von Gelesenem (Abschnitt 5) ...

a)	erschwert.	
b)	verbessert.	
c)	erleichtert.	
d)	vertieft.	

TIPP zu 7

Wortbedeutungen unterscheiden
Bei vorgegebenen Antworten, die nur aus einem Wort (Aufgabe 7) bestehen, vergewissere dich, dass du die Bedeutung der Wörter und die Unterschiede zwischen den Bedeutungen im Zusammenhang ermittelst.

8 Kreuze die richtige Antwort an.
Der Germanist und Medienforscher Günther Stocker sagt, dass die Fähigkeit zum ungestörten Lesen auch bestimmt ist durch (Abschnitt 6) ...

a)	die Menge an Literatur.	
b)	den Einfluss neuer Medien.	
c)	das Verhalten des Lesers.	
d)	die Qualität des Buches.	

9 Kreuze die richtige Antwort an.
„Slow Reading Clubs" dienen dazu, dass Menschen (Abschnitt 6) ...

a)	nicht nur im Kreise der Familie lesen.	
b)	sich Zeit zum Lesen nehmen.	
c)	Beruf und Freizeit voneinander trennen.	
d)	Lesen mit Yoga verbinden.	

10 Kreuze die richtige Antwort an.
Diagonales Lesen bedeutet nach Schlaffer (Abschnitt 7), dass der Leser ...

a)	Schwieriges nicht erkennt.	
b)	Uninteressantes überspringt.	
c)	Kompliziertes nicht versteht.	
d)	Spannendes verarbeitet.	

11 Kreuze die richtige Antwort an.
Für das „Slow Reading" empfiehlt der amerikanische Professor David Mikics (Abschnitt 8) ...

a)	klassische Bücher zu lesen.	
b)	Ratschläge aufzuschreiben.	
c)	den Text zu verkürzen.	
d)	Wörter nachzuschlagen.	

12 Erläutere die Aussage, dass man sich in der heutigen Zeit *„fürs versunkene Lesen fast schon schämen muss."* (Z. 67/68), im Zusammenhang des gesamten Textes.

___

___

___

___

___

TIPP zu 13

Falls der Abschnitt nicht angegeben ist, in dem du die passende Aussage findest, gehe so vor:
1. Markiere in der Aussage das Schlüsselwort (z. B. „Slow Reading-Bewegung").
2. Überfliege den Text, suche nach dem Schlüsselwort und unterstreiche es.
3. Lies die Textstellen rund um das unterstrichene Schlüsselwort genau und entscheide, welche Aussage am besten zu dem dargestellen Kontext passt.

13 Kreuze die richtige Antwort an.
Die im Text beschriebene „Slow Reading"-Bewegung spricht in erster Linie Menschen an, die ...

a)	die Lektüre eines Textes genießen möchten.	
b)	einen gemütlichen Raum zum Lesen suchen.	
c)	komplizierte Bücher verstehen wollen.	
d)	sich einen langen Text erarbeiten wollen.	

14 Ein Schüler sagt nach dem Lesen des Textes:

„Slow-Reading-Clubs sind eine gute Alternative zum einsamen Lesen zu Hause."

Schreibe eine kurze Stellungnahme zu dieser Aussage.
Du kannst dieser Auffassung zustimmen oder nicht.
Wichtig ist, dass du deine Meinung begründest.
Beziehe dich dabei auf den Text.

Ich stimme der Aussage des Schülers, dass ... ______________________

____

____

zu / nicht zu, denn ... ______________________

____

TIPP zu 14

Zu einer Aussage Stellung nehmen
1. Entscheide dich für eine der beiden Möglichkeiten: *Ich stimme zu/nicht zu.*
2. Überfliege den Text noch einmal und markiere Textaussagen, die deine Auffassung unterstützen.
3. Greife zu Beginn die Aussage, zu der du dich äußern willst, noch einmal auf.
4. Beziehe dich bei deiner Begründung auch auf die markierten Textaussagen *(Slow Reading Clubs stellen ein attraktives Angebot für Leser dar, denn so kommen Treffen von Buchinteressierten zustande, die ...).*

____

____

____

____

____

____

____

____

C 2 Leseverstehen: Wenn Hunde Kindern die Angst vor dem Vorlesen nehmen (selbstständiges Üben)

Teil I

Lies zunächst den Text sorgfältig durch und bearbeite die Aufgaben 1 – 12.

Wenn Hunde Kindern die Angst vor dem Vorlesen nehmen

Andreas Jalsovec

Das „Lesehunde"-Projekt der Johanniter[1] gibt es im Allgäu[2] seit Anfang des Schuljahrs. Einmal pro Woche sind die Hunde zu Gast in der Klasse – und die Kinder sind begeistert.

(1) Gismo scheint diesen Augenblick zu genießen. Der schwarze Labradorhund liegt langgestreckt auf dem Boden – und ein wenig sieht es tatsächlich so aus, als würde er der Geschichte lauschen, die der siebenjährige Luca gerade vorliest. Der Kopf des Hundes lehnt gemütlich am Fuß des Schülers, der in das Buch mit dem Titel „Gespenster im Gepäck" vertieft ist. Neben den beiden sitzt Hundeführerin Claudia Schindele. Sie hilft Luca gelegentlich, wenn er beim Lesen ins Stocken gerät – und lobt ihn, wenn er einen Satz fehlerfrei zu Ende bringt.

(2) Luca ist Schüler in der Klasse 2a der Grundschule auf dem Lindenberg in Kempten. Zusammen mit etwa einem Dutzend anderer Klassenkameraden darf er einmal in der Woche dem Labrador Gismo und dem Schäferhund Endy vorlesen. Die Hunde gehören zum Projekt „Lesehunde" des Regionalverbands Allgäu der Johanniter. Es ist jüngst mit dem Bayerischen Innovationspreis Ehrenamt[3] ausgezeichnet worden. Speziell ausgebildete Hundeführer besuchen dabei seit diesem Schuljahr mit ihren Tieren zwei Grundschulklassen in Kempten und Bad Wörishofen. Die Kinder lesen den Hunden regelmäßig vor. So sollen vor allem leseschwache Schüler ihre Lesefähigkeit verbessern.

(3) „Wir haben sehr viele zappelige Kinder in der Klasse", sagt Lehrerin Ingrid Herrmann: „Kinder, die sich schwertun mit dem Lesen." Als sie von der Idee der Lesehunde hörte, habe sie gedacht: „Das wäre doch was für meine Schüler", berichtet die Pädagogin. Dabei hat Herrmann gehörig Angst vor Hunden. Als die stattlichen Tiere das erste Mal vor der Klassenzimmertür standen, sei sie instinktiv zwei Schritte zurückgewichen, erzählt sie. „Aber die Kinder waren hellauf begeistert."

(4) Am ersten Tag lernten die Grundschüler die Hunde erst einmal kennen. Danach durfte jeder aus der Klasse den Tieren sein Lieblingsbuch präsentieren. Mittlerweile sind es vor allem Kinder mit Lese- und Rechtschreibschwierigkeiten, die den Hunden in einem separaten Klassenzimmer ein Buch ihrer Wahl vorlesen. „Wenn die Hunde da sind, herrscht eine besondere Atmosphäre im Raum", sagt Friederike Mehrhof-Volbert, die das Lesehunde-Projekt bei den Allgäuer Johannitern koordiniert. Der Hund strahle Gelassenheit und Ruhe aus. „Er spottet nicht und hänselt nicht, wenn ein Kind einmal ins Stocken gerät", meint Mehrhof-Volbert: „Er ist einfach nur da."

(5) Das reicht offenbar aus, um vielen Kindern die Angst vor dem Lesen zu nehmen. „Ein Hund kann helfen, den Stress beim Lesen abzubauen“, sagt Andrea M. Beetz. Die Erlanger Psychologin und Sonderpädagogin hat mehrere Studien zur Wirkung von Lesehunden auf Schulkinder veröffentlicht. Die Ergebnisse zeigten, dass das Lesen mit Hund „das Potenzial hat, die Lesekompetenz der Kinder deutlich zu verbessern“, meint die Wissenschaftlerin. So hätten in einer Untersuchung mit Drittklässlern jene Kinder, die während der Leseförderung einem Hund vorlasen, deutlich größere Fortschritte bei der Leseleistung erzielt, als Kinder, bei denen kein Hund dabei war. Gleichzeitig waren die Verbesserungen bei den Kindern mit Hund auch dauerhafter – und die Kinder hatten hinterher mehr Spaß am Lesen. „Das heißt: Der Hund wirkt sowohl entspannend als auch motivierend“, erläutert Andrea M. Beetz.

(6) Auf diesen Effekt hofft auch Lehrerin Ingrid Herrmann in ihrer Klasse. Ob sich die Lesefähigkeit der Kinder durch die Hunde wirklich verbessere, müsse man zwar erst einmal abwarten, meint die Pädagogin. „Aber dass die Kinder mehr Selbstvertrauen haben und mehr Freude am Lesen – das merkt man jetzt schon.“ So wie bei der siebenjährigen Amelie: Während ihr Klassenkamerad Luca dem Hund Gismo vorliest, sitzt sie daneben und wartet, bis sie an die Reihe kommt. Ab und zu steht sie auf, um den Hund zu streicheln. „Wenn ich vor der Klasse vorlese, dann lachen einige mich aus“, berichtet sie. „Aber wenn ich dem Hund vorlese, geht es mir gut. Da habe ich dann keine Angst mehr.“

https://www.sonntagsblatt.de/artikel/bayern/wenn-hunde-kindern-die-angst-vor-dem-vorlesen-nehmen (Zugriff 02.01.2019)

[1] die Johanniter: Gemeinnützige Hilfsorganisation
[2] das Allgäu: südlicher Landesteil in Bayern
[3] Bayerischer Innovationspreis Ehrenamt: zeichnet beispielgebende Projekte in allen Bereichen des bürgerschaftlichen Engagements aus

Aufgaben 1 – 13

1 Kreuze die richtige Antwort an.

Der an dem Projekt beteiligte Hund „Gismo“ reagiert während des Vorlesens (Abschnitt 1), indem er …

a)	den Eindruck macht, als wäre er gelangweilt.	
b)	den Eindruck macht, als höre er interessiert zu.	
c)	auf dem Boden zusammenbricht.	
d)	interessiert ins Buch schaut.	
e)	das Vorlesen durch leise Geräusche begleitet.	

❷ Kreuze die richtige Antwort an.

Die Hundeführerin Claudia Schindele begleitet Luca beim Lesen (Abschnitt 1), indem sie ...

a)	ihn beim flüssigen Lesen unterstützt.	
b)	den Hund lobt.	
c)	ihn drängt, fehlerfrei zu lesen.	
d)	ihm aus einem Buch vorliest.	

❸ Kreuze die richtige Antwort an.

Das Ziel des Projektes „Lesehunde" ist es, ...

a)	Schülern die Angst vor Hunden zu nehmen.	
b)	Schülern die Angst vor der Schule zu nehmen.	
c)	Hunden Abwechslung zu verschaffen.	
d)	Schüler zu besseren Lesern zu machen.	

❹ Erläutere im Textzusammenhang, wie das Projekt *„Lesehunde"* (Abschnitt 2) durchgeführt wird.

❺ Kreuze die richtige Antwort an.

„Wir haben sehr viele zappelige Kinder in der Klasse" (Abschnitt 3, Z. 22) bedeutet, dass ...

a)	es in der Klasse viele unruhige Schüler gibt.	
b)	die Schüler sehr motiviert sind.	
c)	sich die Schüler besonders auf die Hunde freuen.	
d)	die Schüler sehr gerne lesen.	

❻ Die Lehrerin gibt an, die Kinder seien *„hellauf"* begeistert gewesen (Z. 28). Erläutere in eigenen Worten, was sie damit ausdrücken will.

❼ Ordne die Namen der linken Spalte den Personen und Hunden der rechten Spalte zu (Abschnitt 1, 2, 3). Notiere den richtigen Buchstaben in die leere Spalte.

a)	Endy		Pädagogin
b)	Luca		Schäferhund
c)	Gismo		Hundeführerin
d)	Claudia Schindele		Labrador
e)	Ingrid Herrmann		Schüler

8 Kreuze die richtige Antwort an.
Die Hunde sind besonders für Schüler in der Klasse da (Abschnitt 4), ...

a)	die den Hunden ihr Lieblingsbuch vorstellen möchten.	
b)	denen es schwerfällt, richtig zu schreiben und flüssig zu lesen.	
c)	die Angst vor Tieren haben.	
d)	denen es leichtfällt zu lesen.	

9 *„Ein Hund kann helfen, den Stress beim Lesen abzubauen."* (Abschnitt 5).
Erläutere im Textzusammenhang, was diese Aussage bedeutet.

10 Kreuze die richtige Antwort an.
Den positiven Einfluss der Hunde auf das Lesevermögen zeigen nach Aussage der Psychologin Andrea M. Beetz die Ergebnisse (Abschnitt 5) ...

a)	eines chemischen Experiments.	
b)	eines Tierversuchs.	
c)	einer wissenschaftlichen Untersuchung.	
d)	einer staatlichen Prüfung.	

11 Kreuze die richtige Antwort an.
Die Schüler schätzen an den Hunden im Unterricht (Abschnitt 6), dass diese ...

a)	sich nicht über die Schüler lustig machen.	
b)	sich ausführen lassen.	
c)	den Schülern Zeit für Pausen geben.	
d)	sich von den Schülern füttern lassen.	

12 Kreuze die richtige Antwort an.
Die Lehrerin Ingrid Herrmann stellt fest (Abschnitt 6), dass ...

a)	die Schüler bereits jetzt viel besser lesen.	
b)	die Schüler jetzt schon selbstsicherer sind.	
c)	die Schüler jetzt schon besser abwarten können.	
d)	die Schüler jetzt neugieriger sind.	

13 Nach dem Lesen des Textes sagt ein Schüler:
„Das Projekt „Lesehunde" sollte in allen Schulen verbindlich eingeführt werden."
Schreibe eine kurze Stellungnahme zu dieser Aussage. Du kannst der Auffassung zustimmen oder nicht. Wichtig ist, dass du deine Meinung begründest. Beziehe dich dabei auf den Text.

C 3 Was bedeutet die Aufgabenstellung „Informiere …“?

Die Aufgabenstellung stammt aus einer Prüfungsvorlage, in welcher ein informierenderText verfasst werden sollte. (Achtung: Die zugehörigen Texte und Materialien findest du auf den Seiten 69 – 72.)

Am 1. Juli findet an deiner Schule ein Projekttag „Sprachenreichtum an unserer Schule“ statt. Dafür wird ein Ordner zur Vorbereitung erstellt, der allen Schülerinnen und Schülern sowie Lehrkräften zur Verfügung steht. Du bist gebeten worden, für den Vorbereitungsordner einen informierenden Text zum Thema „Mehrsprachigkeit“ zu verfassen. Um deinen Text schreiben zu können, bekommst du eine Materialsammlung (M1 – M7).

Verfasse auf der Grundlage der Materialien M1 – M7 einen informierenden Text zum Thema „Mehrsprachigkeit“. Schreibe nicht einfach aus den Materialien ab, sondern achte auf eine eigenständige Darstellung in einem zusammenhängenden Text.

Gehe dabei so vor:

- Formuliere für den Text eine passende Überschrift.
- Schreibe eine Einleitung, in der du kurz erklärst, was Mehrsprachigkeit ist.
- Stelle die Vorteile und die Herausforderungen dar, wenn man von Geburt an mehrsprachig aufwächst.
- Erläutere, wie sich die Meinungen zu „Mehrsprachigkeit ab Geburt“ geändert haben.
- Schlussfolgere anhand der Materialien und eigener Überlegungen, warum Mehrsprachigkeit in der Zukunft noch wichtiger wird.
- Notiere unterhalb des Textes die von dir genutzten Materialien.

INFO zu 1.

Um einen informierenden Text schreiben zu können, musst du dir Folgendes verdeutlichen:

- An welchen **Adressaten** richtest du dich?
- **Worüber** sollst du informieren (Situation/Thema)?
- Welches **Schreibziel** hast du?
- Welche **Informationen** aus dem vorgegebenen Material sind für deinen Text geeignet?

Orientiere dich sprachlich und inhaltlich an deinem Adressaten.

1. Die Aufgabenstellungen geben dir Hinweise zum Adressaten, der Situation bzw. dem Thema und dem Schreibziel. Markiere diese Stellen und notiere sie.

Adressat: ______________________________

Situation/Thema: ______________________________

Schreibziel: ______________________________

2. In der Aufgabenstellung oben ist zum Teil schon unterstrichen worden, was von dir erwartet wird. Unterstreiche auch in den weiteren Aufgaben, was du tun sollst. Die Operatoren geben dir Hinweise.

INFO zu f)

Zum Schluss sollst du die von dir genutzten Materialien angeben. Damit vergewisserst du dich, dass du die Materialien, die du nennst, bewusst bearbeitet hast. Außerdem machst du deutlich, dass die Informationen der Materialien nicht von dir persönlich stammen, sondern andere Urheber haben.

INFO zu 2.

verfassen/formulieren: einen Text schreiben
erklären: Textaussagen oder Sachverhalte auf der Basis von Kenntnissen und Einsichten darstellen
darstellen: Inhalte, Aussagen oder Zusammenhänge sachlich und strukturiert formulieren
erläutern: Sachverhalte oder Textaussagen veranschaulichen und durch zusätzliche Informationen verständlich machen
schlussfolgern: auf der Grundlage gegebener Informationen zu eigenen Erkenntnissen gelangen

C 4 Aufgabentyp 2: Einen informierenden Text verfassen

Hier erhältst du eine Übersicht über die **Vorgehensweise zur Bearbeitung der Schreibaufgabe zum Aufgabentyp 2.** Die blau markierten Wörter (Arbeitstechniken, Operatoren, Fachbegriffe) kannst du im Glossar (S. 139) oder den Kapiteln B 5 (S. 25) und C 3 (S. 66) nachschlagen. Bei der Bearbeitung der Aufgabenstellungen in den Kapiteln C 6 – C 8 kannst du dich an der Übersicht orientieren.

Sechs Schritte zur Bearbeitung der Aufgabenstellung

1. Schritt: Sich orientieren

- Aufgabenstellung und Teilaufgaben lesen
- Adressaten ermitteln
- Situation/Thema erfassen
- Teilaufgaben und **Operatoren** erfassen
- Schreibziel erkennen (→ **informieren**)

↓

2. Schritt: Materialien erschließen und Inhalte erfassen

- Texte, **Grafiken**, Tabellen lesen
- unbekannte Begriffe und Ausdrücke klären (Wörterbuch, Sinnzusammenhang)
- **Schlüsselstellen** markieren und bewerten (mit Symbolen, Pfeilen)
- Stichpunkte in der Randspalte notieren

↓

3. Schritt: Schreibplan anlegen

- Tabelle anlegen (nach Teilaufgaben und Materialien gliedern)
- ggf. Alternative zum Schreibplan anlegen: farbige Markierungen pro Teilaufgabe vornehmen

↓

4. Schritt: Materialien auswerten und Stichworte im Schreibplan festhalten

- Überschrift: Thema nennen, Interesse wecken
- Einleitung: ins Thema einführen, Vorgaben der Teilaufgaben 1 a und 1 b berücksichtigen
- Hauptteil: Teilaufgaben ab 1 c berücksichtigen
- Schlussteil: Schlussfolgerungen zu den Aspekten der Teilaufgabe 1 e ziehen
- Nummern der verwendeten Materialien im Schreibplan notieren

↓

5. Schritt: Informierenden Text schreiben

Inhalt:
- Überschrift formulieren
- zusammenhängenden Text verfassen
- schlüssige Reihenfolge beachten
- Adressaten berücksichtigen (sachlich, verständlich, anschaulich schreiben)
- inhaltliche Zusammenhänge richtig darstellen (Fakten, Zahlen, Fachbegriffe)

Darstellung:
- nach Teilaufgaben Absätze einfügen
- in eigenen Worten formulieren
- verwendete Materialien aufzählen

↓

6. Schritt: Text überarbeiten

- Interessante Überschrift?
- Alle Teilaufgaben berücksichtigt (→ **Operatoren**)?
- Informationen für die Adressaten nachvollziehbar und interessant formuliert?
- Informationen richtig dargestellt?
- Sinnvolle Gliederung des Textes?
- Vollständige Sätze?
- Im **Präsens** geschrieben?
- In eigenen Worten formuliert?
- **Rechtschreibung, Zeichensetzung, Grammatik** korrekt?

C 5 Schreibplan zu Aufgabentyp 2

Nutze diese Tabelle zur Planung deines informierenden Textes. Ergänze die Kategorien der Teilaufgaben und die Informationen aus den Materialien stichwortartig.

Adressat: ______________________________

Situation / Thema: ______________________________

Schreibziel: ______________________________

Aufgaben/ Material	1 a) **Überschrift**	1 b) **Einleitung**	1 c)	1 d)	1 e)	**Daran muss ich denken:**
M1						
M2						
M3						
M4						
M5						
M6						
M7						

C 6 Aufgabentyp 2: Sprachenreichtum an unserer Schule (angeleitetes Üben)

Teil II

Am 1. Juli findet an deiner Schule ein Projekttag „Sprachenreichtum an unserer Schule“ statt. Dafür wird ein Ordner zur Vorbereitung erstellt, der allen Schülerinnen und Schülern sowie Lehrkräften zur Verfügung steht. Du bist gebeten worden, für den Vorbereitungsordner einen informierenden Text zum Thema „Mehrsprachigkeit“ zu verfassen. Um deinen Text schreiben zu können, bekommst du eine Materialsammlung (M1 – M7).

Aufgabenstellung[1]

Verfasse auf der Grundlage der Materialien M1 – M7 einen **informierenden Text** zum Thema „Mehrsprachigkeit“.
Schreibe nicht einfach aus den Materialien ab, sondern achte auf eine eigenständige Darstellung in einem zusammenhängenden Text.
Gehe dabei so vor:

- **Formuliere** für den Text eine passende Überschrift.
- **Schreibe** eine Einleitung, in der du kurz **erklärst**, was Mehrsprachigkeit ist.
- **Stelle** die Vorteile und die Herausforderungen **dar**, wenn man von Geburt an mehrsprachig aufwächst.
- **Erläutere**, wie sich die Meinungen zu „Mehrsprachigkeit ab Geburt“ geändert haben.
- **Schlussfolgere** anhand der Materialien und eigener Überlegungen, warum Mehrsprachigkeit in der Zukunft noch wichtiger wird.
- **Notiere** unterhalb des Textes die von dir genutzten Materialien.

M1 Definitionen

a) Mehrsprachigkeit von Geburt an

Hinsichtlich von zweisprachig aufwachsenden Kindern ist damit gemeint, dass zwei Sprachen zur gleichen Zeit erworben werden: Zweisprachig aufwachsende Kinder lernen also die Laute, Wörter und die Grammatik von mindestens zwei unterschiedlichen Sprachen gleichzeitig.

Deutscher Bundesverband für Logopädie e.V.: Mehrsprachigkeit von Geburt an (http://www.dbl-ev.de/service/eu-tag-der-logopaedie/2014/mehrsprachigkeit-was-ist-das.html; Seitenaufruf 18.01.16)

b) Mehrsprachigkeit durch Fremdsprachenunterricht

Mehrsprachigkeit, die durch das gesteuerte Unterrichten einer fremden Sprache im Klassenzimmer entsteht.

Dieter Wolff: Mehrsprachigkeit durch Fremdsprachenunterricht. Revista de Filología Alemana, Anejo II, 2010

c) Unterscheidungsmerkmale bei Mehrsprachigkeit

Es handelt sich um unterschiedliche Arten von Mehrsprachigkeit, je nachdem, ob man mehrere Sprachen von Kind auf gleichzeitig erwirbt oder sie nacheinander lernt. Dann bestehen die Unterschiede darin, ob man die Sprache in einer natürlichen Umgebung erwirbt oder ob man sie in der Schule lernt. Und schließlich muss man noch unterscheiden, ob man die Sprachen als Kind oder als Erwachsener erwirbt.

Claudia Maria Riehl: Mehrsprachigkeit. Eine Einführung. Darmstadt: Wissenschaftliche Buchgesellschaft, 2015. S. 11.

[1] Quelle (Aufgaben): Ministerium für Schule und Weiterbildung des Landes Nordrhein-Westfalen, Düsseldorf 2016

M2 Wanderer zwischen den Wortwelten *Bas Kast*

Mit mehr als einer Sprache groß zu werden, ist für Kinder ein Problem – so eine verbreitete Ansicht. Das widerlegen aktuelle Studien: Wer von klein auf nicht nur eine Muttersprache hat, ist im Schnitt sogar schlauer!

Zweisprachigkeit macht blöd! So lautet etwas salopp die These, von der die Psychologen Elizabeth Peal und Wallace Lambert ausgingen, als sie Anfang der 1960er Jahre untersuchten, wie sich zweisprachige Erziehung auf die Kindesentwicklung auswirkt. Die Forscher von der McGill University im kanadischen Montreal vertraten damit nichts anderes als die einstige Lehrmeinung unter Pädagogen. Seit dem 19. Jahrhundert hatten Erziehungsexperten eindringlich vor den vermeintlichen Gefahren des Bilingualismus[1] gewarnt. „Wenn es für ein Kind möglich wäre, in zwei Sprachen gleichzeitig zu leben – umso schlimmer! Sein intellektuelles Wachstum wird dadurch nicht verdoppelt, sondern halbiert", urteilte etwa der Schotte Simon Somerville Laurie (1829 – 1909), erster Professor für Theorie, Geschichte und Kunst der Erziehung an der University of Edinburgh. Die Sache schien also schon ausgemacht, ehe das kanadische Forscherduo knapp ein halbes Dutzend Montrealer Schulen betrat, um die geistige Fitness der zehnjährigen Schüler per IQ-Test auf die Probe zu stellen. Amtssprache in Montreal ist Französisch; nicht wenige Kinder jedoch hatten das „Pech", zusätzlich mit Englisch aufzuwachsen. Sie würden nicht nur bei der Intelligenzprüfung (vor allem in deren sprachlichen Teilen) schlechter abschneiden, sondern auch in den schulischen Leistungen ihren Klassenkameraden hinterherhinken, glaubten Peal und Lambert. Die Überraschung folgte: Keine der Hypothesen ließ sich bestätigen! Die zweisprachigen Kinder hatten im Gegenteil sogar bessere Noten als die einsprachigen, und sie waren in fast jedem IQ-Test, ob verbal oder nichtverbal, ihren Mitschülern teils weit überlegen. Bei keinem Aufgabentyp hatten einsprachige Schüler die Nase vorn.

Heute wissen wir: Ja, eine zweisprachige Erziehung hat Nebenwirkungen – allerdings sind diese in den meisten Fällen nicht bedenklich, sondern überaus wünschenswert. Die möglichen negativen Folgen sind schnell erzählt. Sie betreffen das Vokabular. Zweisprachige Kinder kennen in den einzelnen Sprachen im Schnitt etwas weniger Wörter als einsprachige. Zeigt man ihnen einen bestimmten Gegenstand, brauchen Zweisprachige außerdem einen Tick länger, um die entsprechende Bezeichnung aus den Tiefen des Wortgedächtnisses hervorzuholen. Das war's! Die Furcht vor einem verzögerten Spracherwerb oder anderen geistigen Schwächen hat sich in empirischen Studien als unbegründet erwiesen. Zweisprachig aufwachsende Kleinkinder sprechen ihr erstes Wort im Alter von etwa einem Jahr, genau wie einsprachige. Auch im weiteren Entwicklungsverlauf zeigten sich keine nennenswerten Auffälligkeiten – zumindest keine negativen. Vielmehr haben zahlreiche Untersuchungen der vergangenen Jahre immer neue Pluspunkte zu Gunsten der Zweisprachigkeit offenbart. Die Vorteile reichen dabei von den ersten Lebensmonaten bis ins hohe Alter.

Bas Kast: Wanderer zwischen den Wortwelten. Aus: Gehirn und Geist. Spektrum der Wissenschaft Verlag. Ausgabe 06/2013

[1] Bilingualismus: Mehrsprachigkeitsform, bei der eine Person zwei Sprachen auf muttersprachlichem Niveau beherrscht

M3 Wie hoch ist der Anteil mehrsprachiger Personen in Deutschland?

Mehrsprachigkeit nimmt weltweit zu. Es wird geschätzt, dass mehr als die Hälfte aller Kinder inzwischen mit zwei oder mehr Sprachen aufwachsen. Auch in Deutschland nimmt der Anteil mehrsprachiger Personen und insbesondere mehrsprachig aufwachsender Kinder stetig zu. Eine genaue Schätzung ist problematisch, weil die Sprachlichkeit in den offiziellen Statistiken nicht direkt ausgewiesen wird. Die übliche Gleichsetzung von Mehrsprachigkeit und Migrationshintergrund ist jedoch sehr ungenau, da nicht alle Kinder aus Familien mit Migrationshintergrund auch mehrsprachig aufwachsen. Und umgekehrt nicht alle mehrsprachig aufwachsenden Kinder aus Familien mit Migrationshintergrund stammen. So können die geschätzten Angaben von aktuell etwa einem Drittel mehrsprachig aufwachsender Vorschulkinder (Studie aus dem Jahr 2010) nur einen ungefähren Anhaltspunkt geben.

Ritterfeld, Ute & Lüke, Carina: Wie hoch ist der Anteil mehrsprachiger Personen in Deutschland? Aus: Ritterfeld, Ute & Lüke, Carina: Mehrsprachen-Kontexte. Erfassung der Inputbedingungen von mehrsprachig aufwachsenden Kindern. Aus: http://www.sk.tu-dortmund.de/media/other/Mehrsprachen-Kontexte.pdf (Seitenaufruf 11.08.15)

M4 Veraltete Vorurteile

Es gibt noch immer viele Vorurteile gegen Mehrsprachigkeit und mehrsprachige Menschen. Aus der Forschung wissen wir, dass diese Vorurteile nicht stimmen.

- Für ein Kind ist es nicht verwirrend, zwei oder mehrere Sprachen zu hören und zu sprechen. Der Spracherwerb wird durch Mehrsprachigkeit nicht erschwert.
- Der gleichzeitige Erwerb von mehreren Sprachen führt nicht zu Problemen in der sprachlichen oder körperlichen Entwicklung.
- Mehrsprachigkeit führt nicht zu Sprachstörungen und verschlimmert nicht bereits vorhandene Störungen.

Berliner Interdisziplinärer Verbund für Mehrsprachigkeit (Herausgeber): Veraltete Vorurteile. Aus: Info-Flyer Nr. 2. So geht Mehrsprachigkeit. Vorurteile überwinden & Vorteile nutzen. http://www.zas.gwz- berlin.de/fileadmin/projekte/bivem/Flyer_So_geht_Mehrsprachigkeit/BIVEM-Flyerreiher-Nr.2_d_2015.pdf

M5 Mehrsprachigkeit als Normalfall

Deutschland	Deutsch
Ghana	Englisch, afrikanische Sprachen
Gibraltar	Englisch (Schule und amtliche Zwecke), Spanisch, Italienisch, Portugiesisch
Grönland	Grönländisch (East Inuit), Dänisch, Englisch

Welt auf einen Blick: Mehrsprachigkeit als Normalfall. http://www.welt-auf-einen-blick.de/bevoelkerung/sprachen.php (Seitenaufruf 18.01.2016)

M6 Die Bedeutung von Mehrsprachigkeit für die Gesellschaft

Mehrsprachigkeit ist gesellschaftlich wichtig:

- Sprachenvielfalt im eigenen Land erleichtert und fördert Wirtschaftsbeziehungen. Für internationale Unternehmen und Organisationen zählt zwei- und mehrsprachiges Personal als wichtiger wirtschaftlicher Vorteil.
- Politisch gesehen haben Mehrsprachige eine Brückenfunktion als Vermittler zwischen verschiedenen Kulturen. Mit der Sprache lernt man auch Sichtweisen, Gespräche führen und kulturell geprägtes Verhalten. Man lernt daher auch ein Stück weit, andere Kulturen zu verstehen, und damit auch eine gewisse Toleranz.
- Auch die durch Tests bewiesene höhere Kreativität mehrsprachiger Sprecher und Gruppen kann positiv für die Gesellschaft genutzt werden.

Claudia Maria Riehl: Mehrsprachigkeit. Eine Einführung. Darmstadt: Wissenschaftliche Buchgesellschaft, 2015. S. 18 – 19.

M7 Meinungen mehrsprachiger Jugendlicher

„Ich bin zweisprachig aufgewachsen, weil meine Mutter Deutsche ist und mein Vater Italiener. Obwohl sie auch Italienisch sprechen kann, hat meine Mutter immer Deutsch und mein Vater immer Italienisch mit mir gesprochen. Als ich noch klein war, habe ich meistens nicht auf Italienisch geantwortet, aber mein Vater hat es trotzdem mit mir gesprochen. Verstanden habe ich es auch und dann einfach auf Deutsch geantwortet – ich war einfach zu faul. […] In Italien selbst habe ich trotzdem keine Probleme, mich zu verständigen, und ich verstehe auch alles. Nur manchmal fehlen mir Vokabeln für besondere Dinge – darin bin ich nicht ganz so gut wie jemand, der dort aufgewachsen ist."

„Ich habe eine deutsche Mutter und einen ägyptischen Vater. In Ägypten, wo ich geboren und aufgewachsen bin, hat meine Mutter mit mir Deutsch geredet, mein Vater mit mir Arabisch. Untereinander haben sie Englisch gesprochen. Deshalb bin ich praktisch mit drei Sprachen aufgewachsen. […] Hin und wieder habe ich schon Aussetzer. Dann fange ich einen Satz an und komme zu einem Wort, das ich gerade nur auf Englisch und nicht auf Deutsch weiß. Das ist eben ein Problem, wenn die einzelnen Sprachen nicht so ausgeprägt sind. Mit deutschen Fachbegriffen bin ich zum Beispiel nicht so gut. Da merkt man dann schon einen Unterschied. Ich habe auch versucht, Französisch zu lernen. Aber dadurch, dass ich die anderen drei Sprachen so nebenbei gelernt habe, keine Karteikarten mit Vokabeln auswendig lernen musste, fiel mir das schon schwer."

Karoline Kuhla: Sprachenmix in der Familie. Mehrsprachig aufgewachsen. Meinungen mehrsprachiger Jugendlicher. http://www.fluter.de/de/sprachen/erfahrungen/9446/ (Seitenaufruf 18.01.16)

Lösungshilfen zu den Teilaufgaben 1 a) – f)

1. Führe den ersten und zweiten Arbeitsschritt durch (siehe B 5, S. 25).

2. Lege dir eine Tabelle als Schreibplan an (siehe B 5, S. 30) oder nutze die Kopiervorlage C 5 auf S. 68.

3. Notiere im Schreibplan Stichpunkte für eine passende Überschrift (Teilaufgabe 1 a).
   Beispiele: Mehrsprachigkeit: Probleme/Chancen/Bedeutung …

4. Notiere im Schreibplan, was man unter Mehrsprachigkeit versteht (Teilaufgabe 1 b).
   – von Geburt an: …
   – durch Fremdsprachenunterricht: …
   – Unterscheidungsmerkmale: …

5. Liste stichpunktartig Vorteile und Herausforderungen der Mehrsprachigkeit von Geburt auf (Teilaufgabe 1 c).
   Vorteile:
   – gleichzeitiges Erlernen zweier Sprachen
   – Studie: mehrsprachig Erzogene sind besser in der Schule …
   Herausforderungen:
   – unterschiedliche Ausprägung des Wortschatzes
   – …

6. Notiere im Schreibplan die Veränderungen der Meinungen zur „Mehrsprachigkeit ab Geburt“ (Teilaufgabe 1 d).
   Bis 1960er Jahre: zweisprachig Aufgewachsene gelten als weniger intelligent:
   – Zweisprachigkeit macht dumm
   – Erziehungsmethode „Zweisprachigkeit“ ist gefährlich
   – Zweisprachigkeit senkt intellektuelles Wachstum (S. Somerville Laurie)
   – …

7. Notiere im Schreibplan Stichpunkte dazu, warum Mehrsprachigkeit in der Zukunft noch wichtiger werden wird (Teilaufgabe 1 e).
   – durch Förderung von Mehrsprachigkeit bessere Schulabschlüsse möglich
   – bessere Kommunikationsmöglichkeiten mit Menschen aus anderen Ländern
   – wichtig für Beruf und auf Reisen
   – …

TIPP zu 2.

Wenn du sehr sicher im Umgang mit farbigen Markierungen bist, arbeite direkt mit Aufgabe 8 weiter und nutze deine Markierungen als Schreibplanung.

TIPP zu 3.

Denke daran, deinem Info-Text eine Überschrift zu geben. Du kannst dich dazu an den Überschriften der Materialien 1 – 7 orientieren und diese abändern oder eine eigene formulieren.

TIPP zu 4./5. und 6.

1. Markiere in den Materialien alle Informationen, die sich auf eine Teilaufgabe beziehen, in der gleichen Farbe. So kannst du die Textstellen den Teilaufgaben übersichtlich zuordnen.
2. Unterstreiche die Vorurteile und unterschlängle die Herausforderungen, die in den Materialien (insbesondere in M2, M4 und M7) genannt werden. So kannst du die Informationen aus den Materialien gut voneinander unterscheiden.

TIPP zu 7.

Suche gezielt in den Materialien nach Informationen zu der genannten Aussage (Beispiel: *„Mehrsprachigkeit in der Zukunft“ = M 6: Bedeutung von Mehrsprachigkeit in der Gesellschaft*). Ziehe dann anhand der Aussagen und Beispiele in den Materialien eigene Schlussfolgerungen. Orientiere dich an der Teilaufgabe (Teilaufgabe 1 e).

8. Schreibe deinen informierenden Text. Du kannst die folgenden Formulierungsvorschläge verwenden:

1 a) Überschrift:
Mehrsprachigkeit – Problem oder ...?

1 b) Einleitung:
Das Thema Mehrsprachigkeit geht uns alle an, denn ...
Was ist eigentlich unter dem Begriff „Mehrsprachigkeit" zu verstehen? Es gibt verschiedene Arten: Zum einen spricht man von Mehrsprachigkeit, über die man von Geburt an verfügt, zum anderen ...

1 c) Hauptteil:
Für die Jugendlichen, die mehrsprachig aufwachsen, ist es sicher ein Vorteil, von Geburt an in zwei Sprachen erzogen zu werden, da sie diese gleichzeitig lernen und dieses als völlig natürlich wahrnehmen. Einen weiteren Vorteil nennt eine Studie, die besagt, dass ...
Dennoch kann die Zweisprachigkeit auch dazu führen, dass ...

1 d) Hauptteil:
Die Einschätzung der Vorurteile und Herausforderungen in Bezug auf die „Mehrsprachigkeit von Geburt an" hat sich mit den Jahren immer wieder verändert. Bis in die 1960er-Jahre galt die Meinung, dass zweisprachig Aufgewachsene ...
Zudem warnten Erziehungsexperten seit dem 19. Jahrhundert vor zweisprachiger Erziehung, da diese Erziehungsmethoden ...
Der Schotte Simon Somerville Laurie war beispielsweise der Meinung, dass durch die Erziehung in mehreren Sprachen ...

1 e) Schluss:
Für die Zukunft ist es sicher eine gute Idee, Mehrsprachigkeit zu fördern, damit Schülerinnen und Schüler in der Schule ...
Zudem nimmt auf der Welt der Anteil der mehrsprachig Aufwachsenden zu und damit vervielfältigen sich auch die Möglichkeiten im Umgang miteinander, denn die Kommunikationsmöglichkeiten ...
Das Beherrschen mehrerer Sprachen ist heutzutage und sicher auch in Zukunft von großer Bedeutung, vor allem auf Reisen und ...

1 f) Ich habe für meinen Info-Text folgende Materialien verwendet: ...

9. Überarbeite deine Texte mithilfe der Checkliste auf Seite 33.

C 7 Aufgabentyp 2: Comics (selbstständiges Üben)

Wahlthema 2

Die nächste Ausgabe der Schulzeitung, die Schüler, Lehrer und Eltern lesen, widmet sich dem Thema „Lesen heute“. Du bist gebeten worden, für diese Ausgabe einen informierenden Text zum Thema „Comics“ zu schreiben. Um deinen Text schreiben zu können, bekommst du eine Materialsammlung (M1 – M5).

Lies bitte zunächst die Aufgabe und dann die Materialien aufmerksam durch, bevor du mit dem Schreiben beginnst.

Aufgabe:[1]

Verfasse auf der Grundlage der Materialien M1 – M5 einen informierenden Text zum Thema „Comics“. Schreibe nicht einfach aus den Materialien ab, sondern achte auf eine eigenständige Darstellung in einem zusammenhängenden Text.

Gehe dabei so vor:
- **Formuliere** eine passende Überschrift für den Text.
- **Schreibe** eine Einleitung, in der du kurz **erklärst**, was ein Comic ist und woher der Begriff stammt.
- **Stelle** die typischen Merkmale und die sprachlichen Besonderheiten des Comics **dar**.
- **Erläutere** die Entwicklung und die Erscheinungsformen des modernen Comics. **Erkläre** dabei auch den Begriff „Literaturcomic“.
- **Schlussfolgere** anhand der Materialien und eigener Überlegungen, warum Comics positiv gesehen werden.
- **Notiere** unterhalb deines Textes die Nummern der von dir genutzten Materialien.

M1 Definitionen

a) Comics sind in der Regel gezeichnete Bildergeschichten. Was Figuren sagen oder denken, wird im Comic in Sprechblasen ausgedrückt. Dazu verdeutlichen Ausdrucks- oder Ausrufwörter wie „uff“, „argh“ oder „zack“ sowie Bewegungsstriche das Geschehen und erzeugen eine Dynamik. Kombiniert werden Comics mit erzählendem Text neben oder unter dem jeweiligen Bild. Der Ursprung des gedruckten Comics findet sich bei den amerikanischen Sonntagszeitungen, Ende des 19. Jahrhunderts.

Quelle: https://definition.cs.de/comic/ (Zugriff: 04.05.2017)

b) Der Name Comic kann von dem Eigenschaftswort „komisch“ abgeleitet werden. Die ursprüngliche Aufgabe der Comics war es auch, die Leute zum Lachen zu bringen.

Quelle: http://kiwithek.kidsweb.at/index.php/Comic (Zugriff: 04.05.2017)

[1] Quelle (Aufgaben): Qualitäts- und UnterstützungsAgentur – Landesinstitut für Schule, Soest 2017
(Die Abbildungen weichen aus lizenzrechtlichen Gründen von der Darstellung in der Original-Prüfungsarbeit ab.)

M2 Merkmale von Comics

Niemand zieht so eindrucksvoll die Augenbrauen hoch wie der Comic-Erpel[1] Donald Duck, wenn er einen Einfall hat, oder schaut so grimmig wie Wolverine aus der Comicreihe X-Men, wenn er hinterrücks überfallen wird. Daher sind in Comics Sätze wie „Er zog die Augenbrauen hoch“ oder „Er erschrak“ selten. Wozu auch? Über Dinge, die sowieso jeder sehen kann, verlieren weder Menschen noch Superhelden viele Worte.

Wenn es für eine Sache ein Bild gibt, finden Comiczeichner es bestimmt. Sogar für unsichtbare Dinge. In den Gesichtern der Comicfiguren werden Gefühle wie Angst oder Mut zu Grimassen[2] und damit für den Leser sichtbar. Das haben die Comics von den Karikaturen[3] übernommen. Karikaturen kommen allerdings ganz ohne Worte aus – Comics nicht. Stattdessen tauchen Worte im Comic meist in Sprechblasen auf und stehen in direkter Rede, weil eine der Figuren spricht oder denkt. Oft gelangen Worte auch als Begleittext in einem Kasten an den Bildrand, weil der Leser wissen muss, wo das Abenteuer spielt. Wichtig sind Worte also schon.

Comics sind Wort-Bild-Gemische, genau wie Fruchtjoghurts, bei denen Marmelade und Joghurt nicht schichtweise getrennt, sondern schon vermischt serviert werden – Hauptsache, es schmeckt. Und Comics schmecken gerade deshalb, weil die Aufmerksamkeit des Lesers vom Bild zum Text und zurück zum Bild springt. Wer in Comicheften allein den Text liest, versteht gar nichts, wer nur die Bilder anschaut, fast nichts.

Quelle: http://www.rossipotti.de/inhalt/literaturlexikon/genres/comic (Zugriff: 04.05.2017) (Text geringfügig verändert)

[1] Erpel: männliche Ente
[2] Grimasse: verzerrter Gesichtsausdruck
[3] Karikatur: kritische Witzzeichnung

M3 Sprache im Comic

a) Den wesentlichen Teil der Comicsprache machen eindeutig die eher wortarmen Sätze aus. Das Geschehen wird sprachlich nicht besonders ausdifferenziert[1], sondern mit Hilfe der Bilder dargestellt. Während z. B. der Roman sich sprachlicher Mittel bedient, die durch die Vorstellungskraft des Lesers Bilder im Kopf erzeugen, besitzt der Comic schon vorgegebene Bilder, die durch wenige Wörter unterstützt werden.

Quelle: http://www.linse.uni-due.de/Projekte/comicsprache/enten/enten.htm (Zugriff: 04.05.2017) (Text geringfügig verändert)

[1] ausdifferenziert: vielfältig und genau

b) Die Comicsprache ist eine visuelle Sprache, bei der es die Bilder zu lesen gilt. Diese Bildersprache hat ihre eigenen Ausdrucksmittel. Eine dieser comictypischen Ausdrucksmöglichkeiten ist die Lautmalerei. Bei der Lautmalerei wird die grafische Seite der Schrift benutzt, um Töne und Geräusche darzustellen. Sie beruht zumeist auf der Nachahmung eines Lautes aus der akustischen Realität. Beispiele für Lautmalerei wären „ZIIIISCCCHHHH“ beim Öffnen einer Limonadenflasche oder „BOOOOOM“ bei einer Explosion.

Quelle: Lipp, Bianca: Zum Leben erweckt – Vom Comic zum Trickfilm. Wien 2012, S. 15

c) Für bildlich schwer Darstellbares verwendete Erika Fuchs, eine Comic-Übersetzerin, durchgehend auf den Wortstamm verkürzte Verben (Inflektive), und zwar nicht nur für Geräusche (zum Beispiel *schluck, stöhn, knarr, klimper*), sondern auch für lautlose psychische Vorgänge *(grübel, zitter)*.

Quelle: https://de.wikipedia.org/wiki/Erika_Fuchs (Zugriff: 04.05.2017)

M4 Ausgewählte Stationen der Geschichte des Comics

a) Die Geburt des modernen Comics

Die Geburtsstunde des ersten Comics ist nach mehrheitlicher Meinung der Comic-Forschung der 5. Mai 1895. An jenem Tag zeichnete Richard F. Outcault zum ersten Mal *exklusiv* für die US-amerikanische Zeitung *New York World* einen Cartoon mit dem Titel Hogan's Alley, dessen Held ein Junge in einem knallgelben Nachthemd namens Yellow Kid war. Strittig ist dieses Datum vor allem deshalb, weil es sich eigentlich eben doch noch nicht um einen Comic handelte, sondern immer noch um eine Bildergeschichte, da die begleitenden Texte unterhalb der Zeichnungen zu lesen waren. Korrekterweise sollte man den 25. Oktober 1896 nennen, denn hier entstand erstmals eine Ausgabe von *Hogan's Alley*, die Sprechblasen aufwies. [...]

Kurz nach dem Ende des 19. Jahrhunderts waren die grundlegenden Elemente des Comics gegeben – feststehende Figuren, fortsetzende Handlung in Einzelbildern, Dialoge in Form von Sprechblasen – doch hatte es sich bis dahin noch nicht als selbstständiges Medium durchgesetzt.

Quelle: http://www.neon.de/artikel/freie-zeit/literatur/eine-kleine-kurz-geschichte-des-comics/662563 (Zugriff: 04.05.2017)

b) Comicstrips[1] und Comichefte in den USA und Europa

Ab 1903 erschien dann erstmals der tägliche Comicstrip in einer Tageszeitung (auf den Sportseiten der „Chicago American"). Ab 1912 ging die erste Serie an den Start. Bis 1930 erscheinen sämtliche Comics in den USA als Comicstrips. Erst danach lohnte sich der regelmäßige Vertrieb der Bildergeschichten in Heftform.

Die Stunde der ganz großen Comic-Helden schlug dann in den 30er Jahren: 1929 erblickte Popeye das Licht der Welt, ein Jahr später Mickey Mouse und 1938 Donald Duck. Zeitgleich eroberte auch Disneys „Lustiges Taschenbuch" den Markt.

Eine wahre Comicmanie[2] lösten die Superhelden aus. Angefangen mit „Superman" 1938 und den legendären Marvel-Comics ein Jahr später, ging es Schlag auf Schlag: Tarzan, Batman, Spiderman und Die Fantastischen Vier erobern die Herzen der Comicleser. In den 50er und 60er Jahren wurden auch Horror und Science Fiction im Comic populär.

In Europa konnte der Comic erst nach dem Zweiten Weltkrieg[3] Fuß fassen. Am produktivsten sind hier vor allem Frankreich und Belgien, wo auch die bekanntesten Geschichten herkommen (z. B. „Asterix und Obelix", „Tim und Struppi", „Die Schlümpfe", „Lucky Luke"). Der neueste Comictrend schwappte vor wenigen Jahren aus Japan zu uns herüber. Während es Manga in anderen europäischen Ländern schon in den 80er Jahren gab, wurden „Sailor Moon“ oder „Dragonball“erst Ende der 90er bei uns populär.

Quelle: http://www.wasistwas.de/archiv-sport-kultur-details/1890-das-erste-comic-heft-erscheint.html (Zugriff: 04.05.2017)

[1] Comicstrips: gedruckte Comicstreifen
[2] Comicmanie: hier: Comicbegeisterung, Comicrausch
[3] Der Zweite Weltkrieg dauerte in Europa von 1939 – 1945.

c) Manga

Manga setzen sich in Japan in den 50er Jahren zeitgleich mit dem Fernsehen durch, was sich in der engen Verbindung von Manga und Zeichentrickfilm zeigt.

Quelle: https://www.uni-oldenburg.de/geschichte/studium-und-lehre/lehre/projektlehre/erinnerung-im-comic/1895-1929/1968-bis-in-die-gegenwart/ (Zugriff: 04.05.2017)

Manga sind Comics, die ihren Ursprung in Japan haben und wörtlich übersetzt „lustige Bilder“ heißen. Sie sind schwarz-weiß gezeichnete Geschichten, die in sich abgeschlossen sind oder die sich immer weiter fortsetzen. Der typische Zeichenstil sind große Augen, kindliches und westliches Aussehen. Sie behandeln alle möglichen Themen.

Quelle: http://besserwisser.wisser-schule.de/2013/10/was-sind-manga/ (Zugriff: 04.05.2017)

d) Graphic Novels

Es handelt sich hier um a) Comics in Buchformat, b) um Geschichten mit längeren, komplexen Handlungen, c) um Geschichten, die in der Regel ernsthafte Inhalte erzählen, d) um Geschichten mit literarischem Anspruch, e) um Geschichten, die sich klar von den regelmäßig erscheinenden Heft-Comics unterscheiden, f) um Geschichten, die über den Buchhandel (und nicht über den Bahnhofs-Kiosk oder Supermärkte) verkauft werden und eher ein höheres Preisniveau aufweisen.

Quelle: https://www.antolin.de/leitartikel/graphic_novel_1608/graphic_novel.pdf (Zugriff: 04.05.2017) (Text geringfügig verändert)

Kurz gesagt sind Graphic Novels gezeichnete Romane. Stilistisch reichen die Zeichnungen vom Comic- über den Manga- bis hin in den Cartoon-Zeichenstil[1], mit Themen, die sich eher an erwachsene Leser richten.

Quelle: https://www.carlsen.de/graphic-novel (Zugriff: 04.05.2017)

[1] Cartoon: Grafik, die eine komische Geschichte in einem Bild darstellt

e) Literaturcomics

Unter dem Begriff „Literaturcomics“ erscheinen Übersetzungen französischer Klassikerbearbeitungen wie „In 80 Tagen um die Welt“, „Die Schatzinsel“ oder „Robinson Crusoe“. [...] Sinn der Übung ist laut Verlag nicht nur das Erschließen neuer Geschäftsfelder, sondern vor allem Erziehung: „Wir können darüber klagen, dass Jugendliche nicht mehr so viel lesen wie früher. Wir können aber auch Wege finden, ihnen die großen Stoffe der Literatur auf den Wegen zugänglich zu machen, die sie mögen und akzeptieren“, schreibt der Verlag auf seiner Homepage.

Quelle: https://www.tagesspiegel.de/kultur/comics/literaturcomics-ungleiches-duell/6849048.html (Zugriff: 04.05.2017)

„Viele Leser freuen sich doch, Weltliteratur mal in dieser Form angeboten zu bekommen – das kann dazu beitragen, die Scheu vor großen Schriftstellern abzubauen. [...] Mittlerweile ist es akzeptiert, dass sich auch der Comic klassischer Literaturstoffe bedienen darf, ebenso wie es auch andere Medien tun."

Quelle: http://www.svz.de/nachrichten/uebersicht/literatur-in-sprechblasen-id5044421.html (Zugriff: 04.05.2017)

M5 Heutige Sicht auf Comics

Mittlerweile wird dem Comic durchaus zugetraut, auch bedeutende historische, gesellschaftliche und politische Themen auf interessante Weise bewältigen zu können. Dabei geht es längst nicht mehr um den Nachweis des literarischen Wertvollseins des Comics.

Quelle: http://www.uni-frankfurt.de/51022038/Dolle-Weinkauff.pdf (Zugriff: 04.05.2017) (Text geringfügig verändert)

Mittlerweile ist der Comic allgegenwärtig und weitgehend durch alle gesellschaftlichen Schichten hinweg akzeptiert. Der Comic hat heutzutage nun endlich den Stellenwert erreicht, den er, als literarische Kunstform unter vielen, verdient. Comickünstlern werden Lizenzen[1] für Film und Fernsehen zu riesigen Summen abgerungen.

Quelle: http://www.neon.de/artikel/freie-zeit/literatur/eine-kleine-kurz-geschichte-des-comics/662563 (Zugriff: 04.05.2017) (Text geringfügig verändert)

[1] Lizenz: Genehmigung

C 8 Aufgabentyp 2: Winnetou (selbstständiges Üben)

Teil II

Bald wird an der Freilichtbühne deines Heimatortes an mehreren Tagen das Theaterstück „Winnetou“ aufgeführt. Alle Klassen deiner Schule sowie Eltern und Lehrerinnen und Lehrer werden sich das Stück ansehen. Du bist gebeten worden, in der Schulzeitung zur Vorbereitung die Figur des Winnetou vorzustellen. Dein Text soll Schülerinnen und Schüler sowie Lehrkräfte und Eltern informieren.
Damit du deinen Text schreiben kannst, bekommst du eine Materialsammlung (M1 – M7).

Lies bitte zunächst die Aufgabenstellung und dann die Materialien aufmerksam durch, bevor du mit dem Schreiben beginnst.

Verfasse auf der Grundlage der Materialien M1 – M7 einen **informierenden Text** über Winnetou. Schreibe nicht einfach aus den Materialien ab, sondern achte auf eine eigenständige Darstellung in einem zusammenhängenden Text.

Gehe dabei so vor:

- **Formuliere** für den Text eine passende Überschrift.
- **Schreibe** eine Einleitung, in der du die Figur Winnetou **vorstellst** *(Wer ist Winnetou? Wer sind seine Begleiter? Welcher Autor hat die Figur erfunden?)*.
- **Stelle** das von Karl May geschaffene Winnetou-Bild **dar**. **Erläutere**, wie Karl May seine eigenen Lebenserfahrungen mit der Welt seiner Figuren verknüpft und was er erfindet. Beziehe dich dabei auf konkrete Beispiele.
- **Erläutere**, wie sich die Figur des Winnetou im Film, Fernsehen und auf der Bühne entwickelt hat.
- **Schlussfolgere** anhand der Materialien und eigener Überlegungen, was die Menschen an Winnetou fasziniert hat. Beziehe dich dabei auch auf die Reaktionen der Zuschauer.
- **Notiere** unterhalb deines Textes die von dir genutzten Materialien.

M1 Buchcover Winnetou

M2 Zusammenfassung zu „Winnetou (I)“

Karl, angestellt als Hauslehrer einer Familie aus Deutschland, wird vom Büchsenmacher[1] Mr. Henry zur Eisenbahngesellschaft „Atlantic and Pacific Company“ vermittelt und soll dort als Vermesser arbeiten. Er sieht sich mit faulen und trunksüchtigen Kollegen konfrontiert, die ihm den Großteil der Arbeit zuschieben. Allein Will Parker, Dick Stone und Sam Hawkens sind ihm behilflich. Bei Hawkens lernt Karl die Jagd auf Büffel und Mustangs[2]. Als sie von einem Bären angegriffen werden, kann dieser von ihm durch Messerstiche getötet werden.
In diesem Moment kommen der Apachenhäuptling Intschu-tschuna, Winnetou, sein Sohn, und Klekih-petra in das Lager und erklären, dass die Landvermesser ihren Einsatz abbrechen müssen, weil sie sich auf Indianerland befinden. Die Ingenieure lehnen das Ansinnen ab und in einem Streit wird Klekih-petra

erschossen. Winnetou und sein Vater reiten ins Lager, um Verstärkung zu holen und den Tod Klekih-petras zu rächen. Dazu benötigen sie die Hilfe der Kiowas[3], die sie nur notgedrungen in Anspruch nehmen. Während des gemeinsamen Angriffs auf die deutschen Ingenieure werden Intschu-tschuna und Winnetou von den Kiowa gefangengenommen. Karl, der inzwischen den Namen Old Shatterhand trägt, befreit die Indianer heimlich.
Old Shatterhand muss sich später einem Messerkampf stellen, bei dem er schwer verwundet wird. Mit seinen Freunden wird er in den Apachen-Pueblo gebracht und von Nscho-tschi, der Schwester Winnetous, gesund gepflegt, um anschließend den Martertod[4] zu sterben. Er verlangt immer wieder, Winnetou zu sprechen, um ihm zu zeigen, dass er dessen heimlicher Befreier war. Doch dazu kommt es nicht und er soll mit einem Gottesurteil[5] entscheiden, ob er und die anderen Weißen überleben dürfen. Mit einer List gewinnt Old Shatterhand und schließt mit Winnetou Blutsbrüderschaft. […]

http://www.buchhexe.com/buch/winnetou-1 Seitenaufruf 04.01.2016 leicht verändert

[1] der Büchsenmacher: jemand, der Schusswaffen herstellt und repariert
[2] der Mustang: ein Wildpferd
[3] die Kiowa: ein Indinanerstamm
[4] der Martertod: am Marterpfahl getötet werden
[5] das Gottesurteil: durch ein übernatürliches Zeichen herbeigeführte Entscheidung

M3 Das fabelhafte Leben des Karl May

Menschen anflunkern – Karl May, 1842 im sächsischen Ernstthal geboren, war ein Meister darin! Der Sohn einer armen Weberfamilie hatte als falscher Arzt gearbeitet und verkleidet als Polizist Pelze und Pferde gestohlen. Nach Jahren im Gefängnis begann er zu schreiben. Seine Bücher, vor allem die Abenteuer um Winnetou und Old Shatterhand, machten ihn zu einem der erfolgreichsten Schriftsteller aller Zeiten. Mehr als 200 Millionen Mal wurden seine Werke verkauft, in 42 Sprachen übersetzt, zudem vielfach verfilmt und als Hörspiele vertont. Millionen Menschen entdeckten mit den Büchern den Wilden Westen, der im 19. Jahrhundert noch eine fremde neue Welt war und darum so sehr faszinierte. Viele sahen in Karl May einen weit gereisten Experten für fremde Kulturen, dabei hatte er sie nur im Geiste besucht. Seine Erzählungen – pure Fantasie. Und das wäre ja auch nicht weiter schlimm gewesen, hätte May selbst nicht beständig das Gegenteil behauptet. „Ich bin wirklich Old Shatterhand", schrieb er 1896, „habe das alles und noch viel mehr erlebt." Schon zu seinen Lebzeiten warfen ihm Kritiker darum vor, er betrüge und spiele mit der Leichtgläubigkeit von Kindern. Erst im Alter von 66 Jahren reiste May zum ersten Mal in die USA. Den Apachen allerdings, die er in seinen Büchern als „edle Wilde" weltberühmt gemacht hat, begegnete er auch da nicht. Karl May starb am 30. März 1912.

http://www.geo.de/GEOlino/mensch/video-hinter-den-kulissen-der-karl-may-festspiele-74121.html?p=2&eid=73999 Seitenaufruf 04.01.2016

M4 Die vielen Gesichter von Winnetou Pierre Brice

Was Pierre Brice in den letzten 41 Jahren in der Rolle des Winnetous erlebte, ist einmalig. Von Anfang an war er die Idealverkörperung von Karl Mays Winnetou. Alles begann im Dezember 1962 mit dem deutschen Kinofilm „Der Schatz im Silbersee". Innerhalb weniger Monate wurde Pierre Brice zum beliebtesten Filmschauspieler in Deutschland – zum Idol mehrerer Generationen. […] Wie ein roter Faden zieht sich die Winnetou-Figur durch das künstlerische Schaffen von Pierre Brice. Als Häuptling der Apachen drehte Pierre Brice elf Karl-May-Filme, spielte und schrieb zwei Fernsehserien und stand 15 Jahre bei den Karl-May-Festspielen in Deutschland nicht nur als Darsteller auf der Bühne. Im steten Wandel der Zeit hat er diese Figur nicht nur gespielt, sondern er vertrat sie auch. Er gab Winnetou eine persönliche Note und eine Botschaft, veränderte ihn und ließ ihn nie altmodisch werden. […]

Wie immer man sich Winnetou vorgestellt haben mochte, das Karl-May-Publikum war einhellig der Meinung, Pierre Brice ist Winnetou: edel, schön und ernst. Mit „Winnetou und Shatterhand im Tal der Toten" wurde die erfolgreichste Kinofilmserie, die über 35 Millionen Zuschauer in die Lichtspielhäuser zog, abgeschlossen. […] In über 60 Ländern zogen die bunten Filmillustrationen Zuschauer in die Kinos. […] Das Medium Fernsehen brachte Winnetou später auch zu den Leuten, die seit zwanzig Jahren nicht mehr in den Kinos waren.

Im Jahre 1976 warteten die damals noch fast unbekannten Karl-May-Spiele Elspe im Sauerland mit einer Sensation auf: Winnetou Pierre Brice auf einer deutschen Freilichtbühne. Zehn Jahre spielte er hier in deutscher Sprache mit französischem Akzent, der einzigartig zu Winnetou passte. […]

Mit der Fernsehserie „Mein Freund Winnetou" 1978 entfernte sich Pierre Brice in seiner Darstellung des Winnetous bewusst von den Romanvorlagen Karl Mays und den doch märchenhaften Verfilmungen der 60er Jahre. Es entstand ein reiferer Winnetou, der die Lebensgewohnheiten der nordamerikanischen Indianer, ihre Kultur und Traditionen verkörperte. Der Häuptling der Apachen trägt von nun an Originalkostüme und ein rotes Tuch um sein schwarzes Haar. Mit der Rolle des Winnetous verbindet er nun menschliche Werte wie Freundschaft, Treue, Mut, Ehrlichkeit, die Sehnsucht nach Frieden, Menschlichkeit und Tapferkeit. Die Figur Karl Mays überlebt so die Gegenwart.

http://www.pierrebrice.de/winnetou/winstart.htm Seitenaufruf 04.01.2016 16.05 Uhr

M5 Winnetou darf nicht sterben

Im Film kämpfen Old Shatterhand, Sam Hawkens und Winnetou gemeinsam gegen Banditen, als sich Oberfiesling Rollins von hinten anschleicht und einen Schuss auf Old Shatterhand abfeuert. Winnetou wirft sich heldenhaft dazwischen, die tödliche Kugel erwischt ihn, das Ende ist nah. Viele Ältere haben die Szene bis heute vor Augen: Der sterbende Winnetou gestützt von Old Shatterhand. […] Dann galoppiert noch Iltschi heran, Winnetous treuer Rappe, und wiehert zum Abschied. Aus der Ferne erklingen die Glocken von Santa Fe, gefolgt von allerletzten Worten in der dritten Person: „Winnetous Seele muss gehen. Winnetou ist bereit. Leb wohl, mein treuer, mein ...“ – Michael Petzel, als Karl-May-Experte Autor mehrerer Film-Bücher, war damals 13. „Ich fand das schon als Kind etwas kitschig […]“, sagt er. Mit „Winnetou, 3. Teil“ hatte die seit 1962 währende, sensationell erfolgreiche Karl-May-Serie ihren Höhepunkt erreicht oder auch schon leicht überschritten, wie Petzel meint. Winnetou-Darsteller Pierre Brice berichtete von den Reaktionen der Zuschauer: „Ein Aufstand war die Folge, ja beinahe eine französische Revolution. Der Regisseur wurde bedroht, aufgebrachte Fans schmierten Hassparolen, und uns war klar: „Winnetou darf nicht sterben.“

Christoph Driessen, Jochen Leffers, SPIEGEL ONLINE, 14.10.2015, http://www.spiegel.de/einestages/karl-may-filme-der-tag-als-winnetou-starb-a-1057445.html“, Seitenaufruf 04.01.2016 gekürzt und verändert

M6 Winnetous Auftreten

Karl May beschreibt Winnetou bei seinem ersten Auftreten so: „... war genau so gekleidet wie sein Vater, nur daß sein Anzug zierlicher gefertigt worden war. Seine Mokassins[1] waren mit Stachelschweinsborsten und die Nähte seiner Leggins und des Jagdrockes mit feinen, roten Nähten geschmückt. Auch er trug den Medizinbeutel am Halse und das Kalumet[2] dazu. Seine Bewaffnung bestand wie bei seinem Vater aus einem Messer und einem Doppelgewehre. Auch er trug den Kopf unbedeckt und hatte das Haar zu einem Schopfe aufgewunden, aber ohne es mit einer Feder zu schmücken. Es war so lang, daß es dann noch reich und schwer auf den Rücken niederfiel. […] Sein Gesicht war fast noch edler als dasjenige seines Vaters und die Farbe desselben ein mattes Hellbraun mit einem leisen Bronzehauch. Er stand, wie ich jetzt erriet und später dann erfuhr, mit mir in gleichem Alter und machte gleich heut, wo ich ihn zum erstenmal erblickte, einen tiefen Eindruck auf mich. Ich fühlte, daß er ein guter Mensch sei und außerordentliche Begabung besitzen müsse. […].“ (K. May, Winnetou I)

https://gutenberg.spiegel.de/buch/winnetou-i-2323/4

[1] die Mokassins: weiche Schuhe
[2] das Kalumet: eine Pfeife

M7 Pierre Brice über „Winnetou“

„Ich habe Winnetou viel zu verdanken. Ganz abgesehen davon, dass ich vorher ein Schauspieler war, den man nur in Italien, Spanien und ein wenig in Frankreich kannte. Nun bin ich zu einem Idol der deutschen Jugend geworden. Aber dahinter steckt viel mehr. Winnetous Eigenschaften sind zu Leitbildern für mich geworden. […] Und selbst wenn ich nicht wollte – ich müsste Winnetou entsprechen, denn sonst würde ich mein Publikum enttäuschen. Zwei Eigenschaften dieser Gestalt erscheinen mir als besonders wesentlich. Die eine ist: Er ist ein Held und zwar in allen Lebenslagen. Er ist mutig und anständig, er ist großzügig und hilfsbereit. Die zweite: Er ist ein treuer Freund und in allen Lebenslagen entschlossen, selbst sein Leben einzusetzen.“

http://www.pierrebrice.de/winnetou/winstart.htm Seitenaufruf 04.01.2016

D Prüfungsaufgaben zum Themenbereich „Eine Frage der Beziehung"

In diesem Kapitel bearbeitest du zu dem Thema „Eine Frage der Beziehung" mehrere Prüfungsbeispiele. Notiere die benötigte Arbeitszeit (siehe Seiten 5 und 6).

D 1 Leseverstehen: Wie das Minenfeld der Peinlichkeit umgangen wird (angeleitetes Üben)

Teil I

Lies zunächst den Text sorgfältig durch. Bearbeite anschließend die Aufgaben 1 – 16.

Wie das Minenfeld der Peinlichkeit umgangen wird

(1) Jugendliche drucksen oft herum, wenn es um miese Zensuren, mobbende Mitschüler oder die erste Liebe geht. Mit einer cleveren Strategie wird's nicht ganz so peinlich. Auch Eltern ist manches unangenehm.

Es gibt Themen, die Jugendlichen peinlich sind und nur schwer über die Lippen gehen. Worüber muss man trotzdem mit ihnen reden? „Eltern müssen nicht alles wissen, es ist aber gut, wenn sie einschätzen können, wie es ihrem Kind geht", sagt Ulric Ritzer-Sachs von der Bundeskonferenz für Erziehungsberatung.

Ob Jugendliche sich den Eltern gerne anvertrauen, ist von Fall zu Fall unterschiedlich, erklärt der Experte. Gibt es in einer Familie schon immer einen regen Austausch, dann herrscht eine Kultur des Erzählens. In der fällt es leicht, auch peinliche Themen anzusprechen. Doch was, wenn es eine solche Erzählkultur nicht gibt?

(2) Besonders schwierig ist oft das Thema Liebe und Sexualität. Ob Jugendlichen mit ihren Eltern über ihren heimlichen Schwarm, die erste Beziehung oder das erste Mal sprechen, sollten sie nach Gefühl entscheiden, rät Psychotherapeut und Buchautor Joachim Braun. Ein Richtig und Falsch gibt es nicht: „Es ist natürlich toll, wenn man das Gefühl hat, mit den Eltern über Liebe und Sexualität sprechen zu können – es ist aber auch völlig in Ordnung, es nicht zu tun."

Jugendliche haben ein Recht auf Intimsphäre[1], sagt Braun. Alternativ könne man auch mit den Freunden darüber sprechen. Geht es um die Erlaubnis, bei der Freundin oder dem Freund zu übernachten, muss man die Eltern natürlich fragen. Halten die ihren Nachwuchs noch für zu jung dafür, kann man versuchen, ihnen die Ängste zu nehmen, erklärt Psychotherapeutin Christiane Wempe. Wer sagt: „Macht euch keine Sorgen, ich habe in der Schule gelernt, wie Verhütung funktioniert", kann die Eltern eventuell beruhigen.

(3) Bei schlechten Noten in der Schule oder einer gefährdeten Versetzung gilt: So früh wie möglich erzählen, meint Ritzer-Sachs. Die meisten Eltern finden es besonders schlimm, erst kurz vor einem miesen Zeugnis oder einer gefährdeten Versetzung informiert zu werden. Erfahren sie rechtzeitig von Problemen, können sie noch reagieren. Christiane Wempe rät, schlechte Noten eventuell getrennt zu beichten: Reagiert ein Elternteil absehbar gereizt darauf, sprechen Kinder vielleicht zuerst mit dem anderen.

(4) Andere Schulprobleme sind möglicherweise noch unangenehmer: Vielen Jugendlichen fällt es besonders schwer, darüber zu sprechen, wenn sie gemobbt oder ausgegrenzt werden. Trotzdem sollte man sich den Eltern in so einem Fall unbedingt anvertrauen, rät Joachim Braun. „Nur wenn man sich den Eltern öffnet, haben die auch eine Chance zu helfen." Und das können die Eltern meistens ganz gut: „Bei Mobbing ist es wichtig, dass Jugendliche, Eltern und Lehrer zusammenarbeiten und ein Netzwerk bilden", erklärt der Buchautor. Häufig ist es einfach, Mobbing zu unterbinden, wenn man es öffentlich macht, sagt auch Ulric Ritzer-Sachs. Und manchen Jugendlichen hilft es beim Berichten von Hänseleien, den Eltern vorher zu sagen: „Ich möchte erst mal nur erzählen – ohne dass ihr euch direkt einmischt." Danach können Eltern und Kinder gemeinsam und in Ruhe überlegen, wie es weitergeht.
(5) Ein besonders sensibles Thema für Jugendliche ist die Scheidung der Eltern. „Viele Jugendliche belastet es, wenn die Eltern sich trennen", sagt Christiane Wempe. „Das Thema zu Hause anzusprechen ist ihnen aber unangenehm, weil sie den Eltern aber nicht noch mehr Sorgen bereiten wollen." Dazu fürchten sie häufig negative Reaktionen, zum Beispiel die Abwertung des anderen Elternteils, erklärt Wempe.
Tatsächlich sind viele Eltern, die gerade in der Hochphase der Scheidung stecken, nicht objektiv. „Manchmal ist es dann sinnvoller, wenn sich Jugendliche Beratung von außen holen – etwa bei Freunden, deren Eltern auch geschieden sind, oder bei einem Therapeuten", sagt Wempe.
(6) Bei manchen Themen haben Jugendliche keine Wahl: Immer wenn es um Vereinbarungen und Erlaubnisse geht, muss man die Zähne auseinander bekommen und mit den Eltern sprechen, sagt Joachim Braun. Ausgehzeiten, das Taschengeld, das erste Mal bei der Freundin oder dem Freund übernachten: „Wer etwas aushandeln will, sollte den Konflikt mit den Eltern wagen – auch wenn das manchmal schwer fällt", rät Braun.
(7) Vor so einem Gespräch sollten sich Jugendliche fragen, wie sie die Eltern überzeugen können, empfiehlt Ritzer-Sachs. Außerdem sucht man sich am besten einen ruhigen Moment, in dem die Eltern selbst entspannt sind, vielleicht sogar mit einem fest vereinbarten Termin.
Wer fürchtet, die Eltern könnten die Bitte abschlagen, ohne dass man sein Anliegen überhaupt richtig erklärt hat, kann auch Regeln für das Gespräch festlegen – etwa, dass er erst eine Viertelstunde zum Reden bekommt und die Eltern zuhören müssen. Das ist zwar nicht immer leicht, sagt Ritzer-Sachs. Aber auch bei Verhandlungen mit den Eltern gilt: Übung macht den Meister.

Aus: http://www.welt.de/gesundheit/psychologie/article150142580/Wie-das-Minenfeld-der-Peinlichkeit-umgangen-wird; Stand: 21.12.2015

[1] die Intimsphäre: der private Lebensbereich eines Menschen; die intimsten, innersten bzw. persönlichsten Gedanken und Gefühle

Lösungshilfen zu 1 – 16

1. Bevor du dich den Aufgaben zuwendest, solltest du das Textmaterial sorgfältig erschlossen haben:
   - unbekannte Begriffe sind geklärt,
   - Schlüsselwörter markiert,
   - Sinnabschnitte gebildet und Zwischenüberschriften formuliert.

   Oftmals sind die vorgegebenen Texte zu deiner Orientierung schon in Sinnabschnitte gegliedert.

2. Lies jede Aufgabe: Markiere dazu Verben und Schlüsselwörter. Achte darauf, ob in der Aufgabe Singular oder Plural verwendet wird. *Kreuze* die *richtige/n Antwort/en an*. So erhältst du einen Hinweis darauf, wie viele Antworten du ankreuzen musst.

Aufgaben 1 – 16

TIPP zu 1 bis 4

1. Die Aufgaben kannst du mithilfe deiner Vorarbeit (= Texterschließung) bearbeiten. Je genauer du Schlüsselwörter und Zwischenüberschriften formuliert hast, desto leichter kannst du dich zur Rückversicherung im Text orientieren.
2. Wenn deine Anzahl an Sinnabschnitten von der vorgegebenen Anzahl (vgl. Aufgabe 2) abweicht, fasse Abschnitte zusammen oder teile sie weiter auf.
3. Wenn du Textaussagen umschreiben sollst, formuliere in eigenen Worten und in ganzen Sätzen. Greife dazu den Wortlaut der Aufgabenstellung auf, z. B. Aufgabe 3: *Mit der Überschrift ist gemeint, dass …*

1 Welche der folgenden Aussagen ist richtig? Beziehe dich dabei auf den Text. Kreuze die richtige Antwort an.
Laut Text …

a)	gibt es Gesprächsthemen, die Eltern und Jugendlichen gleichermaßen peinlich sind.	×
b)	sprechen Eltern mit ihren Kindern gerne offen über alle Probleme aus dem Alltag.	
c)	sind Jugendliche durchgängig gesprächsbereit, weil sie Tipps zum richtigen Handeln von ihren Eltern haben möchten.	

2 Der Text lässt sich in sieben Sinnabschnitte einteilen. Notiere zu jedem Sinnabschnitt eine passende Überschrift.

Abschnitt	Zeilenangaben	Überschrift
1	Z. 1 – 14	Erzählkultur zuhause + Jugendliche/Eltern denken ähnlich
2	Z. 15 – 29	Intimsphäre ist wichtig × Liebe/Sexualität
3	Z. 30 – 36	Schulische probleme richtig rüberbringen
4	Z. 37 – 49	Mobbing besprechen
5	Z. 50 – 59	Scheidungskinder
6	Z. 60 – 65	Konflikte mit den Eltern suchen × Vereinbarung und Erlaubnisse
7	Z. 66 – 74	Regeln aufstellen × Vorbereitung auf schwierige Gespräche

3 Im Text heißt es in der Überschrift: *„Wie das Minenfeld der Peinlichkeit umgangen wird"*.

a) Kreuze an, welches sprachliche Gestaltungsmittel hier verwendet wird:
○ Personifikation ○ Alliteration ○ Euphemismus ⊗ Metapher ○ Antithese

b) Erkläre die Überschrift in eigenen Worten.

Die Überschrift stellt durch Übertreibungen das Thema da und macht neugierig

4 Im Text werden verschiedene Themen genannt, die Jugendlichen peinlich sind.
Kreuze die richtigen Antworten an.

a)	schlechte Zensuren in der Schule	x
b)	Kriminalität	
c)	erste Liebe	x
d)	Sexualität	x
e)	mobbende Mitschüler	x
f)	gefährdete Versetzung	x
g)	Diebstahl	●
h)	Streit in der Familie	
i)	Trennung der Eltern	x
j)	Drogenmissbrauch	

TIPP zu 5 bis 14

1. Wenn du Aufgaben zu einer bestimmten Textstelle bearbeiten sollst, lies noch einmal nach. Beachte auch die Passagen kurz vor und nach dieser Textstelle, z. B. Aufgaben 5 – 14.
2. Häufig werden dir auch Aufgaben zur formalen oder sprachlichen Gestaltung des Textes sowie zur Textart und ihrer Wirkungsweise gestellt. Schaue dir zur Bearbeitung dieser Aufgaben noch einmal die Quelle des Textes an und beachte die Schreibweise, z. B. Aufgaben 12 – 14.
3. Ebenso wird überprüft, ob du verstanden hast, warum der Autor den Text verfasst hat. Beachte dazu die Funktion des Textes: *unterhaltend, informativ, appellativ, argumentativ, expressiv* …, z. B. Aufgabe 14.

5 In Zeile 12 wird von einer „Kultur des Erzählens" gesprochen. Was ist damit gemeint?
Kreuze die richtige Erklärung zu diesem Zitat an.

a)	Damit ist gemeint, dass Jugendliche den Eltern lieber von anderen Dingen erzählen, weil ihnen manches peinlich ist.	
b)	Jugendliche wollen ihren Eltern nicht alles anvertrauen. Deshalb erzählen sie ihnen nicht von allen Problemen.	x
c)	Damit ist der rege Austausch zwischen Jugendlichen und Eltern über Probleme gemeint, die die Jugendlichen im Alltag beschäftigen.	x

6 Erkläre mit eigenen Worten, welche Folgen eine solche „Erzählkultur" haben kann.

Es können durch diese Erzählkultur wichtige bzw. schwere Probleme verschwiegen werden.

7 In Zeile 22 heißt es: *„Jugendliche haben ein Recht auf Intimsphäre (…)"*. Kreuze an, welchen Vorschlag der Psychotherapeut Joachim Braun macht, um dennoch Gespräche zu ermöglichen.

a)	Jugendliche sollen sich ihren Freunden anvertrauen.	x
b)	Jugendliche sollen mit ihren Lehrern reden.	
c)	Jugendliche sollen diese Dinge lieber für sich behalten.	

8 Welche Tipps gibt der Experte Joachim Braun bei Mobbing oder Ausgrenzung in der Schule? Kreuze an, welche Strategien im vierten Sinnabschnitt (Z. 37 – 49) empfohlen werden.

a)	Jugendliche sollten sich in jedem Fall den Eltern anvertrauen, denn nur dann können Eltern unterstützen.	X
b)	Mobbing sollte man für sich behalten, da Eltern in der Schule nichts ausrichten können.	
c)	Jugendliche, Eltern und Lehrer sollten zusammenarbeiten und gemeinsam überlegen, wie man vorgehen könnte.	X
d)	Im Fall von Mobbing in der Schule können nur Freunde helfen, denen man alles erzählen sollte.	
e)	Mobbing muss öffentlich gemacht werden, um es unterbinden zu können.	X
f)	Jugendliche sollten vor dem Gespräch die Eltern darum bitten, in Ruhe erzählen zu können, ohne dass die Eltern sie unterbrechen.	X

9 Nenne drei Gründe dafür, warum die Trennung oder die Scheidung der Eltern ein besonders sensibles Thema für viele Jugendlichen ist (Z. 50 – 59).

Die Kinder möchten nicht noch weitere Sorgen bereiten und verschweigen ihre Probleme.
Sie wollen keine negativen Reaktionen wie z.b die Abwertung eines Elternteils erzählen.

10 Der Text enthält viele Ratschläge dazu, wie Jugendliche sich auf schwierige Gespräche mit ihren Eltern vorbereiten können. Kreuze an, welche Strategien vom Verfasser vorgeschlagen werden.

a)	vor dem Gespräch Argumente sammeln	X
b)	einen ruhigen Moment abwarten	X
c)	die Eltern am besten abends ansprechen	
d)	ggf. einen festen Termin vereinbaren	X
e)	Regeln für das Gespräch vereinbaren, z. B. feste Redezeiten	X
f)	statt ein Gespräch zu führen, lieber einen Brief schreiben	
g)	Gespräche miteinander mehrmals üben	X
h)	möglichst mit den Großeltern sprechen	
i)	Beratung von außen holen, wenn Gespräch mit Eltern nicht möglich	X

11 Erkläre in diesem Zusammenhang die letzte Aussage des Textes in eigenen Worten: *„Übung macht den Meister."* (Z. 74).

Mit der Aussage ist gemeint, dass das erst Gespräch mit den Eltern über Probleme oder Forderungen scheitern könnte aber man aus diesen lernen kann.

12 Im Text werden verschiedene Experten zitiert. Kreuze an, aus welchen Bereichen diese stammen.

⊗ Erziehungsberatung ○ Schule ⊗ Psychotherapie ○ Familienberatung

13 Welche Funktion haben die Zitate im Text? Kreuze die richtigen Wirkungsweisen an.

a)	Die Zitate werden genutzt, um den Text ausführlicher und komplexer zu gestalten, denn die Probleme kennt jeder Leser schon.	
b)	Die Tipps und Ratschläge tragen dazu bei, dass die Darstellung im Text glaubwürdiger und fundierter wirkt.	x
c)	Die Zitate der Experten machen den Text anschaulicher und deuten auf eine gute Recherche des Reporters hin.	
d)	Die Meinungen der Experten sind Hinweise, nach denen sich jeder Jugendliche richten muss, damit er keine Probleme bekommt.	x

14 Kreuze an, um welche Textart es sich handelt.

⊗ Sachtext ○ Erzählung ○ Glosse ○ Leserbrief ○ Interview

15 Kreuze an, welche Absicht der Verfasser des Textes mit der Veröffentlichung verfolgt.

a)	Der Verfasser des Textes möchte vorrangig kritisieren, dass Jugendliche mit ihren Eltern zu wenig über ihre Alltagsprobleme reden, und darauf hinweisen, dass Eltern sich mehr Zeit für ihre Kinder nehmen sollen.	
b)	Der Autor möchte an die Jugendlichen appellieren, dass sie sich ihren Eltern gegenüber öffnen und häufiger über persönliche Probleme reden. Dabei versucht er davon zu überzeugen, alle Probleme offen zu thematisieren.	x
c)	Im Text soll über die Alltagsprobleme Jugendlicher informiert und darüber aufgeklärt werden, welche Strategien zur Verbesserung der Gesprächskultur zwischen Jugendlichen und Eltern beitragen können.	

TIPP zu 16

1. Am Schluss sollst du zumeist zu einem Zitat aus dem Text oder zu einer Aussage eines Schülers Stellung nehmen. Mache dir zunächst klar, ob du diese Ansicht teilen kannst.
2. Notiere nachvollziehbare und stichhaltige Argumente, die deine Position stützen. Beziehe dich dabei auf Textaussagen. Gib dazu die betreffenden Zeilenangaben an, z. B. „*Im Text werden je nach Problem unterschiedliche Strategien empfohlen. Beispielsweise sollte man sich während der Trennung der Eltern lieber Beratung von außen holen (Z. 58), weil Eltern nicht objektiv sind.*"

16 Eine Schülerin äußert sich über diesen Zeitungsartikel: *„Das sind mit Sicherheit gute Tipps. Doch enden die Gespräche mit meinen Eltern zumeist im Streit. Hier gibt der Text keine Hinweise dazu, wie ich das vermeiden kann."* Kannst du diese Meinung nachvollziehen? Begründe deine Position nachvollziehbar und beziehe dich dabei auf den Text.

○ Ja, ich bin auch dieser Meinung. ⊗ Nein, ich bin nicht dieser Meinung.

Im Text wird beschrieben, dass man diesen Streit melden soll und auch w.b wird beschrieben. (z.b Z. 45–49)

D 2 Leseverstehen: Charlottes Traum (selbstständiges Üben)

Teil I

Lies den Text sorgfältig durch. Bearbeite anschließend die Aufgaben 1 – 14.

Textauszug aus „Charlottes Traum" *Gabi Kreslehner (S. 14–16)*

Dass Liebe schrecklich weh tun kann, erfährt die 15-jährige Charlotte, als sich ihre Eltern trennen. Der Vater hat jetzt eine Neue, Babsi, die auch noch nett ist. Die Mutter tröstet sich mit dem Nachbar Melchior, während sich Charlotte um die kleinen Brüder kümmern darf. Neue Wohnung, neue Schule, neue Ersatzväter – Charlotte ist kurz vor dem Ausrasten. Doch dann laufen ihr plötzlich gleich zwei Jungs über den Weg …

(1) In Omas Reihenhaus wurde es nach unserem Einzug eng. Wir waren aber auch einfach zu viele.
Oliver und Felix hatten sich im Zimmer von Onkel Bert verbarrikadiert, das störte niemanden. Onkel Bert am allerwenigsten, denn er saß in Amerika und machte Karriere und würde sein Kinderzimmer wahrscheinlich nicht mehr brauchen.
Ich bekam Mamas ehemaliges Zimmer. Als wir in der Tür standen, eine Reisetasche in jeder Hand, seufzte sie. „Weißt du, Charlotte, das ist jetzt, als ob ich in meine Kindheit eintauche. Irgendwie witzig."
Aber es war alles andere als witzig.
(2) Die Lampe unter der Bücherwand streute das Licht in einen Kreis wie eine Nebelsonne. Ich nahm Mama an der Hand und zog sie aufs Bett und da saßen wir dann und schauten in ihr Zimmer hinein.
„Mama", sagte ich. „Gehen wir gar nicht mehr zurück?" Sie schaute mich an. Lange. Dann schüttelte sie den Kopf. „Nein. Wohl gar nicht mehr."
Das war's. Irgendwann stand sie auf, ging zum Fenster, zog die Vorhänge zu. „Igitt! Die stehen ja vor Dreck. Die müssen wir unbedingt waschen."
Das taten wir am nächsten Tag, ich holte die Vorhänge herunter, große, grüne, schwere Teile, und Oma steckte sie in die Waschmaschine und anschließend hängten wir die wieder an die Fenster zum Trocknen.
(3) Die Jungs hüpften im Garten herum und taten einen auf *arme Waisen* und alle Nachbarn gingen ihnen auf den Leim.
„Mama", sagte ich, „du musst nicht arbeiten gehen, lass einfach die Jungs auf die Straße, die verdienen uns dumm und dämlich!"
Aber Mama zeigte mir den Vogel, sie hatte gerade keinen Sinn für Humor, denn am Abend hatte Felix gekotzt, der Dödel, nachdem er seine gesamte Beute auf einmal in sich hineingestopft hatte, zwei Tafeln Schokolade, ein Säckchen Gummibärchen und sechs Kaugummistreifen.
(4) Die Tussi hieß Barbara und war Papas Sekretärin.
Wenn sie wenigstens blöd gewesen wäre. Und hässlich und krötenhaft. Und unfreundlich. Und abartig. Aber leider war sie das nicht. Nichts davon.
Leider hatten wir sie vorher schon gekannt und gemocht.
Sie war immer superfreundlich gewesen, wenn wir Papa im Büro besuchten. Mit Oliver und mir quatschte sie über die Schule und mit Felix über den

Kindergarten und was wir uns zu Weihnachten wünschten und wo wir im Sommer hinfahren wollten und dass sie uns gern einmal besuchen würde, weil wir so tolle Kinder seien und unser Vater so ein Glück mit uns habe. Und wenn sie sich nach vorne beugte, dann waberte so ein Duft herunter, so ein Duft nach Frühling und schönen Blumen, und dem schnupperte man gerne nach.

Alle nannten sie Babsi, und sie war, wie man sich eine Babsi vorstellt. Lieb. Und nett. Und das machte von Anfang an, dass man sie nicht hassen konnte. Außerdem war Papa in sie verknallt und daran ließ sich nichts drehen und wenden. Natürlich wünschten wir sie jetzt auf den Mond! Und natürlich hätten wir sie gerne gehasst. Wirklich. Aber es ging nicht.

(5) Mama hatte nichts mehr, kein Haus, keinen Mann, nicht einmal ein richtiges Bett. Bloß eine Wohnzimmercouch.

Auf der lag sie anfangs ständig drauf und schaute sich alle Serien an, von *Grey's Anatomie* bis zu den *Gilmores*. Dabei fraß sie ständig vor sich hin. Alles, was ihr zwischen die Finger kam, saure Gurken, süße Torten, Chips, Tralala.

Wenn meine Brüder sich halb die Köpfe eingeschlagen hatten, zeigte sie auf mich und sagte: „Geht zur Charlotte. Charlotte macht das schon. Gell, Charlotte, du machst das schon. Du bist ja meine Große."

Aber ich machte das nicht. Ich haute ab. Raus aus dem Viertel, durch die Gassen, in die Au[1], zu unserem Haus. Da konnte ich traurig sein. Und zornig. Gott sei Dank fing Mama sich bald wieder, und dann meinte sie, unsere Tragödie sei keine, so etwas passiere jeden Tag tausend Mal, aber ich müsse ab jetzt auf meine Brüder aufpassen. Sie begann nämlich wieder zu arbeiten, das lenke sie ab, meinte sie, bloß mit meiner Freiheit war's vorbei.

(6) Meine Brüder führten sich auf wie Idioten, taten, was sie wollten. Felix war erst fünf und ging noch in den Kindergarten, Oliver war zwar schon neun und in der Schule, aber höchstens bis eins.

Also tschüs, süßes Leben!

Aus: Kreslehner, Gabi (2009): Charlottes Traum. Beltz & Gelberg, Weinheim und Basel.

[1] Au: grüne Wiese, hier: Straßenname

Aufgaben 1 – 14

1 Kreuze die richtige Antwort an. Bei dem Textauszug handelt es sich um folgende Textart:

○ epischer Text ○ lyrischer Text ○ dramatischer Text

2 Kreuze die richtige Antwort an. Beachte dazu den gesamten Textauszug.
Der Textauszug stellt folgendes Thema dar:

a)	Veränderung der Wohnsituation nach der Trennung der Eltern	
b)	Emotionen der Kinder, nachdem sie zu ihrem Vater gezogen sind	
c)	allgemeine familiäre Veränderungen nach der Trennung der Eltern	
d)	Probleme der Mutter, nachdem ihr Mann sie verlassen hat	

3 Ordne den Sinnabschnitten die folgenden Überschriften zu und ergänze sie in der Tabelle:
Vaters neue Freundin – Brüder benehmen sich schlecht – Mutter lenkt vom Thema ab – Mutter will sich ablenken – Brüder nutzen die Situation aus und ärgern die Nachbarn – Zimmerverteilung im Haus der Großmutter

Abschnitt	**Zeilenangaben**	**Überschrift**
1	Z. 1 – 10	
2	Z. 11 – 20	
3	Z. 21 – 28	
4	Z. 29 – 45	
5	Z. 46 – 60	
6	Z. 61 – 64	

4 Kreuze die richtige Antwort an.
Mit der Aussage der Mutter: *„(...) das ist jetzt, als ob ich in meine Kindheit eintauche."* (Z. 8 – 9) ist gemeint, dass ...

a)	sie sich freut, wieder Kind sein zu dürfen.	
b)	sie wieder mit ihren alten Sachen spielt.	
c)	sie sich durch ihr Zimmer bei ihren Eltern in ihre Kindheit zurückversetzt fühlt.	
d)	sie nicht gerne bei ihren Eltern ist.	

5 Kreuze die richtige Antwort an.
Die Brüder Oliver und Felix *„(...) hüpften im Garten herum und taten einen auf arme Waisen und alle Nachbarn gingen ihnen auf den Leim."* (Z. 21 – 22). Diese Darstellung zeigt, dass ...

a)	sie wegen der Trennung der Eltern ganz traurig sind.	
b)	der Vater gestorben ist.	
c)	die Jungen trotz der Trennung fröhlich sind und die Situation ausnutzen, um die Nachbarn zu ärgern.	
d)	die Nachbarn sich gar nicht um die Jungen kümmern.	

6 Kreuze die richtige Antwort an.
Charlotte schlägt vor, die Mutter könne die Jungen zum Geldverdienen auf die Straße schicken (Z. 23 – 24), weil ...

a)	diese mehr verdienen als die Mutter.	
b)	sie ihre traurige Mutter aufheitern will.	
c)	Charlotte einen Spaß machen möchte.	
d)	die Jungen so viele Süßigkeiten bekommen haben.	

7 Kreuze die richtigen Antworten an.
Die neue Freundin des Vaters ...

a)	ist seine Sekretärin Barbarella.	
b)	findet Charlotte so nett, dass sie sie gerne mag.	
c)	ist zu den Kindern unfreundlich, und keiner mag sie.	
d)	ist an den Kindern interessiert.	
e)	heißt Babsi und arbeitet für ihn.	
f)	mag überhaupt keine Kinder.	

8 Kreuze die richtigen Antworten an.
Wie verarbeitet die Mutter die neue Situation?

a)	Sie kommt mit der Situation gut zurecht, denn sie wohnen jetzt bei der Großmutter.	
b)	Die Mutter muss die Trennung vom Vater erst verarbeiten.	
c)	Sie will sich ablenken. Das sieht man daran, dass sie zunächst nur noch fernsieht und ganz viel durcheinander isst.	
d)	Sie versucht, einige ihrer Aufgaben auf Charlotte abzuwälzen.	
e)	Die Mutter ist froh über die Trennung vom Vater, da er sie hintergangen hat. Das sieht man daran, dass sie Charlotte viel Verantwortung übergibt.	
f)	Sie ist so durcheinander, dass sie Streit mit der Großmutter anfängt und sich gar nicht mehr um die Kinder kümmert.	

9 Kreuze an, welche Familienmitglieder nun im Reihenhaus der Oma wohnen.

Charlotte Onkel Bert Großmutter Babsi Oliver

Mutter Felix Vater Großvater Tante Clara

10 Kreuze an, welche Erzählform und welches Erzählverhalten die Autorin in dieser Textstelle verwendet.

a) Erzählform: ○ Ich-Form ○ Er-/Sie-Form
b) Erzählverhalten: ○ auktorial ○ personal ○ neutral

11 Erläutere, welche Wirkung durch Erzählform und -verhalten beim Leser erreicht wird.

____

____

____

____

____

12 In Zeile 10 heißt es: *„Aber es war alles andere als witzig."*

a) Um welches erzählerische Element handelt es sich hier? Kreuze die richtige Antwort an:
○ Erzählerkommentar ○ innerer Monolog ○ wörtliche Rede

b) Erkläre in eigenen Worten, was mit dieser Aussage gemeint ist.

13 *„Wenn sie wenigstens blöd gewesen wäre. Und hässlich und krötenhaft. Und unfreundlich. Und abartig. Aber leider war sie das nicht. Nichts davon."* (Z. 30 – 31)

a) Kreuze die richtigen Aussagen zur sprachlichen Gestaltung dieser Textpassage an.
Sie enthält ...
○ Ellipsen ○ Anaphern ○ Hypotaxen ○ Parataxen ○ Personifikationen

b) Kreuze die passende Beurteilung dieser Textpassage an.

a)	Durch den Satzbau und die sprachliche Gestaltung wirkt die Passage eher wie mündliches Erzählen. Das passt nicht zur Erzählweise des Jugendromans.	
b)	Die Sätze sind unvollständig und dadurch nur schwer verständlich. Sie passen nicht zu der fünfzehnjährigen Erzählerin.	
c)	Diese Textpassage ist in der Sprache der fünfzehnjährigen Ich-Erzählerin verfasst. Dadurch wirkt sie authentisch.	

14 Eine Schülerin sagt nach dem Lesen des Textes: *„Ich finde, Charlotte geht zu locker mit der Trennung ihrer Eltern um."* Du kannst dieser Aussage zustimmen oder nicht. Wichtig ist, dass du deine Meinung begründest und dich auf mehrere Textaussagen beziehst.

○ Ja, ich bin auch dieser Meinung. ○ Nein, ich bin nicht dieser Meinung.

Begründung:

D 3 Was wird bei der Aufgabenstellung „Analysiere ...“ erwartet?

1. Die Aufgabenstellungen unten stammen aus einer Prüfungsvorlage, bei der ein erzählender Text untersucht werden sollte. Lies die Aufgaben. (Achtung: Die zugehörigen Texte und Materialien findest du auf den Seiten 98 – 100).

Analysiere den Textauszug aus dem Roman „Schneeriese“ von Susan Kreller. Gehe dabei so vor:

- Schreibe eine Einleitung, in der du Textsorte, Titel, Autorin und Erscheinungsjahr benennst sowie das Thema formulierst.
- Fasse den Text zusammen.
- Stelle dar, welche Erwartungen Adrian an Stella hat und wie er sich ihr gegenüber verhält.
- Untersuche, wie Adrian Stellas Körpersprache bei ihrer Begegnung wahrnimmt.
- Erläutere, auf welche Weise durch sprachliche Mittel deutlich wird, wie enttäuscht Adrian von Stellas Verhalten ist (*mögliche Aspekte: Wortwahl, stilistische Mittel, Satzbau*).
- Schreibe einen kurzen Text aus der Sicht Stellas am Ende der Begegnung.
  - Welche Gedanken hat Stella, als sie noch einmal über ihre Begegnung mit Adrian nachdenkt?
  - Wie bewertet sie ihr eigenes und Adrians Verhalten?

  Schreibe in der Ich-Form und berücksichtige die Informationen, die der Textauszug gibt.

INFO zu 2.

schreiben/formulieren: einen Text verfassen
benennen: Informationen zielgerichtet zusammentragen, ohne diese zu kommentieren
zusammenfassen: Inhalte komprimiert und strukturiert in eigenen Worten wiedergeben
darstellen: Inhalte, Aussagen oder Zusammenhänge sachlich und strukturiert formulieren
untersuchen: an Texten, Textaussagen, Problemstellungen oder Sachverhalten kriterienorientiert bzw. fragengeleitet arbeiten
erläutern: Sachverhalte oder Textaussagen auf der Basis von Kenntnissen oder Einsichten darstellen und durch zusätzliche Informationen und Beispiele veranschaulichen

2. In der Aufgabenstellung oben ist zum Teil schon unterstrichen worden, was von dir erwartet wird. Unterstreiche auch in den weiteren Aufgaben, was du tun sollst. Die Operatoren geben dir Hinweise. Lies dazu die Info rechts. Sie erklärt, was unter den Arbeitsanweisungen genau zu verstehen ist.
3. a) Lies die Aufgabenstellungen oben noch einmal.
   b) Woran erkennst du an den Aufgabenstellungen zu a- f, dass du dich auf den Text beziehen musst?

INFO zu 3.

Um einen erzählenden Text zu verstehen, musst du ihn *analysieren*:
- Um welche Textsorte handelt es sich?
- Wo und wann spielt die Handlung?
- Welche Personen sind wichtig?
- In welchem Verhältnis stehen sie zueinander?
- Wie ist die Handlung aufgebaut?
- Wie wird erzählt (Erzählform und -verhalten)?
- Welche sprachlichen Besonderheiten fallen auf und welche Funktion haben sie?

Zur Analyse gehört auch die ***Deutung***.
Dazu beantwortest du folgende Fragen:
- Welche Wirkung hat der Text auf den Leser?
- Mit welcher Absicht wurde er geschrieben?
- Welches Problem macht der Text deutlich?

D 4 Aufgabentyp 4a: Einen Text analysieren und interpretieren

Hier erhältst du eine Übersicht zur **Vorgehensweise bei der Bearbeitung der Schreibaufgabe zum Aufgabentyp 4a**. Die blau markierten Wörter (Arbeitstechniken, Operatoren, Fachbegriffe) kannst du im Glossar (S. 139) oder den Kapiteln B 6 und B 7 (ab S. 34 bzw. S. 42) und D 3 (S. 95) nachschlagen. Bei der Bearbeitung der Aufgabenstellungen in den Kapiteln D 6 – D 9 kannst du dich an der Übersicht orientieren.

Sechs Schritte zur Bearbeitung der Aufgabenstellung

1. Schritt: Sich orientieren
- Aufgabenstellung und Teilaufgaben lesen
- Teilaufgaben und **Operatoren** erfassen
- Schreibziel erkennen (→ **analysieren**)

2. Schritt: Text erschließen und Inhalt erfassen
- Text lesen, unbekannte Begriffe und Ausdrücke klären (Wörterbuch, Sinnzusammenhang)
- **Schlüsselwörter** und **-stellen** markieren
- Sinnabschnitte bilden und Zwischenüberschriften formulieren
- Stichworte zum Inhalt machen
- Beobachtungen zu den formalen und sprachlichen Merkmalen der Textart (**episch, lyrisch, dramatisch** oder **Sachtext**) notieren und deren Wirkungsweise festhalten

3. Schritt: Schreibplan anlegen
- Tabelle anlegen (nach Teilaufgaben gliedern)

4. Schritt: Text untersuchen und Sichworte im Schreibplan festhalten
- Informationen für Einleitung notieren: **TATTE**-Satz (**T**itel, **A**utor, **T**extart, **E**rscheinungsjahr und **T**hema)
- Inhalt **zusammenfassen**: Handlung stichpunktartig notieren
- **Aufgaben zu Inhalt und Form** stichpunktartig **bearbeiten** und passende Textbelege notieren
- zu einer Aussage/einem Zitat **Stellung nehmen** <u>oder</u> einen **Text aus Sicht einer Figur verfassen**

5. Schritt: Text schreiben/Analyse verfassen

Inhalt:
- zusammenhängenden Text verfassen
- Einleitung formulieren
- Inhalt mit eigenen Worten zusammenfassen
- Zusammenhang zwischen Inhalt und Form aufgabengeleitet darstellen, Fazit ziehen
- zu einer Aussage/einem Zitat Stellung nehmen <u>oder</u> einen Text aus Sicht einer Figur verfassen

Darstellung:
- **Präsens** verwenden (bei Vorzeitigkeit: **Perfekt**)
- Beobachtungen belegen, **Zitiertechniken** beachten
- nach Teilaufgaben Absätze einfügen
- Überleitungen formulieren
- in eigenen Worten formulieren

6. Schritt: Text überarbeiten
- Einleitung vollständig?
- Inhalt richtig und mit eigenen Worten zusammengefasst?
- Alle Teilaufgaben berücksichtigt (→ **Operatoren**)?
- Stellungnahme auf das Zitat/die Aussage abgestimmt <u>oder</u> Text aus Sicht einer Figur verfasst?
- Im **Präsens** geschrieben?
- **Rechtschreibung, Zeichensetzung, Grammatik** korrekt?

D 5 Schreibplan zu Aufgabentyp 4a

Nutze diesen Schreibplan zur Planung deines analysierenden Textes. Ergänze in der linken Spalte die Operatoren und Schlüsselwörter aus den Teilaufgaben und notiere in der rechten Spalte stichwortartig deine Ergebnisse mit passenden Textbelegen. Überflüssige Zeilen streichst du.

Teilaufgaben	Stichworte zur Bearbeitung
1 a) Einleitung: TATTE-Satz	Titel: ____ Autor: ____ Textart: ____ Erscheinungsjahr: ____ Thema: ____
1 b) Inhalt zusammenfassen	
1 c) Aufgabe zu Form und/oder Inhalt	
1 d) Aufgabe zu Form und/oder Inhalt	
1 e) Aufgabe zu Form und/oder Inhalt	
1 f) Stellungnahme <u>oder</u> Text aus Sicht einer Figur	

D 6 Original-Prüfungsaufgabe 2018: Aufgabentyp 4a: Textauszug aus Susan Kreller: Schneeriese (angeleitetes Üben)

Teil II

Lies bitte zunächst den Text, bevor du die Aufgaben bearbeitest.
Schreibe einen zusammenhängenden Text.

Analysiere den Textauszug aus dem Roman „Schneeriese“ von Susan Kreller. Gehe dabei so vor:

- **Schreibe** eine Einleitung, in der du Textsorte, Titel, Autorin und Erscheinungsjahr **benennst** sowie das Thema **formulierst**.
- **Fasse** den Text **zusammen**.
- **Stelle dar**, welche Erwartungen Adrian an Stella hat und wie er sich ihr gegenüber verhält.
- **Untersuche**, wie Adrian Stellas Körpersprache bei ihrer Begegnung wahrnimmt.
- **Erläutere**, auf welche Weise durch sprachliche Mittel deutlich wird, wie enttäuscht Adrian von Stellas Verhalten ist (*mögliche Aspekte: Wortwahl, stilistische Mittel, Satzbau*).
- **Schreibe** einen kurzen Text aus der Sicht Stellas am Ende der Begegnung.
  – Welche Gedanken hat Stella, als sie noch einmal über ihre Begegnung mit Adrian nachdenkt?
  – Wie bewertet sie ihr eigenes und Adrians Verhalten?
  Schreibe in der Ich-Form und berücksichtige die Informationen, die der Textauszug gibt.

Quelle Aufgaben: Qualitäts- und UnterstützungsAgentur – Landesinstitut für Schule, Soest 2018

Schneeriese (Textauszug) *Susan Kreller*

Adrian hat sich in Stella verliebt, seine Freundin aus Kindertagen, die ihn wegen seiner Größe „Einsneunzig“ nennt; er sagt es ihr aber nicht. Die beiden lernen den neuen Nachbarn Dato kennen, mit dem Stella eine Beziehung beginnt. Daraufhin sehen sich Adrian und Stelle eine Zeit lang nicht. Eines Tages nimmt Adrian allen Mut zusammen und geht zu Stella, um mit ihr zu sprechen.

Adrian öffnete die Tür, räusperte sich und sah Stella auf ihrem Bett sitzen, im Schneidersitz. Sie war von sehr vielen Kleidungsstücken umgeben, mehr, als Adrian je in Stellas Zimmer gesehen hatte.

Und da war noch etwas anderes, das neu war.

Stellas Blick war neu.

Denn als sie verstanden hatte, wer da in der Tür stand, ließ sie für einen winzigen Moment ihre Mundwinkel sinken, es dauerte wirklich nicht lange, und trotzdem, am Ende entschied sich alles in diesen winzigen Mundwinkelmomenten. Und danach konnte der andere lächeln und lächeln, konnte nette Dinge sagen und sonst wie freundlich sein, aber am Ende, da zählten eben einzig und allein diese läppischen[1] anderthalb Sekunden vom Anfang, und nur die.

Adrian, du bist's, sagte Stella und klang enttäuscht, aber wenigstens nicht unfreundlich. Sie überlegte kurz, dann sprach sie in ihr Handy: Lass uns mal aufhören, ich ruf dich später zurück.

Was gibt's?, fragte sie, sah Adrian kurz und lächelnd an und wühlte dann wieder in den Kleidungsstücken.

Mich, sagte Adrian.

Dich, sagte Stella, ohne auch nur den Kopf zu heben. Sie studierte mit allergrößter Sorgfalt einen hellen blauen Pullover, hielt ihn gegen eine Jeans, schüttelte den Kopf und zog dann ein anderes Oberteil aus dem Klamottenberg, ein grünes T-Shirt. Zu genau diesem T-Shirt sagte sie sehr erwachsen: Kann ich irgendetwas für dich tun?

Und Adrian dachte, ja, tatsächlich, es gäbe da zwei oder zehn Kleinigkeiten, die dringend mal für mich zu tun wären. Du könntest mich fragen, ob ich dein Gesicht zeichnen will, ich selber frag ja nicht, du könntest mich anrufen jeden Tag, du könntest vor meiner Zimmertür stehen und Los, Beeilung! rufen, du könntest mit mir und der Misses[2] auf der Schaukel sitzen und gar nichts tun, du könntest laut sagen, Dato, was für ein bescheuerter Name aber auch, wie kann einer bloß Dato heißen, du könntest mich einfach mal ansehen, du könntest mich Einsneunzig nennen, du könntest sagen, tut mir leid, dass ich dich aus Versehen vergessen hab, das kommt nie wieder vor in den nächsten fünf Wochen.

Nein, sagte Adrian. Alles bestens. Ich hatte einfach nie Zeit die letzten Wochen, keine freie Minute, du weißt schon, es war hoffnungslos.

Sein Herz. Es schnappte nach Atem, es schlug.

Schlug.

Doch Adrian machte weiter:

Ich hab gedacht, ich seh mal nach dem Rechten, aber scheint ja alles in Ordnung zu sein, mit wem hast du telefoniert? Stella richtete den Blick auf irgendein neues Kleidungsstück, das sie aus dem Klamottenhaufen gefischt hatte, und lächelte es an:

Ja, du hattest es immer ziemlich eilig!

Das Kleidungsstück blieb stumm und Adrian fragte:

Und mit wem hast du telefoniert?

Stella sah ihn verwundert an und machte sich gar nicht erst die Mühe, einen handelsüblichen[3] Satz zu bilden.

Freundin, Schule, kennst du nicht.

Stella sah Adrian freundlich an, fast weich, und sagte: Ich hab aber gar keine Zeit, muss gleich wieder los.

Zu deiner Freundin?

Stella biss sich auf die Lippen, und erst jetzt sah Adrian, wie rot ihre Wangen waren und wie sehr ihre Augen darüber leuchteten, und da war keiner, der ihm hätte weismachen können, dass das ein gutes Zeichen war, Adrian spürte nun mal, dass das Leuchten nicht für ihn bestimmt war.

Ich geh rüber, sagte Stelle mit matter Stimme. Ich geh zu Dato.

Ich komm mit!

Es war erstaunlich, wie schnell ein gerötetes Gesicht seine Farbe verlieren und bleich werden konnte. Stellas Augen wurden dumpf und sahen ihn ungläubig an. Aber Adrian wusste, was zu tun war, einatmen, ausatmen, ein, aus, ein, aus. Er hielt seinen Blick genau in den von Stella hinein und gab sich nicht geschlagen, obwohl er sich nicht ausstehen konnte in diesen Minuten, obwohl ihm seine eigene Anwesenheit genauso verhasst war, wie sie es für Stella sein musste.

Einatmen, aus.

Ein, aus.

Ein, aus.

Und nicht mal dann aufgeben, nicht mal dann.
Doch da veränderte sich Stellas Gesicht schon wieder, ihre Augen sahen jetzt traurig aus und fremd und ängstlich, alles auf einmal. Sie probierte ein Lächeln.

Quelle: Susan Kreller: Schneeriese. Hamburg: Carlsen Verlag 2016, S. 52 – 55 (Text gekürzt und geringfügig verändert)

[1] läppisch: einfach, harmlos
[2] Misses: Gemeint ist Stellas Großmutter, die den beiden Freunden früher immer auf der Schaukel sitzend Märchen vorgelesen hat.
[3] handelsüblich: hier: vollständig

Lösungshilfen zu 1 a) – 1 b)

1. Führe den ersten Bearbeitungsschritt durch (vgl. dazu B 6: Sich orientieren, S. 34).

2. Erschließe den Text mit der Lesemethode für literarische Texte (vgl. B 2, S. 19) und schreibe deine Notizen an den Rand, z. B.

   1. Abschnitt (Z. 1 – 12): Adrian besucht seine alte Freundin Stella zu Hause; er findet sie in ihrem Zimmer inmitten einem Haufen von Kleidungsstücken; er findet, sie schaue anders, und meint, sie habe bei seinem Anblick für einen kurzen Moment enttäuscht geguckt ...
   2. Abschnitt (Z. 13 – 23): als sie ihn erkennt, begrüßt sie ihn enttäuscht, doch ...

3. Sammle Stichworte zum Thema.

   unbefriedigend verlaufender Besuch von Adrian bei seiner Jugendfreundin Stella; unerwiderte Liebe Adrians gegenüber Stella; Adrian fühlt sich überflüssig; Stella scheint nicht wahrzunehmen, dass Adrian in sie verliebt ist ...

4. a) Lege dir einen Schreibplan zur Planung deines analysierenden Textes an. Orientiere dich dabei am dritten Schritt (vgl. B 6, Seite 38). Du kannst auch die Vorlage aus D 4 (Seite 97) verwenden.
   b) Ergänze deine Stichworte zu den Aufgaben 1 a und 1 b in den ersten beiden Zeilen.

TIPP zu 4. a) und b)

1. Die Teilaufgaben können auch mehrere Bearbeitungsschritte enthalten. So wird dir die Gliederung deines Textes im Prinzip schon durch die Formulierung der Teilaufgaben vorgegeben.
2. Wichtig ist, dass du die einzelnen Arbeitsschritte erkennst und sie in die linke Spalte deines deines Schreibplans aufnimmst. Beachte dazu die Anzahl der Operatoren, hier z. B.:
   - Stelle dar ... (1 c)
   - Untersuche ... (1 d)
   - Erläutere ... (1 e)
3. In diesen Teilaufgaben werden explizit keine Textbelege erwartet. Dennoch kannst du Zeilenangaben machen, um deine Ergebnisse zu belegen. Dies ist besonders wichtig, wenn du in 1 e) sprachliche Mittel untersuchen sollst.

Lösungshilfen zu 1 c)

5. a) Unterstreiche im Text zunächst die Gedanken von Adrian in einer Farbe. Berücksichtige dazu auch den Text zur Vorgeschichte des Romans.
   b) Wähle eine zweite Farbe und unterstreiche das, was er tatsächlich macht (Verhalten). So kannst du feststellen, inwieweit es hier Unterschiede gibt.

6. Mache dir danach in der dritten Zeile deines Schreibplans Notizen zu seiner Erwartungshaltung. Du kannst auch Textstellen ergänzen, um deine Beobachtungen zu belegen und um diese Stellen beim Schreiben leichter wiederzufinden. Beginne so:

   – die Erwartungen Adrians bezüglich seines Besuches bei Stella widersprechen seinem tatsächlichen Verhalten ihr gegenüber; auch sie wird seinem Verhalten nicht gerecht, da sie ihn als eher störend empfindet (Z. 5 – 12)
   – Adrian hat sich in Stella verliebt (vgl. Vortext); sie ist seine Freundin aus Kindertagen
   – er hat all seinen Mut zusammengenommen, um sie zu besuchen und mit ihr zu sprechen (s. Vortext) ...

7. Der zweite Schwerpunkt der Aufgabe besteht in der Darstellung von Adrians Verhalten gegenüber Stella. Übertrage deine Ergebnisse dazu ebenfalls in die dritte Zeile deines Schreibplans:

   – als Adrian in Stellas Zimmer eintritt, beobachtet er sie zunächst genau (Z. 1 – 5); er stellt fest, dass ihr Blick „neu“ ist (Z. 5); das ist für ihn ungewohnt
   – seine Antwort auf ihre Frage, was es gäbe, ist sehr einsilbig: „Mich“ (Z. 18)
   – anstatt weiter etwas zu sagen oder sein Anliegen zu erläutern, beobachtet er nur und bleibt zunächst stumm, weil ihm zu viele Gedanken durch den Kopf gehen (Z. 24 – 33) ...

8. Formuliere zur Aufgabe 1 c ein zusammenfassendes Fazit, in dem du den Wortlaut der Aufgabenstellung aufgreifst. Beginne so:

   → Zusammenfassend ist festzustellen, dass Adrians Erwartungshaltung und sein tatsächliches Verhalten ihr gegenüber sich deutlich voneinander unterscheiden, denn ...

TIPP zu 8.

Um zu verdeutlichen, dass du eine Teilaufgabe abschließt und mit einer neuen beginnst, solltest du deine Schlussfolgerungen in einem Fazit zusammenfassen. Orientiere dich dazu am Wortlaut der Teilaufgabe.

Lösungshilfen zu 1 d)

9. a) Lies noch einmal den Textauszug aus dem Roman und unterstreiche in einer dritten Farbe, wie Stella sich insgesamt verhält. Der Leser erhält Informationen dazu nur über die Er-/Sie-Erzählform und das personale Erzählverhalten.
   b) Beschreibe ihr Verhalten und notiere die Schlussfolgerungen, die aus der Sicht von Adrian diesbezüglich deutlich werden, in der vierten Zeile deines Schreibplans. Ergänze auch zu dieser Aufgabe Zitate, um deine Schlussfolgerungen zu belegen.

– als Adrian Stellas Zimmer betritt, springt sie nicht freudig auf; sie bleibt auf ihrem Bett sitzen (Z. 1–2); sie lässt sogar kurz ihre „Mundwinkel sinken" (Z. 7), als sie realisiert, dass es Adrian ist → Enttäuschung, Traurigkeit

– der Klang ihrer Stimme unterstützt diesen Eindruck von Enttäuschung (Z. 13)

– nachdem sie das Telefonat beendet hat, wendet sie sich ihm zwar zu (Z. 16), aber ...

10. Ergänze auch zu dieser Teilaufgabe ein kurzes Fazit, in dem du deine Beobachtungen zusammenfassend darstellst. Beginne so:

Daher ist festzuhalten, dass durch Stellas Körpersprache deutlich wird, dass ...

Lösungshilfen zu 1 e)

11. a) Markiere sprachliche und formale Besonderheiten, wie z. B. Wortwahl, stilistische Mittel und Satzbau. Beachte dabei auch die Erzählform und das Erzählverhalten (vgl. dazu Aufgabe 9 a). Schreibe dir Notizen zur Benennung dieser Merkmale sowie zu ihrer Wirkung an den Rand.

b) Du sollst in der Teilaufgabe 1 e erläutern, wie Susan Kreller anhand der verwendeten sprachlichen Mittel verdeutlicht, wie enttäuscht Adrian von Stellas Verhalten ist. Ergänze dazu die von dir ermittelten Merkmale und auch ihre Wirkung in deinem Schreibplan (fünfte Zeile) und notiere abschließend ein Fazit.

– Adrians Gefühle werden durch die Er-/Sie-Erzählform und das personale Erzählverhalten deutlich → Konzentration auf Adrians Wahrnehmung der Situation

– Darstellung innerer Monologe Adrians (z. B. Z. 24–33) → Offenbarung seiner Gedanken: Widersprüche werden deutlich, denn es zeigen sich Unterschiede zwischen seinen Gedanken und Wünschen auf der einen Seiten und seinem tatsächlichen Verhalten auf der anderen Seite: er wünscht sich „zwei oder zehn Kleinigkeiten, die dringend mal für [ihn] zu tun wären (Z. 24–25), sagt aber: „Alles bestens." (Z. 34)

– Aufzählung seiner Wünsche durch Anaphern („du könntest", z.B. Z. 25/26 etc.) → doch Verwendung

TIPP zu 11.

1. In den Aufgaben des Hauptteils musst du auch immer formale und sprachliche Gestaltungsmittel herausarbeiten. Diese werden mit einem inhaltlichen Schwerpunkt verknüpft, da sie die Wirkung des Textes auf den Leser und damit auch die Textaussage bedingen.
2. Überfliege dazu den vorgegebenen Text noch einmal und markiere formale und sprachliche Besonderheiten, wenn du dies bei der Texterschließung zu Beginn noch nicht bedacht hast. Notiere deine Beobachtungen mithilfe von Fachtermini am Rand und notiere auch Hinweise zur Wirkung.
3. Oftmals findest du Hinweise darauf, worauf du achten musst, in der Teilaufgabe unter dem Hinweis *„mögliche Aspekte"*. In dieser Aufgabe musst du also besonders auf *Wortwahl, stilistische Mittel* und *Satzbau* achten. Du kannst aber auch noch weitere Merkmale erarbeiten.
4. Ergänze zu jeder Beobachtung Textbelege in Klammern oder zitiere wörtlich, um deine Ergebnisse nachvollziehbar und anschaulich zu gestalten.

des Konjunktiv II zeigt, dass sich all seine Erwartungen nicht erfüllt haben

– Verwendung von Adjektiven bezüglich Stellas Verhalten, zeigt, dass sie sich verändert hat: „enttäuscht“ (Z. 13), „nicht unfreundlich“ (Z. 13–14)

– besondere Nomen, mit denen Stella beschrieben wird („Mundwinkelmomenten“, Z. 8/9); „Klamottenberg“ (Z. 21/22) → Stella ist abgelenkt und fühlt sich von Adrian eher gestört ...

Lösungshilfen zu 1 f)

12. a) Lies noch einmal die letzte Teilaufgabe: Mache dir klar, welche Sichtweise du übernehmen und welche Schwerpunkte du dabei berücksichtigen sollst.
b) Notiere Stichpunkte dazu in der letzten Spalte deines Schreibplans. Formuliere bereits in deiner Planung in der Ich-Form.

– Adrian geht weg; ich (Stella) bin unsicher

– Hätte ich ihn freundlicher aufnehmen sollen?

– die Umstände haben sich verändert: Wir waren gute Freunde und wir haben viel Zeit miteinander verbracht.

– nun ist Dato mein Freund

...

TIPP zu 12.

Die letzte Aufgabe kann beispielsweise darin bestehen, dass du einen Text aus der Sicht einer der Figuren schreiben musst. Hier soll deutlich werden, ob du die Motivation für ihr Handeln verstanden hast.
Orientiere dich dabei an den in der Aufgabe genannten Fragen und an den Informationen, die dir der Textauszug gibt. Schreibe in der Ich-Form (hier: aus der Sicht von Stella, damit ihre Gedanken und Gefühle bezogen auf den Besuch von Adrian deutlich werden).

Lösungshilfen zum Schreiben

13. Formuliere deinen Textentwurf nach deinem Schreibplan in ganzen Sätzen. Beginne so:
In dem vorliegenden Auszug aus dem Jugendroman „Schneeriese“ von Susan Kreller geht es um einen für den Jugendlichen Adrian unbefriedigend verlaufenden Besuch bei seiner Jugendfreundin Stella, die dessen Liebe nicht wahrnimmt und seine Anwesenheit sogar als ...
Adrian, der von seiner Jugendfreundin Stella wegen seiner Größe nur „Einsneunzig“ genannt wird, besucht Stella zu Hause, weil er sie eine Zeit lang nicht gesehen hat ...

TIPP zu 13.

1. Setze nach der Erarbeitung jeder Teilaufgabe einen Absatz. Wenn eine Teilaufgabe mehrere Gliederungspunkte enthält, kannst du auch mehrere Absätze setzen. Das erleichtert das Lesen und zeigt eine durchgängige Struktur.
2. In diesem Fall kannst du auch die letzte Teilaufgabe mit einer eigenen Überschrift versehen, um sie von der Analyse abzugrenzen.
3. Leite die Teilaufgabe jeweils mit einem überleitenden Satz ein und formuliere zu den Aufgaben 1 c–e jeweils ein Fazit als abschließenden Satz.

14. Überarbeite deinen Textentwurf mithilfe der Checkliste (siehe B 6, Seite 41).

D 7 Aufgabentyp 4a: Textauszug aus Rafik Schami: Eine Hand voller Sterne (angeleitetes Üben)

Teil II

Lies bitte zunächst den Text, bevor du die Aufgaben bearbeitest.
Schreibe einen zusammenhängenden Text.

1. **Analysiere** den Textauszug aus „Eine Hand voller Sterne“ von Rafik Schami.
   Gehe dabei so vor:

   - **Schreibe** eine Einleitung, in der du Titel, Autor und Erscheinungsjahr **benennst** und das Thema **formulierst**.
   - **Fasse** den Inhalt des Textes kurz **zusammen**.
   - *„Wir sollten ein festliches Mahl beschreiben.“* (Z. 5)
     Untersuche, wie die beiden Schüler mit der Aufgabe und den damit verbundenen Erwartungen ihres Lehrers umgehen. Berücksichtige auch die jeweiligen Wirkungen und Folgen der Aufsätze.
   - **Erläutere**, durch welche sprachlichen und formalen Besonderheiten das Dargestellte dem Leser/der Leserin vermittelt wird (*mögliche Aspekte: Struktur des Textes, Gegensätze, Wortwahl, Satzbau, Aufzählungen*).

2. Paul sagt nach dem Lesen des Textes: *„Ich schließe mich der Einschätzung des Ich-Erzählers an, dass Chalil den besten Aufsatz der Klasse geschrieben hat.“*
   Setze dich mit Pauls Aussage **auseinander** und überlege, ob du seine Einschätzung teilen kannst. **Begründe** deine Meinung und beziehe dich dabei auf den Text.

Quelle Aufgaben: Ministerium für Schule und Weiterbildung des Landes Nordrhein-Westfalen, Düsseldorf 2011

Eine Hand voller Sterne (Textauszug)

Rafik Schami

Rafik Schamis Roman „Eine Hand voller Sterne“ erzählt die Geschichte eines 15-jährigen Jungen, der in Damaskus (Syrien) als Bäckerssohn aufwächst. Er erzählt in der Form eines Tagebuchs von der Stadt Damaskus, seinen Freunden, persönlichen Gefühlen und Erlebnissen sowie politischen Ereignissen. Am 20. März erinnert er sich an seinen alten Lehrer, der besondere Erwartungen an Aufsätze hatte.

Er wollte immer märchenhafte Feste, Geburtstage und Erlebnisse haben. Von uns hat doch noch nie jemand einen besonderen Geburtstag oder ein großes Fest erlebt.

Ich werde den Schüler nie vergessen, der meiner Meinung nach den besten Aufsatz geschrieben hat. Wir sollten ein festliches Mahl beschreiben. Wenn Gäste kommen – und sie erscheinen oft plötzlich –, teilt meine Mutter alles unter den Anwesenden auf. Ich habe das Gefühl, dass meine Mutter immer so viel kocht, als erwarte sie Besuch. Wenn also Gäste da sind, essen wir mit ihnen, und mein Vater trinkt aus Liebe zum Besucher einen zweiten Arrak[1], damit der Gast auch etwas trinkt.

Wenn ich das ehrlich geschrieben hätte, wäre nicht einmal eine Vier dabei rausgekommen. Ich rannte also zu Onkel Salim, denn er hat mit seiner Kutsche viele feine Gäste zu Feiern und Festen gebracht. Dort ist er oft in die Küche geschlichen und hat mit den Köchen und dem Hauspersonal gegessen. Er konnte mir genau beschreiben, was und wie alles serviert wurde, was die Leute trinken und worüber sie reden. Onkel Salim ließ einige Paschas[2] und Prinzen aufmarschieren, die es in Syrien nicht mehr gibt, aber die habe ich durch den Polizeivorsteher und sogar durch einen Richter ersetzt (kein Richter hat unsere Wohnung je gesehen!). Meine Mutter hat ihnen angeblich eine gebratene Gazelle[3], gefüllt mit Mandeln, Reis und Rosinen, serviert. Ich vergaß auch nicht, die lobenden Worte des Richters über die Küche und den Arrak meiner Eltern zu erwähnen. Es war komisch, ein trockenes Brot für die Pause im Schulranzen[4] zu haben und von gebratenen Gazellen zu sprechen. Keiner meiner Mitschüler lachte, sie schauten mich eher mit offenem Mund an. Ich bekam eine Zwei und hörte genauso verblödet den Geschichten über die Feiern der anderen zu, wo auf einmal Bischöfe, Generäle, Dichter und Händler sich die Hände in unseren ärmlichen Buden reichten.

Nur Chalil spielte nicht mit. Als er an die Reihe kam, erzählte er, was passiert war, als er seine Eltern gefragt hatte, was ein Festessen sei. Seine Mutter war gleich ins Schwärmen geraten und dabei gleich auf ihr Pech zu sprechen gekommen, so einen armen Mann geheiratet zu haben, obwohl sie als junges Mädchen von viel reicheren umworben worden sei. Der Vater hatte zornig und verletzt reagiert und gesagt, dass er schon längst ein reicher Mann wäre, wenn er nicht dauernd ihre gefräßige Familie (zwölf Geschwister, Vater, Mutter und den Großvater) durchfüttern müsste. Sein Kollege habe eine gute Frau und mit demselben Gehalt haben sie inzwischen zwei Häuser gebaut. Die Mutter hat den Vater angeschrien, dass ihre Eltern immer viel mitbringen, wenn sie kommen, und dass er sich lieber keinen Arrak kaufen solle. Dann hätte er schon längst die Groschen[5] zusammenkratzen und sich ein Haus kaufen können. Sie haben lange gestritten und jeder von uns sah seine Familie wie in einem Spiegel.

Chalil schloss seinen Bericht mit dem Satz: „Ich habe geschworen, dass ich meine Eltern nie mehr nach einem Festessen fragen werde, damit sie sich nicht scheiden lassen!“

Der Lehrer gab ihm eine Sechs, „Thema verfehlt“. Chalil kam am nächsten Tag nicht mehr. Er ist jetzt bei einem Automechaniker.

Quelle: Rafik Schami: Eine Hand voller Sterne. © 1987 Beltz & Gelberg in der Verlagsgruppe Beltz, Weinheim/Basel S. 10–12

[1] Arrak: alkoholisches Getränk
[2] Pascha: türkischer Titel für einen hohen Beamten
[3] Gazelle: Tier, das in Afrika und Asien beheimatet ist
[4] Schulranzen: Schultasche
[5] Groschen: hier: Geld

Lösungshilfen zu 1 a) – 1 b)

1. Führe den ersten Bearbeitungsschritt durch (vgl. dazu B 6: Sich orientieren).
2. Erschließe den Text mit der Lesemethode für literarische Texte (vgl. B 2, S. 19) und schreibe deine Notizen an den Rand.
3. Sammle Stichworte zum Thema.

   Bewertung eines Schulaufsatzes; Leben in Syrien; Kritik am Verhalten des Lehrers ...

4. a) Lege dir einen Schreibplan zur Planung deines Textes an. Orientiere dich dabei am dritten Schritt (vgl. B 6, S. 37/38). Du kannst auch die Vorlage aus D 4 (S. 97) verwenden.
   b) Ergänze deine Stichworte zu den Aufgaben 1 a und 1 b in den ersten beiden Zeilen.

Lösungshilfen zu 1 c)

5. Unterstreiche das in der Aufgabe angegebene Zitat und erkläre zunächst in eigenen Worten, welche Aufgabe die Schüler erledigen müssen. Stelle auch dar, was der Lehrer dabei nicht bedenkt. Ergänze deine Ergebnisse in der dritten Zeile deines Schreibplans. Beginne so:

   – Aufgabe des Lehrers lautet, ein festliches Mahl in der Familie (Z. 5) in einem Aufsatz zu beschreiben
   – Aufgabe ist schwierig, da ...

TIPP zu 5. – 7.

1. Die Aufgaben (hier 1 c) können auch mehrere Bearbeitungsschritte enthalten. So wird dir die Gliederung deines Textes im Prinzip schon durch die Formulierung der Teilaufgaben vorgegeben.
2. Wichtig ist, dass du die einzelnen Arbeitsschritte erkennst und sie in deinen Schreibplan aufnimmst. Hier bedeutet das:
   - Erläuterung der Aufgabe des Lehrers; Hinweis darauf, was der Lehrer dabei nicht bedenkt,
   - Darstellung der unterschiedlichen Herangehensweisen der Schüler (Ich-Erzähler, Chalil) und Umgang mit der Erwartungshaltung des Lehrers,
   - Darstellung der Wirkungen und Folgen der unterschiedlichen Vorgehensweisen.
3. In dieser Aufgabe werden keine Textbelege erwartet. Dennoch kannst du Zeilenangaben machen, um deine Ergebnisse zu belegen.

6. Stelle dar, welche unterschiedlichen Herangehensweisen im Tagebucheintrag abgebildet werden, und beziehe dazu auch ein, wie unterschiedlich beide Jungen mit der Erwartungshaltung des Lehrers umgehen. Ergänze deine Notizen ebenfalls in der dritten Spalte des Schreibplans.

   – Ich-Erzähler: wendet sich an seinen Onkel Salim (Z. 12), um die Aufgabe erledigen zu können, denn er kann selbst nichts zu feierlichen Ereignissen erzählen (Z. 5 – 10); der Onkel ist Kutscher und hat für feine Leute gearbeitet (Z. 12 – 13); daher kann er ... / er verändert die Realität (Z. 18 – 21), weil er weiß, was der Lehrer von ihm erwartet; er glaubt, dass der Lehrer ihm eine Vier gegeben hätte, wenn er nur die Realität dargestellt hätte (Z. 11 – 12); also ...

– Chalil: erzählt in seinem Aufsatz, wie es aufgrund der Aufgabe zu einem Streit zwischen seinen Eltern gekommen sei (Z. 29 – 42), denn ...; somit kann er sich zu Hause keine Informationen zu einem Festmahl beschaffen ... / „Chalil spielte nicht mit.", Z. 29, d. h. er schildert die realen ärmlichen Verhältnisse, in denen seine Familie lebt; dafür ...

7. Fasse die jeweiligen Wirkungen und Folgen der Aufsätze noch einmal zusammen (dritte Zeile des Schreibplans).

– der Ich-Erzähler, der eine rein fiktive Geschichte erzählt, erhält vom Lehrer eine Zwei (Z. 25); damit belohnt dieser die Lügen des Ich-Erzählers; er selber bewertet sein Lügen eindeutig: „[...] und hörte genauso verblödet den Geschichten der anderen zu [...]"; ...

– Chalil bekommt eine Sechs, obwohl ...

Lösungshilfen zu 1 d)

8. a) Lies noch einmal den Textauszug. Markiere sprachliche und formale Besonderheiten (Struktur, Gegensätze, Wortwahl, Satzbau und Aufzählungen). Beachte auch Erzählform und Erzählverhalten. Mache dir Notizen zur Benennung dieser Merkmale sowie zur ihrer Wirkung.
   b) Ergänze die von dir ermittelten Merkmale und ihre Wirkung im Schreibplan (vierte Zeile).

– Autor nutzt die Ich-Erzählform und ein personales Erzählverhalten; der Ich-Erzähler ist erlebendes und vermittelndes Ich zugleich (Tagebucheintrag) → geschildertes Erlebnis wirkt authentisch und glaubhaft; wichtig für die Kritik am Lehrer und somit am Schulsystem und an der Gesellschaft

– Ich-Erzähler leitet mit einer Bewertung in die Darstellung des Ereignisses ein: „Ich werde den Schüler nie vergessen, der meiner Meinung nach den besten Aufsatz geschrieben hat." (Z. 4 – 5) → indirekt wird Bewunderung deutlich, aber auch Unverständnis darüber, dass Lügen im Schulsystem belohnt werden, denn der Erzähler erhält für seinen ausgedachten Aufsatz eine Zwei (Z. 25), Chalil, der die Realität schildert, eine Sechs (Z. 46)

– gegensätzliche Schilderung des Ich-Erzählers (Z. 18 – 22) und durch Chalil (Z. 29 – 42)

– Ich-Erzähler verändert die Wortwahl in den Geschichten des Onkels (Z. 16 – 19) ...

TIPP zu 8.

1. In den Aufgaben des Hauptteils musst du auch immer formale und sprachliche Gestaltungsmittel herausarbeiten, da sie die Wirkung und damit auch die Textaussage bedingen.
2. Lies dazu den vorgegebenen Text noch einmal und markiere formale und sprachliche Besonderheiten. Oftmals findest du Hinweise darauf, worauf du achten musst, in der Teilaufgabe unter dem Hinweis: *mögliche Aspekte*. Du kannst auch noch weitere Merkmale erarbeiten.
3. Notiere ihre Wirkungsweise am Rand.
4. Ergänze zu jeder Beobachtung Textbelege in Klammern oder zitiere wörtlich, um deine Ergebnisse anschaulicher zu gestalten.

Lösungshilfen zu 2

9. a) Lies noch einmal die Aussage in der letzten Teilaufgabe, mit der du dich auseinandersetzen sollst (hier: Aufgabe 2).
   b) Kannst du diese Bewertung teilen?
   c) Sammle in der letzten Zeile deines Schreibplans Aspekte, die deine Position stützen, und entfalte sie zu Argumenten. Beziehe dich dabei auf den Text. Zum Beispiel:

TIPP zu 9.

1. In der letzten Aufgabe musst du entweder zu einem Zitat aus dem Text oder zu einer Aussage zum Text Stellung nehmen. Gehe dazu so vor:
   - Gib die Aussage, zu der du Stellung nehmen sollst, wieder und erläutere sie, wenn nötig.
   - Stelle deine eigene Position dazu dar und begründe, warum du ebenfalls dieser Meinung bist oder warum du die Meinung nicht teilen kannst. Du kannst auch einen Kompromiss erarbeiten.
   - Beziehe dich in deiner Argumentation auf den Text, indem du Textbelege heranziehst.
   - Formuliere ein eindeutiges Fazit.
2. Nutze folgende Formulierungen: *Meiner Ansicht nach .../ Ich bin der Meinung, dass .../Ich vertrete den Standpunkt, dass .../Einerseits .../andererseits .../Daraus folgt .../ Sicherlich muss man auch bedenken .../Außerdem ist anzumerken, dass .../Folglich kann ich festhalten, dass .../ Zusammenfassend ...*

Ich teile diesen Standpunkt:
– Chalil hat ehrlich über seine ärmliche häusliche Situation geschrieben (Z. 29 – 42)
– hat Mut, sich den Erwartungen des Lehrers zu widersetzen; riskiert Bestrafung durch schlechte Bewertung (Z. 46)
– kritisiert indirekt den Lehrer, er zeigt ihm, dass Aufgabe nicht der Lebenswirklichkeit der Schüler entspricht ...

Lösungshilfen zum Schreiben

10. Formuliere deinen Textentwurf nach deinem Schreibplan in ganzen Sätzen. Setze nach der Erarbeitung jeder Teilaufgabe einen Absatz. Wenn eine Teilaufgabe mehrere Gliederungsaspekte enthält, kannst du auch mehrere Absätze setzen. Das erleichtert das Lesen und zeigt eine durchgängige Struktur. Beginne so:

    In dem vorliegenden Auszug aus dem Jugendroman „Eine Hand voller Sterne" aus dem Jahre 1987 übt der Autor Rafik Schami durch die Darstellung einer wenig realistischen Aufsatzbewertung in der Schule Kritik am Schulsystem in Syrien. Er lässt einen 15-jährigen Jungen im Roman in Form eines Tagebuchs erzählen. Der Ich-Erzähler soll einen Aufsatz über ein Festmahl schreiben. Da er weiß, dass ...

11. Überarbeite deinen Textentwurf mithilfe der CHECKLISTE auf Seite 41.

D 8 Aufgabentyp 4a: Theda Jacoba Olsen: Ich, meine Schwester (selbstständiges Üben)

Teil II

Lies bitte zunächst den Text, bevor du die Aufgaben bearbeitest.
Schreibe einen zusammenhängenden Text.

Analysiere den Text „Ich, meine Schwester" von Theda Jacoba Olsen. Gehe dabei so vor:
- **Schreibe** eine Einleitung, in der du Titel, Autorin, Textart und Erscheinungsjahr **benennst** und das Thema **formulierst.**
- **Fasse** den Inhalt des Textes mit eigenen Worten **zusammen.**
- **Beschreibe**, wie sich Solveig vor dem Wiedersehen mit ihrer Schwester fühlt und welche Bedenken sie hat. **Erläutere** deine Beobachtungen durch formale und sprachliche Gestaltungsmittel (*mögliche Aspekte*: *Erzählform und -verhalten, Rückblick, Vergleich, Aufzählung, Metapher, Satzbau*).
- **Erläutere**, welche von Solveigs Bedenken sich nach dem Eintreffen der Schwester bewahrheiten. Ziehe dazu Textbelege heran.
- **Erkläre**, was die Autorin mit dem letzten Abschnitt des Textes verdeutlichen will (Z. 118 – 134).
- **Verfasse** einen kurzen Text aus der Sicht von Solveig.
  - Woran denkt Solveig, als sie im Auto auf der Fahrt zum Flughafen sitzt?
  - Wie verändern sich ihre Gefühle zwischen dem Empfang von Linda und der Fahrt nach Hause?

  Schreibe in der Ich-Form und berücksichtige die Informationen, die der Textauszug gibt.

Ich, meine Schwester (1996) *Theda Jacoba Olsen*

Nun war das Jahr um. Vor einem Jahr war Linda davongeflogen. Heute würde sie wiederkommen. Wie sehr hatte Solveig diesen Tag herbeigesehnt, wie sehr hatte sie diesen Tag gefürchtet. Und auch jetzt, während der Fahrt zum Flughafen, weiß sie noch nicht, was überwiegt: die Freude? Oder die Furcht? Die Furcht, wieder den zweiten Platz einnehmen zu müssen. Neben dem neuen Ruhm ihrer großen Schwester unscheinbarer denn je auszusehen: wie farbloses Glas, Glas aus gepresstem Glas, ein Gefäß mit wechselnden Flüssigkeiten, leer oder gefüllt nach Belieben der anderen, durchsichtig, zerbrechlich.

Das Auto verlässt die Innenstadt und reiht sich in die Karawane[1] der Pendler ein, die um diese Zeit die Ausfallstraßen[2] bevölkern. Der Flughafen liegt vor der Stadt.

Vor einem Jahr ist Solveig diese Strecke zuletzt gefahren. Links neben ihr hatte Linda gesessen, ohne Pausen und Satzzeichen redend, mit vorgebeugtem Oberkörper, vibrierend vor Aufregung und Ungeduld und Spannung. Sie hatten viel gelacht während der Fahrt. Ihre Mutter hatte sich ständig zu Linda umgedreht und gefragt: „Hast du auch die Geschenke eingepackt? Dein Pass, wo ist dein Pass? Vergiss ja nicht, wenigstens ab und zu einen Brief zu schreiben. Hast du Fieber, du siehst so verschwitzt aus ..." Sie waren alle aufgeregt gewesen. So, als ob nicht nur Linda nach Amerika fliegen würde, sondern die ganze Familie ...

[...] Solveig war stolz gewesen auf ihre Schwester. Und ein wenig neidisch. Linda war eine von acht auserwählten Schülern, die ein Jahr in Amerika zur Schule gehen durften.

Das Auto biegt in das Flughafengelände ein. Die Wolken sind leer geregnet. Nur noch vereinzelt fällt Wasser auf die Erde, stattdessen strömt Sonnenlicht durch die Zweige der in Reihen angepflanzten, schmächtigen Bäumchen. Sie wachsen noch. Solveigs Mutter eilt voran. Ihre große Tochter kommt wieder!

Solveig schaut an sich herunter. Sie hat eine weiße Jacke an und eine neue, indigoblaue[3] Jeans. Im letzten Jahr sind ihr drei Hosen zu kurz geworden. Einen BH braucht sie immer noch nicht. Sie geht still ihren Eltern nach. Man sieht ihr nichts an, aber in ihr ist ein Tumult[4], ein angenehmes Prickeln. Geburtstagsstimmung, Lotteriefieber, Zeugnisausgabe, ein geheimnisvoller Brief ohne Absender. Ein Frei-Flugschein [...]

Energisch bleibt Solveigs Mutter stehen. Sie sind da. Hier werden sie Linda begrüßen. Um sie herum warten andere Grüppchen, andere unvollständige Familien, Mütter mit gereckten Hälsen, pseudogelassene Väter in breitbeiniger Stellung, Kaugummi kauende Brüder. Plötzlich fühlt sie den schweren, weichen Arm ihrer Mutter um ihre Schultern. „Na, dir hat es wohl völlig die Sprache verschlagen?“ Solveig schüttelt den Kopf und lehnt sich in die Rundung. Soll Linda doch kommen! Und da kommt sie!

Der Stimmpegel[5] steigt, die wartenden Menschen geraten in Bewegung, die Zollsperre spuckt die Ankömmlinge aus. „Linda, hier, hier!“ Solveigs Mutter lässt Solveig los und reißt die Arme hoch. Ist sie das tatsächlich, dieses stämmige Mädchen mit dem gebräunten, runden Gesicht, in der ausgewaschenen Latzhose? Ihre Haare sind kurz geschnitten und die Ellenbogen etwas schorfig[6] und gerötet ... Jetzt reden alle durcheinander. Solveigs Mutter drückt Linda an sich, wieder und wieder. „Hi, Solly, Solly, deine Haare sind aber lang geworden ...“ Linda hat etwas Mundgeruch, sie fühlt sich anders an, fleischiger und strammer, hinter ihren Ohren riecht es süßlich, pudrig, verschwitzt ... Solveig muss lachen, ihr Vater räuspert sich und sagt: „Na bitte.“ Benno springt von einem Fuß auf den anderen und skandiert: „Lin-da, Lin-da, Lin-da.“

Und im Auto redet sie wieder ohne Unterlass, ohne Komma und ohne Punkt, vom Rückflug, auf dem sie keine Minute geschlafen hat, von ihrer amerikanischen Mom und ihrem amerikanischen Dad, von Moms großartigem Rezept für Tomatopudding[7], von ihrer Abschiedsparty, vom Tokeneke Beach Club[8] ... gelegentlich benutzt sie eine amerikanische Redewendung.

Solveigs Aufregung hat sich zu einem kleinen, festen Klumpen in der Magengrube zusammengeballt. Sie schaut an Lindas Profil vorbei aus dem Fenster hinaus. Eine Erinnerung kommt: an einen verwilderten, schattigen Winkel hinter dem Haus ihrer Tante, wo Sträucher und Blumen wuchsen, wie sie wollten. Dort gab es die Pflänzchen, die aus eigener Kraft nicht hochwachsen können, sie ranken um dicke Stämme und Äste dem Himmel zu, sie bedecken deren Rinde mit tassengroßen, fedrigen Blüten. Sie sind wunderschön. Ohne den Baumstamm aber bleiben sie am Boden.

Quelle: Bender, Anne (Hrsg.): Einfach stark! Geschichten für Mädchen in den besten Jahren. München: Deutscher Taschenbuch Verlag 1996

[1] Karawane: hier: Autoschlange; [2] Ausfallstraßen: Straßen, die aus der Stadt herausführen; [3] indigoblau: tiefes Blau (mit der Mischfarbe violett), das aus einer tropischen Pflanze gewonnen wird; [4] Tumult: lautes Durcheinander; [5] Stimmpegel: Lautstärke der Stimme(n); [6] schorfig: Haut mit Kruste; [7] Tomatopudding: Auflauf aus Tomaten, [8] Tokeneke Beach Club: Strandclub

D 9 Aufgabentyp 4a: Namika: Lieblingsmensch (selbstständiges Üben)

Teil II

Lies bitte zunächst den Text, bevor du die Aufgaben bearbeitest.
Schreibe einen zusammenhängenden Text.

Analysiere den Text „Lieblingsmensch" von Namika. Gehe dabei so vor:

- **Schreibe** eine Einleitung, in der du Titel, Autor, Textart und Erscheinungsjahr **benennst** und das Thema **formulierst**.
- **Fasse** den Inhalt des Textes mit eigenen Worten kurz **zusammen**.
- **Untersuche**, welche positiven Eigenschaften und Vorzüge das lyrische Ich an dem Angesprochenen schätzt und wie diese durch formale und sprachliche Gestaltungsmittel verdeutlicht werden (*mögliche Aspekte: Textart und -aufbau, Vergleich, Metapher*).
- **Erkläre** die folgende Aussage aus dem Refrain: *„Bei dir kann ich ich sein, verträumt und verrückt sein."* (Z. 15/16) und **erläutere** daraus resultierend die Bedeutung der Beziehung zwischen dem lyrischen Ich und dem „Lieblingsmenschen".
- Eine Mitschülerin sagt über den Text: *„So einen Lieblingsmenschen an seiner Seite zu haben, ist für jeden wichtig. Diese Rolle kann prinzipiell jeder ausfüllen."*
  Setze dich mit der Aussage **auseinander** und überlege, ob du diese Einschätzung teilen kannst. **Begründe** deine Meinung und beziehe dich dabei auf den Text.

Lieblingsmensch (2015) *Namika*

Manchmal fühl ich mich hier falsch,
wie ein Segelschiff im All.
Aber bist du mit mir an Bord,
bin ich gerne durchgeknallt.
Selbst der Stau auf der A2,
ist mit dir blitzschnell vorbei.
Und die Plörre von der Tanke[1],
schmeckt wie Kaffee auf Hawaii.

Auch wenn ich schweig', du weißt Bescheid.
Ich brauch gar nichts sagen, ein Blick reicht.
Und wird uns der Alltag hier zu grau,
pack' ich dich ein, wir sind dann mal raus!

Hallo Lieblingsmensch!
Ein Riesenkompliment, dafür dass du mich so gut kennst.
Bei dir kann ich ich sein,
verträumt und verrückt sein
na na na na na na – Danke Lieblingsmensch!
Schön, dass wir uns kennen.

Absolut niemand darf's erfahren,
aber dir vertrau ich's an,
weil du's sicher aufbewahrst:
Meine Area 51[2].

Und manchmal drehen wir uns im Kreis,
aus 'ner Kleinigkeit wird Streit,
aber mehr als 5 Minuten,
kann ich dir nicht böse sein.

Mach ich dir was vor, fällt's dir sofort auf.
Lass ich mich hängen, dann baust du mich auf.
Manchmal wiegt der Alltag schwer wie Blei,
doch sind wir zu zweit, scheint alles so leicht.

Hallo Lieblingsmensch!
Ein Riesenkompliment, dafür dass du mich so gut kennst.
Bei dir kann ich ich sein,
verträumt und verrückt sein
na na na na na na – Danke Lieblingsmensch!
Schön, dass wir uns kennen.

Zeiten ändern sich und wir uns gleich mit.
Du und ich, so jung auf diesem alten Polaroidbild[3].
Das letzte Mal als wir uns sahen, ist viel zu lang her,
doch jetzt lachen wir, als wenn du nie weggewesen wärst.

Hallo Lieblingsmensch!
Ein Riesenkompliment, dafür dass du mich so gut kennst.
Bei dir kann ich ich sein
verträumt und verrückt sein
na na na na na na – Danke Lieblingsmensch!
Schön, dass wir uns kennen.

Text: Hamdi, Hanan / Roemer, Fabian / Beatgees / Sommermeyer, Konrad

[1] Plörre von der Tanke: Getränke, die man an einer Tankstelle kaufen kann; hier: wässriger Kaffee
[2] Area 51: militärisches Sperrgebiet in Nevada (USA), unterliegt strengster Geheimhaltung
[3] Polaroidbild: Sofortbildkamera; Bild wird nach dem Fotografieren sofort ausgegeben

E Prüfungsaufgaben zum Themenbereich „Medien und mehr“

In diesem Kapitel bearbeitest du zum Thema „Medien und mehr“ mehrere Prüfungsbeispiele. Notiere die benötigte Arbeitszeit (siehe Seiten 5 und 6).

E 1 Leseverstehen: Varinia Bernau: I6d#&r6achtsi6dall (angeleitetes Üben)

Teil I

Lies zunächst den Text sorgfältig durch und bearbeite anschließend die Aufgaben 1 – 14.

I6d#&r6achtsi6dall *Varinia Bernau*

(1) Von all den sozialen Netzwerken bis zu nicht minder wenigen Shopping-Seiten, vom Zugang zum Dienstrechner bis zum digitalen Schalter für Fahrkarten: Jeder zweite Deutsche hat Umfragen zufolge bis zu neun Passwörter, jeder dritte sogar noch mal fünf mehr.

(2) Die Regeln dazu sind bekannt: Nur kein Begriff aus dem Wörterbuch! Stattdessen auf mindestens acht Stellen Groß- und Kleinbuchstaben mit Ziffern und Sonderzeichen kombinieren. Aber eine Regel zu kennen, heißt noch lange nicht, sie im Alltag auch anzuwenden. Der Mensch ist nun mal nicht vernünftig, sondern bequem.

(3) Und so behalten mehr als 40 Prozent der Deutschen ihr einmal vergebenes Passwort ein Leben lang, obwohl Sicherheitsexperten raten, es so regelmäßig auszutauschen wie die Zahnbürste. Deshalb verwenden viele dasselbe Passwort für alle Dienste, obwohl sie Hackern, die eigentlich nur den Zugang zum Dating-Portal[1] erbeutet haben, so auch den Zutritt zum Postfach erleichtern. Und deshalb ist das Passwort „123456“ noch immer das am meisten verwendete im Netz. Gefolgt übrigens von: „Password“ sowie „12345“ und „12345678“.

(4) Für Computer ist es ein Klacks, diese zu knacken. Sie probieren einfach alle Kombinationen aus. Und je besser die Prozessoren[2] werden, desto schneller gelangen sie ans Ziel: Ein Passwort, das sieben Zeichen aus Groß- und Kleinbuchstaben sowie Zahlen und Sonderzeichen hat – vor fünf bis zehn Jahren hätte ein durchschnittlicher Computer, wie er in jedem Haushalt steht, etwa 1000 Jahre gebraucht, um es zu bestimmen. Heute knackt er es in einem Monat.

(5) Deshalb haben Sicherheitsexperten, um es den aufgerüsteten Hackern schwerer zu machen, die Zahl der Möglichkeiten erhöht – und verlangen nun, dass man sich auch mal Passwörter mit 30 Zeichen merken soll. Dabei ging es auch andersrum: Die vierstelligen Pins für den Bankautomaten zeigen, dass ein Passwort auch dann sicher sein kann, wenn es kurz ist. Dort nämlich hat man nur drei Versuche. Liegt man daneben, wird die Karte eingezogen. Beim Einloggen ins E-Mail-Fach sind viel mehr Vertipper erlaubt.

(6) Es gibt einen Kniff, mit dem sich das, was schwer zu merken ist, doch merken lässt: Als Grundstock dient dabei ein Sprichwort, der Refrain eines Ohrwurms oder irgendein persönliches Geheimnis, das man allerdings auch Facebook nicht anvertraut haben sollte. Bei diesem tauscht man dann einzelne Buchstaben durch Ziffern und Sonderzeichen. Aus „In der Nacht sind alle Katzen grau“ wird dann, wenn man das N durch eine 6 und das E durch die Kombi #& ergänzt, beispielsweise I6d#&r6achtsi6dall#&Katz#&6grau.

(7) Man kann dieses Sprichwort auch wiederverwenden – und nur die Ersatzbausteine im Passwort für jeden weiteren Dienst ändern. Beim E-Mail-Dienst wird das N durch die 7, bei einem Internetversandhändler dann durchs Ausrufezeichen ersetzt. Wer sich seine eigene Verschleierungsmethode überlegt, macht es nicht nur Hackern schwer – sondern kann sich im besten Falle die nächste Partie Sudoku[3] sparen, weil das Gehirn schon ordentlich im Training ist. Aber natürlich kann man auch diese Mühen einfach an einen Dienstleister auslagern.

(8) Etwa an die elfjährige Mira Modi aus New York. Sie würfelt einem Passwörter, schreibt sie dann auf einen Zettel und schickt sie einem per Post. Kostet pro Passwort zwei Dollar. Dafür existiert es nur einmal – und nur auf Papier. Das Mädchen nutzt dabei Diceware. Das sind Listen, die in diversen Sprachen einer fünfstelligen erwürfelten Ziffernfolge ein Wort zuweisen. In der deutschen Liste steht 43142 etwa für das Wort „merken“. Und wer mehrmals würfelt, kann auch ganze Sätze aus der Liste basteln. Mitunter bietet einem auch der Browser an, die lästige Erinnerungsarbeit abzunehmen.

Quelle: http://www.sueddeutsche.de/digital/passwoerter-idrachtsidallkatzgrau-1.2725239 (Zugriff: 04.05.2017)

(Text gekürzt und geringfügig verändert)

[1] Dating-Portal: eine Online-Partnervermittlung
[2] Prozessor: ein Teil des Computers, der die Daten verarbeitet und weiterleitet
[3] Sudoku: japanisches Zahlenrätsel

Lösungshilfen zu 1 – 13

1. Bevor du dich den Aufgaben zuwendest, solltest du das Textmaterial sorgfältig erschlossen haben (vgl. dazu S. 21. Das heißt, du hast:
   - unbekannte Begriffe geklärt,
   - Schlüsselwörter markiert,
   - Sinnabschnitte gebildet und
   - Zwischenüberschriften formuliert.

   Zu deiner Orientierung sind die vorgegebenen Texte schon in Sinnabschnitte gegliedert.

2. Lies jede Aufgabe gründlich:
   - Markiere darin die Schlüsselwörter, die dir Hinweise darauf geben, was du tun sollst.
   - Achte darauf, ob in der Aufgabenstellung der Singular oder der Plural verwendet wird, z. B. *Kreuze die richtige/n Antwort/en an*. So weißt du, ob du eine oder mehrere Antworten ankreuzen musst.
   - Zudem enthalten die Aufgaben häufig Hinweise auf den Abschnitt, den Satz oder die Zeile/n, die du besonders in den Blick nehmen musst. Dieser Hinweis erleichtert dir das Finden der richtigen Lösung.

Aufgaben ❶ – ⓮

TIPP zu ❶ – ❽ / ❿ / ⓫ / ⓭: Richtige Aussagen ankreuzen

1. Suche zu jeder Aussage die passende Stelle im Text und unterstreiche sie. Oftmals wird dir der betreffende Absatz, in dem du nachlesen musst, schon vorgegeben.
2. Häufig sollst du Satzanfänge durch Ankreuzen vervollständigen. Dazu ist es auch wichtig, diese zu erschließen.
3. Überprüfe genau, ob die Textstelle mit der Aussage in der Aufgabe übereinstimmt bzw. worin sie sich unterscheiden. Achte dazu auf die Wortwahl und überprüfe Zahlen, Namen und Fakten.
4. Bei Aufzählungen kann auch nur ein Wort nicht richtig sein. Überprüfe daher immer alle aufgezählten Wörter oder Wortgruppen.

❶ Kreuze die richtige Antwort an.

Fünfzig Prozent der Deutschen besitzen laut einer Umfrage (Abschnitt 1) …

a)	fünf oder mehr Passwörter.	
b)	genau drei Passwörter.	
c)	neun oder weniger Passwörter.	
d)	mehr als acht Passwörter.	

❷ Kreuze die richtige Antwort an.

Ein sicheres Passwort besteht aus (Abschnitt 2) …

a)	weniger als acht Groß- und acht Kleinbuchstaben.	
b)	wenigstens acht Buchstaben, Ziffern und Sonderzeichen.	
c)	höchstens acht Ziffern und acht Sonderzeichen.	
d)	mindestens acht Groß- und drei Kleinbuchstaben.	

❸ Kreuze die richtige Antwort an.

Sicherheitsexperten empfehlen (Abschnitt 3), das Passwort …

a)	alle zwei Monate sinnvoll auszuwechseln.	
b)	sicherheitshalber für viele Dienste zu nutzen.	
c)	in bestimmten Abständen zu erneuern.	
d)	„1234567“ anstatt „12345“ zu verwenden.	

Quelle (Aufgaben): Qualitäts- und UnterstützungsAgentur – Landesinstitut für Schule, Soest 2017

4 Kreuze die richtige Antwort an.
Der Gebrauch eines einzigen Passworts für alle Dienste erlaubt Hackern unter anderem (Abschnitt 3) ...

a)	die Übernahme des Dating-Portals.	
b)	die Einsicht in das Postfach.	
c)	die Nutzung der Dienste.	
d)	die Inbesitznahme des Passworts.	

5 Kreuze die richtige Antwort an.
Sicherheitsexperten erschweren Hackern ihre Arbeit (Abschnitt 5), indem sie ...

a)	die Zahl der Möglichkeiten auf 30 erhöhen.	
b)	die Geräte monatlich technisch aufrüsten.	
c)	die Menge an möglichen Zeichen vergrößern.	
d)	die Passwörter andersherum aufschreiben.	

6 Kreuze die richtige Antwort an.
Ein Computerprogramm kann ein Passwort herausfinden (Abschnitt 4), weil ...

a)	die Computer immer besser werden.	
b)	alle Möglichkeiten ausprobiert werden.	
c)	siebenstellige Zahlen verwendet werden.	
d)	die Prozessoren schneller werden.	

7 Kreuze die richtige Antwort an.
Pins für die Bankautomaten sind sicher (Abschnitt 5), denn die Möglichkeiten der Eingabe sind ...

a)	vielfältig.	
b)	beliebig.	
c)	begrenzt.	
d)	abgesichert.	

8 Kreuze die richtige Antwort an.
Mit einem Trick kann man sich Passwörter merken (Abschnitt 6), indem man einzelne Elemente eines Merksatzes ...

a)	mit Zahlen und Ziffern kombiniert.	
b)	mit Buchstaben und Zahlen ergänzt.	
c)	durch Buchstaben und Zahlen austauscht.	
d)	durch Ziffern und Sonderzeichen ersetzt.	

TIPP zu 9 und 12: Begriffe/Textaussagen erläutern

1. „Erläutern" heißt, Begriffe oder Textaussagen auf der Basis von Kenntnissen darstellen und durch Informationen und Beispiele veranschaulichen. Hier verdeutlichst du, dass du den Textzusammenhang verstanden hast.
2. Suche die angegebene Textstelle und markiere sie. Zumeist wird dir die betreffende Textstelle schon vorgegeben.
3. Lies auch noch einmal die Textaussagen, die vor und hinter der angegebenen Textstelle stehen. Darin findest du häufig bereits Erklärungen oder Beispiele.
4. a) Formuliere deine Erläuterung mit eigenen Worten und in ganzen Sätzen, z. B. bei Aufgabe 9: *Mit dem Ausdruck/ Begriff ... ist gemeint, dass ...*
   b) Du kannst auch die Aufgabenstellung paraphrasieren, z. B. bei Aufgabe 12: *Im Fall der Dice Ware-Methode gelingt eine sichere Übermittlung der Passwörter, indem ...*

9 Erläutere im Textzusammenhang, was mit einer „Verschleierungsmethode" gemeint ist (Abschnitte 6 und 7).

____

____

____

____

____

____

10 Kreuze die richtige Antwort an.

„Diese Mühen an einen Dienstleister auslagern" bedeutet im Textzusammenhang (Abschnitte 7 und 8), dass jemand ...

a)	sichere Passwörter erstellt.	
b)	das Denken übernimmt.	
c)	erfahrene Hacker abwehrt.	
d)	das Training organisiert.	

11 Kreuze die richtige Antwort an.

Es werden Passwörter nach der Diceware-Methode erstellt (Abschnitt 8), indem man eine fünfstellige Zahl ...

a)	mehrmals würfelt und danach aufschreibt.	
b)	aus verschiedensprachigen Listen aussucht.	
c)	mithilfe des eigenen Browsers erstellt.	
d)	einem bestimmten Wort in einer Liste zuordnet.	

⑫ Erläutere im Textzusammenhang (Abschnitt 8), wie im Fall der Diceware-Methode eine sichere Übermittlung der Passwörter gelingt.

____

____

____

____

⑬ Kreuze die richtige Antwort an.

Die Position der Autorin ist kritisch gegenüber Menschen, die im Umgang mit ihrem Passwort …

a)	unselbstständig sind.	
b)	umständlich vorgehen.	
c)	unvorsichtig handeln.	
d)	umsichtig auftreten.	

TIPP zu ⑭: Zu einer Aussage Stellung nehmen

1. „Stellung nehmen" heißt, eine Aussage oder Meinung kritisch prüfen und danach eine eigene begründete Einschätzung formulieren.
2. Bestimme deinen Standpunkt zu der Aussage: *Ich stimme zu/nicht zu.*
3. Überfliege den Text noch einmal und markiere Textaussagen, die deine Auffassung unterstützen oder/und auf die du dich in deiner Stellungnahme beziehen willst.
4. Formuliere deinen Text:
   a) Greife zu Beginn die Aussage, zu der du Stellung nehmen willst, noch einmal auf und erläutere sie, wenn nötig: *Eine Schülerin sagt nach dem Lesen des Textes, man solle … Damit meint sie, …*
   b) Nenne deinen Standpunkt und begründe ihn stichhaltig. Beziehe dich bei deiner Begründung auch auf die markierten Textaussagen: *Ich kann der Aussage nur/nicht zustimmen, denn auch im Text wird deutlich, dass …/Daraus kann man ableiten, …/Hinzu kommt noch, …*

⑭ Eine Schülerin sagt nach dem Lesen des Textes:

„Passwörter sollte man nur selbst erstellen."

Schreibe eine kurze Stellungnahme zu dieser Aussage.
Du kannst dieser Auffassung zustimmen oder nicht.
Wichtig ist, dass du deine Meinung begründest. Beziehe dich dabei auf den Text.

____

____

____

____

____

E 2 Leseverstehen: Die Tageszeitung ist nicht out, aber … (selbstständiges Üben)

Teil I

Lies zunächst den Text sorgfältig durch und bearbeite anschließend die Fragen 1 – 13.

Die Tageszeitung ist nicht out, aber …

(1) Keine Branche hat sich im letzten Jahrzehnt so stark verändert wie die der Medien. Betrachtet man dabei die Zeitungslandschaft, so wurde in den letzten Jahren immer häufiger über eine Veränderung des alten Mediums Tageszeitung diskutiert. Die Zukunft der Zeitung ist unklar. Leser, Journalisten und Wissenschaftler sind sich uneinig, was mit ihr, ihrem Aufbau und Inhalt sowie ihrer Bedeutung als Massenmedium und Informationsquelle geschehen wird. Wie es genau weitergeht, kann man natürlich nicht wissen. Klar ist aber, dass sich die Zeitung, wie wir sie heute kennen, ändern wird.
(2) Über Generationen hinweg war es für viele selbstverständlich, morgens die Tageszeitung druckfrisch aus dem Briefkasten zu holen, die der Zusteller in aller Frühe dort hineingesteckt hatte. Und doch muss mit dieser scheinbar unantastbaren Tradition gebrochen werden. Die Verlage und Redaktionen sehen sich seit Jahren völlig neuen Herausforderungen gegenüber. Viele Probleme treten im wirtschaftlichen Bereich auf. Die Ursachen reichen von sinkenden Abonnementzahlen[1] über nachlassende Werbeeinnahmen bis hin zur Schnelligkeit und Übermacht des Mediums Internet mit all seinen Angeboten im Nachrichtenbereich. Zusätzlich gibt es noch andere Medien wie das Fernsehen und das Radio, durch welche man kostenlos informiert wird. Und was geschieht mit den Journalisten? Schreiben sie in Zukunft nur noch für das Internet? Oder werden sie bald fast überflüssig, weil sie durch andere Personen ersetzt werden, die die Informationen aus dem Internet holen?
(3) In unserem Zeitalter, in dem viele Menschen ein internetfähiges Smartphone, ein Tablet oder einen PC besitzen, mit denen sie Neuigkeiten kostenlos und schnell abrufen können, werden Zeitungen immer bedeutungsloser. Dies gilt vor allem für überregional erscheinende Tageszeitungen. Etwas anders stellt sich vermutlich die Situation bei den Regionalzeitungen dar. Da diese sich auf das unmittelbare, lokale Umfeld beziehen und es einen solchen, regionalspezifischen Teil im Internet bzw. Fernsehen nicht gibt, ist die Wahrscheinlichkeit für deren Bestehen langfristig gesehen größer.
Bei den Tageszeitungen ist man seit einigen Jahren bemüht, neue Wege zu finden und zu beschreiten, um die Position als wichtigster Nachrichtenlieferant wieder zu festigen. Die Zeitung ist heute längst mehr als eine Printausgabe[2]. Sie ist eine Quelle, die neben der gedruckten Fassung auf ganz unterschiedliche Arten angeboten wird z. B. als Online-Ausgabe oder als sogenanntes E-Paper[3], welches in der Regel über eine spezielle App geladen und gelesen wird.
(4) Auch bei Jugendlichen ist die Tageszeitung noch nicht out. Drei von zehn Jugendlichen zwischen 14 und 19 Jahren lesen jede Ausgabe einer Tages-/Wochen- und/oder Sonntagszeitung (33,3 %). Bei den jungen Erwachsenen

zwischen 20 und 29 Jahren beträgt der Anteil regelmäßiger Zeitungsleser sogar 47,4 Prozent. Aber erst wenn man Print und Online als Ganzes betrachtet, ergibt sich ein realistisches Bild der Zeitungsnutzung. Zeitungen erreichen mit ihren Printausgaben und Online-Auftritten 62,4 Prozent der 14- bis 29-Jährigen. Interessant ist auch, dass das Vertrauen junger Menschen in die Zeitung besonders hoch ist. Nicht selten werden Jugendliche mit verschiedenen Sichtweisen und unterschiedlichsten Darstellungen zu einem Thema konfrontiert. In der JIM-Studie 2014 (Jugend, Information, (Multi-) Media) des Medienpädagogischen Forschungsverbundes Südwest wurden Jugendliche gefragt, welchen Medien sie im Falle einer widersprüchlichen Berichterstattung am ehesten Glauben schenken würden. Für 40 Prozent der 12- bis 19-Jährigen ist die Zeitung am glaubwürdigsten. Platz zwei erreicht mit 26 Prozent das Fernsehen, gefolgt von Radio und Internet (17% bzw. 14%). Diese Zahlen machen deutlich, dass die häufige Nutzung eines Mediums nicht zwingend auch mit hoher Glaubwürdigkeit einhergeht und umgekehrt. Obwohl die Tageszeitung bezüglich der regelmäßigen Nutzung weit hinter den anderen Medien steht, vertrauen die Jugendlichen ihr am meisten hinsichtlich der Einhaltung journalistischer Standards – der Tageszeitung wird damit durch die Jugendlichen auch im digitalen Zeitalter eine besonders hohe Qualität zugesprochen.

Autorentext (2016) [1] die Abonnementzahlen: Anzahl derer, die beispielsweise eine Zeitung im Abonnement beziehen, also diese regelmäßig direkt nach Hause geliefert bekommen [2] Printausgabe: hier: gedruckte Ausgabe einer Zeitung [3] E-Paper: hier: Zeitung, die ausschließlich in elektronischer Form veröffentlicht wird

Aufgaben 1 – 13

1 Ergänze die fehlenden Wörter, um mithilfe der Überschrift das Thema des Textes deutlich zu machen.

Die Tageszeitung ist nicht out, aber ______________________________

____

____

2 Kreuze die richtige Antwort an.

Die Zukunft der Zeitung ist unklar (Abschnitt 1), weil ...

a)	man momentan nicht weiß, ob sie zukünftig viele Inhalte bieten wird.	
b)	man momentan nicht weiß, welche Bedeutung als Informationsquelle sie zukünftig haben wird.	
c)	man momentan nicht weiß, wie viele Journalisten zukünftig dort arbeiten werden.	
d)	man momentan nicht weiß, welchen Anteil Bilder und Texte zukünftig an den Zeitungen haben werden.	

3 Kreuze die richtigen Antworten an.

Zeitungen erscheinen heute (Abschnitt 3) ...

a)	als Printausgaben.	
b)	als E-Paper.	
c)	als Fernsehausgabe.	
d)	online	

4 Kreuze die richtige Antwort an.

In unserer digitalisierten Zeit werden die gedruckten Tageszeitungen (Abschnitt 3) ...

a)	immer teurer.	
b)	immer dünner.	
c)	immer bedeutungsloser.	
d)	immer unübersichtlicher.	

5 Kreuze die richtige Antwort an.

Jugendliche sind der Meinung (Abschnitt 4), dass ...

a)	die Tageszeitung besonders glaubwürdig ist.	
b)	die Tageszeitung besonders aktuell ist.	
c)	die Tageszeitung besonders informativ ist.	
d)	die Tageszeitung besonders übersichtlich ist.	

6 Kreuze die richtige Antwort an.

Jugendliche wurden gefragt, welchen Medien sie im Falle einer widersprüchlichen Berichterstattung am ehesten Glauben schenken würden. Die Formulierung *„im Falle einer widersprüchlichen Berichterstattung“* (Z. 43–44) soll in diesem Zusammenhang darauf hinweisen, dass ...

a)	es in verschiedenen Medien unterschiedliche Berichte zu einem Thema geben kann, die einander widersprechen.	
b)	verschiedene Medien unterschiedliche Autoren haben können.	
c)	immer alles stimmt, was in der Zeitung steht.	
d)	es in verschiedenen Medien unterschiedliche Berichtformen (z. B. Interview, Kommentar) geben kann.	

7 Kreuze die richtige Antwort an.

Die Formulierung *„dass die häufige Nutzung eines Mediums nicht zwingend mit hoher Glaubwürdigkeit einhergeht und umgekehrt"* (Z. 54 – 55) soll im Textzusammenhang verdeutlichen, dass …

a)	Jugendliche die Tageszeitung nicht lesen, weil sie ihnen nicht glaubwürdig erscheint.	
b)	die Tageszeitung unter Jugendlichen eine hohe Glaubwürdigkeit besitzt, obwohl andere Medien häufiger von ihnen genutzt werden.	
c)	die glaubwürdigsten Medien am häufigsten genutzt werden.	
d)	die Tageszeitung bei Jugendlichen bezüglich der regelmäßigen Nutzung weit vor anderen Medien steht.	

Entwicklung der E-Paper-Auflagen im Zeitraum von 2005 bis 2015

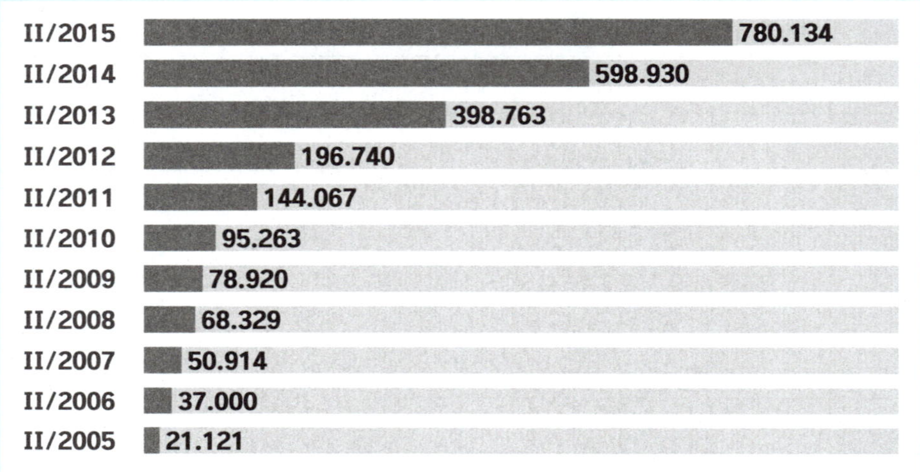

Entwicklung der E-Paper-Auflagen 2005 bis 2015, verkaufte Auflage
Basis: IVW-Quartalsauflagenlisten, Quelle: Auflagenstatistiken der ZMG; Bundesverband Deutscher Zeitungsverleger

8 Beschreibe kurz, welche Entwicklung im Diagramm dargestellt wird.

9 Kreuze die richtigen Antworten an.

Das Diagramm …

a)	zeigt, wie viele Zeitungen spezielle E-Paper-Ausgaben anbieten.	
b)	zeigt die Entwicklung von verkauften E-Paper-Auflagen.	
c)	unterscheidet nicht zwischen regionalen und überregionalen Zeitungen.	
d)	zeigt die Entwicklung von verkauften Printmedien pro Jahr.	

10 Beurteile begründet, ob Text und Diagramm zusammenpassen. Beziehe dich dazu auf Textaussagen.

11 Viele Tageszeitungen haben heute wirtschaftliche Probleme. Nenne hierfür drei Gründe aus dem Text (Abschnitt 2).

a)

b)

c)

12 Benenne einen Vorteil von Regionalzeitungen gegenüber überregionalen Zeitungen (Abschnitt 3).

13 Ein Schüler sagt nach dem Lesen des Textes:

„Regionalzeitungen enthalten oft viel Überflüssiges; vieles, was mich nicht interessiert. Deshalb lohnt sich der der zeitliche und finanzielle Aufwand nicht, unsere Regionalzeitung zu lesen."

Du kannst dieser Aussage zustimmen oder nicht. Wichtig ist, dass du deine Meinung begründest und dich auf mehrere Textaussagen beziehst.

E 3 Was bedeutet die Aufgabenstellung „Untersuche und vergleiche …“?

1. Die Aufgabenstellung unten könnte aus einer Prüfungsvorlage stammen, bei der du verschiedene Sachtexte untersuchen und miteinander vergleichen musst. Lies die Aufgabenstellung (Achtung: Die zugehörigen Texte und Materialien findest du auf den Seiten 127–129).

Untersuche die Materialien M1, M2 und M3.
Gehe dabei so vor:

- Benenne das gemeinsame Thema von M1, M2 und M3.
- Fasse die Informationen aus M1a und M1b zusammen.
- Stelle die Aussagen aus M2 und M3 mit eigenen Worten dar. Vergleiche die Positionen im Hinblick auf die Auswirkungen, die „Self-Tracking“ auf das Leben der Menschen haben kann. Belege deine Ausführungen am Text.
- Setze dich kritisch mit der folgenden Aussage eines Mitschülers auseinander:
  „Jeder sollte danach streben, das Beste aus sich herauszuholen, und dafür auch digitale Hilfsmittel nutzen.“
  – Nimm Stellung zu der Aussage.
  – Begründe deine Meinung.
  – Beziehe dich dabei auch auf die Materialien M1 bis M3.

2. In der Aufgabenstellung oben ist zum Teil schon unterstrichen worden, was von dir erwartet wird. Unterstreiche auch in den weiteren Aufgaben, was du tun sollst. Die Operatoren geben dir Hinweise. Lies dazu die Info rechts. Dort wird erklärt, was unter den Arbeitsanweisungen genau zu verstehen ist.

3. Die Teilaufgabe c gibt dir Hinweise, was du untersuchen und vergleichen sollst.
Markiere oben, auf was du besonders achten musst.
Notiere diese Punkte stichwortartig:

____

____

____

____

INFO zu 2.

benennen: Informationen zusammentragen
zusammenfassen: Inhalte, Aussagen oder Zusammenhänge komprimiert und strukturiert wiedergeben
darstellen: einen Sachverhalt, Zusammenhang oder eine methodische Entscheidung strukturiert formulieren
vergleichen: vorgegebene Materialien unter besonderen Bedingungen vergleichen (ermitteln von Gemeinsamkeiten, Unterschieden und Abweichungen)
Stellung nehmen: nach eingehender Auseinandersetzung mit einem Sachverhalt oder einer Fragestellung eine eigene Einschätzung des Problems verfassen
begünden: eine Meinung/Einschätzung fachlich, sachlich oder durch Erfahrungswerte bzw. Weltwissen absichern

INFO zu 3.

Um einen Sachtext zu verstehen, musst du ihn untersuchen:
– Welche Informationen enthält er?
– Welcher Aufbau ist erkennbar?
– Um welche Textsorte handelt es sich?
– Welche Wirkung hat der Text?
– Welche Absicht liegt dem Text zugrunde?
– Welche sprachlichen Besonderheiten gibt es, welche Funktion haben sie?

Vergleichen bedeutet, Texte nach bestimmten Gesichtspunkten in Beziehung zu setzen:
– Was haben sie gemeinsam?
– Welche Unterschiede sind erkennbar?
– Inwieweit ergänzen sich die Texte?
Diese Vergleiche können sich auf Inhalt, Form, Absicht, Wirkung und Sprache beziehen.
In den Teilaufgaben findest du Hinweise, auf welche Aspekte du achten musst.

E 4 Aufgabentyp 4b: Einen Textvergleich verfassen

Hier erhältst du eine Übersicht zur **Vorgehensweise bei der Bearbeitung der Schreibaufgabe zum Aufgabentyp 4b**. Die blau markierten Wörter (Arbeitstechniken, Operatoren, Fachbegriffe) kannst du im Glossar (S. 139) oder im Kapitel B 8 (ab S. 49) und E 3 (S. 124) nachschlagen. Bei der Bearbeitung der Aufgabenstellungen in den Kapiteln E 6 – E 8 kannst du dich an der Übersicht orientieren.

Sechs Schritte zur Bearbeitung der Aufgabenstellung

1. Schritt: Sich orientieren

- Teilaufgaben und Operatoren erfassen
- Schreibziel erkennen (→ vergleichend untersuchen)

2. Schritt: Materialien erschließen und Inhalte erfassen

- Texte, Diagramme, Schaubilder lesen (Lesemethode anwenden)
- unbekannte Begriffe und Ausdrücke klären (Wörterbuch, Sinnzusammenhang)
- Schlüsselstellen markieren und bewerten (mit Symbolen, Pfeilen)
- Inhalt abschnittsweise in Stichpunkten zusammenfassen

3. Schritt: Schreibplan anlegen

- Tabelle anlegen (nach Teilaufgaben und Materialien gliedern)
- ggf. Alternative zum Schreibplan anlegen: farbige Markierungen pro Teilaufgabe vornehmen

4. Schritt: Materialien auswerten und Stichworte im Schreibplan festhalten

- Informationen für die Einleitung notieren: Titel, Autor, Textart, Erscheinungsjahr und Thema (= TATTE-Satz)/gemeinsames Thema
- Inhalt abschnittsweise in Stichpunkten zusammenfassen, Aussagen der Schaubilder zum Thema kurz benennen
- Aufgaben zu Inhalten der Materialien stichpunktartig bearbeiten
- zu einer Aussage oder einem Zitat Stellung nehmen
- Operatoren und Wortlaut der Teilaufgaben berücksichtigen

5. Schritt: Eigenen Text schreiben

Inhalt:

- zusammenhängenden Text verfassen
- Einleitung formulieren/gemeinsames Thema der Materialien benenenn
- Inhalte mit eigenen Worten zusammenfassen
- Aussagen der Schaubilder zum Thema darstellen
- vergleichende Ergebnisse am Text belegen
- zu einem Zitat/einer Aussage Stellung nehmen

Darstellung:

- im Präsens schreiben
- Zitiertechniken beachten
- in eigenen Worten formulieren
- Überleitungen formulieren
- Ergebnisse der Teilaufgaben miteinander verknüpfen
- nach Teilaufgaben Absätze einfügen

6. Schritt: Text überarbeiten

- Einleitung vollständig? (TATTE-Satz, Thema)
- Inhalt richtig/eigenständig zusammengefasst?
- Alle Teilaufgaben berücksichtigt? (→ Operatoren)
- Fazit formuliert?
- Stellungnahme auf das Zitat/die Aussage abgestimmt?
- Im Präsens geschrieben?
- Rechtschreibung, Zeichensetzung, Grammatik korrekt?

E 5 Schreibplan zu Aufgabentyp 4b

Nutze diese Tabelle zur Planung deines Vergleichs. Ergänze die Kategorien der Teilaufgaben und die Informationen aus den Materialien stichwortartig. Wenn in deiner Prüfungsvorlage nur zwei Materialien oder weniger Teilaufgaben vorkommen, kannst du einfach eine Spalte bzw. Zeile streichen. Ebenso streichst du die Kästchen, die du für die Bearbeitung der Teilaufgaben nicht benötigst.

Teilaufgaben	**M1**	**M2**	**M3**	**M4**
1 a) Einleitung: TATTE-Satz				
gemeinsames Thema der Materialien benennen				
1 b)				
1 c)				
1 d)				
1 e)				

E 6 Original-Prüfungsaufgabe 2018: Aufgabentyp 4b: Self-Tracking (angeleitetes Üben)

Teil II

Lies bitte zunächst die Aufgabe und dann die Materialien aufmerksam durch, bevor du mit dem Schreiben beginnst. Schreibe einen zusammenhängenden Text.

Untersuche die Materialien M1, M2 und M3.
Gehe dabei so vor:

- **Benenne** das gemeinsame Thema von M1, M2 und M3.
- **Fasse** die Informationen aus M1a und M1b **zusammen**.
- **Stelle** die Aussagen aus M2 und M3 mit eigenen Worten **dar**. **Vergleiche** die Positionen im Hinblick auf die Auswirkungen, die „Self-Tracking" auf das Leben der Menschen haben kann.
  Belege deine Ausführungen am Text.
- **Setze dich** kritisch mit der folgenden Aussage eines Mitschülers **auseinander**:
  „Jeder sollte danach streben, das Beste aus sich herauszuholen, und dafür auch digitale Hilfsmittel nutzen."
  – Nimm Stellung zu der Aussage.
  – Begründe deine Meinung.
  – Beziehe dich dabei auch auf die Materialien M1 bis M3.

M1a Führt Selbstvermessung zu Selbsterkennung?

Christoph Koch

Immer mehr Menschen versuchen, mit „Quantified Self", auch bekannt als „Self-Tacking"[1], Neues über sich selbst herauszufinden. Die Idee: Menschen vermessen ihren Alltag mit digitalen Hilfsmitteln und versuchen so, zu tieferen Erkenntnissen über ihr Leben zu gelangen. „Selbsterkenntnis durch Zahlen", so das klare Motto der Bewegung.
Die Anwendungen sind ganz unterschiedlich: Manche erfassen, wie viele Schritte sie den Tag über zurückgelegt haben, wie viele Stockwerke sie hochgestiegen sind oder welche Nahrungsmittel sie zu sich genommen haben. Andere vermessen ihren Schlaf oder „tracken" Gesundheitswerte wie Puls, Blutdruck, Blutzuckerspiegel oder den Sauerstoffgehalt in ihrem Blut.
Die Gründe, das zu tun, sind individuell sehr unterschiedlich: Bei manchen ist es einfach nur Neugier und der Wunsch, dem diffusen[2] Bauchgefühl einmal knallharte Zahlen gegenüberzustellen. Andere setzen auf eine Verhaltensänderung. Nicht ohne Grund – Studien haben gezeigt, dass Menschen, die einen Schrittzähler benutzen, sich deutlich mehr bewegen als vorher.
Nicht umsonst lautet ein altes Sprichwort: „Selbsterkenntnis ist der erste Schritt zur Besserung."

Quelle: https://www.pcwelt.de/ratgeber/Quantified-Self-Erkenne-dich-selbst-durch-Zahlen-10026378.html, 17.07.2017 (Zugriff: 12.02.2018) (Text gekürzt und geringfügig verändert)

[1] Quantified Self (gemessenes Selbst): von zwei Technik-Journalisten in den USA geprägter Leitbegriff der Anhänger des „Self-Tracking" (Selbstvermessung mit digitalen Hilfsmitteln)
[2] diffus: unklar, verschwommen

Quelle (Aufgaben): Qualitäts- und UnterstützungsAgentur – Landesinstitut für Schule, Soest 2018

M1b Bereitschaft zur Erhebung und Weitergabe von personenbezogenen Daten

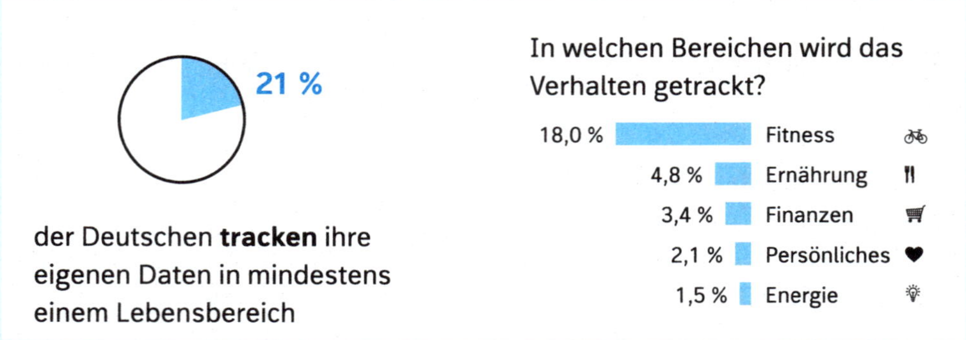

Quelle: Quantified Wealth Monitor 2016 (Grafik in Anlehnung an: https://www.splendid-research.com/quantifiedwealth.html) (Zugriff: 12.02.2018)

M2 Immer schneller, besser, effizienter: der Trend zur Selbstoptimierung *[unbekannter Verfasser]*

Die Selbstvermessung und -optimierung hat mithilfe kleiner digitaler Helfer Einzug in unseren Alltag erhalten. Kalorien oder Schritte zählen, Schlafphasen messen, Produktivität protokollieren – alles ist möglich. Das Ziel, das Maximum aus dem eigenen Leben herauszuholen, erscheint verlockend und erstrebenswert.

Erfolge machen glücklich! Und durch die Hilfe einer stukturierten Selbstoptimierung[1] erreichen wir unsere Ziele schrittweise und nehmen die Erfolge wahr, was uns motiviert und aktiviert.

Durch die systematische Optimierung gewinnen wir Erkenntnisse über unsere persönlichen, gesundheitlichen und sportlichen Gewohnheiten. Dies ermöglicht uns, mehr über uns selbst zu lernen und bewusster zu leben. Alleine das Interesse für das eigene Wohlbefinden ist ein wichtiger Schritt hin zu einem gesünderen Leben. Durch die Masse an Teilnehmern wird über das Tracking eine unvorstellbar hohe Datenmenge generiert[2], deren Erkenntnisse für die Medizin und Wissenschaft genutzt werden können.

Selbstdisziplin gilt als wichtige Grundeigenschaft, die uns dabei hilft, ungeahnte Fähigkeiten zu entwickeln. Durch die Nutzung technischer Geräte werden verlässliche Daten generiert, mithilfe derer die Effizienz[3] erfolgreich gesteigert werden kann. Auch eine vermehrte Produktivität kann glücklicher machen!

In unserer heutigen Zeit voller Verlockungen und Möglichkeiten gibt uns die Selbstoptimierung ein wenig Steuerung und Kontrolle über unser tägliches Handeln zurück, was uns Sicherheit und Hilfestellung in der Strukturierung unseres Alltags gibt.

Quelle: http://ecampus.haufe.de/karriere/immer-schneller-besser-effizienter-der-trend-zur-selbstoptimierung/, 15.07.2015 (Zugriff: 12.02.2018) (Text gekürzt und geringfügig verändert)
Hinweis zur Quelle: Der Text wurde ohne namentliche Nennung eines Verfassers veröffentlicht.

[1] strukturierte Selbstoptimierung: Verbesserung der eigenen Fähigkeiten nach einem bestimmten Plan

[2] generieren: erzeugen, hervorbringen

[3] Effizienz: Wirksamkeit

M3 Unsere Selbstoptimierung macht uns kaputt!

Steffi Burkhart

Bei so manchen Freunden von mir ist das perfekte Leben tabellarisch in Messeinheiten erfasst. Und all die Super-Blogger und -Bloggerinnen demonstrieren uns auf ihren Social-Media-Kanälen, wie easy es ist, den fittesten Body zu erdiäten[1], mit nur fünf Stunden Schlaf die Nacht trotzdem Höchstleistung zu erbringen und zehn Bücher in einer Woche zu lesen.

Die Folge: Wir fühlen uns einsam, obwohl wir nicht alleine sind, wir fühlen uns gereizt und gestresst, obwohl wir doch täglich unsere Gesundheit tracken, wir machen Überstunden, intensivieren die Arbeitszeit und schlucken stattdessen aufputschende Substanzen. Und als wäre das alles noch nicht schlimm und alarmierend genug, werden zukünftig Zahnbürsten, Spiegel, Kühlschränke auch noch anfangen, nur das Beste für uns zu wollen und aus uns rauszuholen (Internet of Things)[2].

Bei all dem Optimierungswahnsinn bleibt ein wesentliches Gefühl auf der Strecke: Happiness. Dabei versprechen doch all die Selbstoptimierungs-Tools, Tipps und Tricks in Büchern, Videos und Hörbüchern mehr Happiness. Fehlalarm. Bei all der Taktung und Disziplin scheint sie auf der Strecke zu bleiben. In der Wissenschaft wird sogar das Gegenteilige beobachtet: Bei immer mehr jungen Menschen werden Depression oder andere psychosomatische Störungen[3] wie beispielsweise Angststörungen diagnostiziert.

Es ist eine Sehnsucht danach, zu beobachten, einfach mal faul zu sein, nach Fehlerhaftem, nach Ungezwungenheit, nach Nichtstun. Danach, drei Filme in Folge zu schauen, dabei im Bett zu liegen und Schleckeis zu schlemmen – ohne schlechtes Gewissen und Gedanken um Arbeit, Kalorien oder Wäsche, die noch gewaschen werden will.

Quelle: Blog von Steffi Burkhart: http://steffiburkhart.com/wir-selbstoptimieren-uns-kaputt/, 21.04.2017 (Zugriff: 12.02.2018) (Text gekürzt und geringfügig verändert)

[1] erdiäten: durch eine Diät herbeiführen
[2] Internet of Things (Internet der Dinge): Vernetzung und Steuerung von Alltagsgeräten mit dem Internet durch bestimmte Programme oder Apps
[3] psychosomatische Störungen: Krankheitssymptome, die auf seelische Vorgänge zurückzuführen sind

Lösungshilfen zu 1 a)

1. Bearbeite M1a, M1b, M2 und M3, indem du den ersten und zweiten Arbeitsschritt durchführst (siehe B 8, S. 49). Nutze die Ergebnisse dieser Vorarbeit, um die Teilaufgabe 1 a zu bearbeiten.

TIPP zu 1. und 2.

1. In der ersten Teilaufgabe wirst du normalerweise dazu aufgefordert, die vorliegenden Materialien kurz vorzustellen (TATTE-Satz). In dieser Aufgabe sollst du direkt das gemeinsame Thema benennen. Es ist dennoch hilfreich, die Materialien kurz vorzustellen, um den Überblick zu behalten und die Textarten in den Blick zu nehmen, denn du hast sie vollständig erschlossen.
2. Wenn du dir den Schreibplan anlegst, plane in der ersten Zeile mehr Platz ein, damit du die Angaben (TATTE-Satz) zur Vorstellung geordnet eintragen kannst. Daraus leitest du dann das gemeinsame Thema ab.

2. a) Lege dir einen Schreibplan an und ergänze ihn. Orientiere dich dabei am dritten Schritt (s. B 8, S. 52). Du kannst auch die Vorlage aus E 5 verwenden (S. 126).
   b) Ergänze deine Ergebnisse zu Aufgabe 1 a im Schreibplan. Beginne so:

Vorliegende Materialien:

– M1a: Sachtext „Führt Selbstvermessung zu Selbsterkennung?“ von Christoph Koch (2017)

– M1b: Infografik „Bereitschaft zur Erhebung und Weitergabe von personenbezogenen Daten“, Quelle: Quantified Wealth Monitor (2016)

– M2: ...

– M3: ...

Gemeinsames Thema:

Auseinandersetzung mit der persönlichen Selbstoptimierung durch die Vermessung des eigenen Körpers mit digitalen Hilfsmitteln (Self-Tracking); Vor- und Nachteile sowie Auswirkungen werden ...

Lösungshilfen zu 1 b)

3. In Aufgabe 1 b sollst du die wesentlichen Informationen aus M1a und M1b zusammenfassen. Trage diese in die zweite Zeile deines Schreibplans ein. Formuliere so:

– der Sachtext (M1a) stellt die Grundidee der „Quantified Self“-Bewegung dar: Nutzung digitaler Medien als Mittel zur Vermessung des eigenen Körpers im Alltag

– Ziel ist es, zu genauen Erkenntnissen über das eigene Leben, den eigenen Gesundheitszustand zu gelangen

– dies ist durch unterschiedliche Anwendungen möglich: Schrittzähler, Festhalten der gegessenen Nahrungsmittel, Erfassen der Schlafzeiten oder anderer Gesundheitswerte (Puls, Blutzucker, Sauerstoffgehalt)

– ...

– in der Infografik (M1b) wird die Verteilung der Nutzungsmöglichkeiten durch Prozentangaben visualisiert

– deutlich wird, dass 21 % der Deutschen bereits ihre eigenen Daten tracken (Stand: 2016)

– der Bereich Fitness wurde mit 18 % am häufigsten genannt

– ...

TIPP zu 3.

1. Diese Teilaufgabe bezieht sich auf zwei Materialien (M1a u. M1b), weil sie inhaltlich zusammenhängen, denn aus der Infografik kannst du prozentuale Belege für die Angaben in M1a entnehmen. Durch deine Zusammenfassung zeigst du gleichzeitig, dass du diese Zusammenhänge verstanden hast.
2. Nutze deine Stichworte, die du bei der Texterschließung des Sachtextes und der Infografik notiert hast (vgl. zweiter Schritt).
3. Formuliere Fakten aus dem Text in eigenen Worten. Zahlen und Namen kannst du übernehmen.
4. Formuliere im Präsens.

Lösungshilfen zu 1 c)

4. Fasse als Nächstes die Aussagen aus den Materialien M2 und M3 zusammen. Schreibe deine Stichworte aus der Erschließung der Materialien in die dritte Spalte deine Schreibplans:

Zusammenfassung Sachtext (M2):
– Angaben zur Nutzung werden bestätigt, Ziele der Menschen werden konkretisiert
– für Nutzer dieser Möglichkeiten erscheint es erstrebenswert, durch Self-Tracking und die daraus resultierende Möglichkeit der Selbstoptimierung möglichst viel aus sich und somit seinem Leben zu machen
– für viele Menschen bedeute das Erfassen der Erfolge eine Motivation und aktiviere sie zusätzlich
– eigene Gewohnheiten in persönlicher, gesundheitlicher und sportlicher Hinsicht könnten erfasst und ...

Zusammenfassung Blogeintrag (M3):
– die Autorin Steffi Burkhart stellt zum Teil eher ironisch Entwicklungen und negative Auswirkungen des Self-Trackings dar
– zu Beginn übt sie auf spöttische Weise Kritik an der öffentlichen Selbstdarstellung der Tracking-Ergebnisse in den sozialen Netzwerken
– die Folge dieser Zur-Schau-Stellung sei, dass sich Menschen einsam und gestresst fühlten, da sie immer weitere Verbesserungen auch im Vergleich mit anderen erzielen wollten ...

TIPP zu 4. und 5.

1. Die dritte Teilaufgabe ist komplexer, denn sie enthält zwei verschiedene Operatoren und bezieht sich zudem auf zwei verschiedene Materialien (M2 und M3):
   - Stelle ... dar
   - Vergleiche ...

   Dies ist möglich, da die weiteren Materialien M2 und M3 gegensätzliche Standpunkte (hier bezüglich des Self-Trackings) darstellen.
2. Zusätzlich sollst du deine Schlussfolgerungen hinsichtlich des Vergleichs am Text belegen. Du musst also Zitate und Zeilenangaben heranziehen.
3. Es ist sinnvoll, die drei Teile der Aufgabe nacheinander zu bearbeiten, um nicht den Überblick zu verlieren. So stellst du die Materialien inhaltlich gegenüber und kannst zum Abschluss den Vergleich formulieren.
4. Lass nach jedem Teil einen Absatz. Somit ist dein Text besser lesbar und du gehst sicher, dass du alle Teile bearbeitet hast.
5. Formuliere in der indirekten Rede (Konjunktiv), denn du gibst die Aussagen der Autoren wieder.

TIPP zu 5.

1. Im Vergleich formulierst du Schlussfolgerungen bezüglich der Unterschiede und Gemeinsamkeiten der Aussagen in beiden Texten. Zumeist wird dir der Schwerpunkt des Vergleichs in der Aufgabe vorgegeben (hier: verschiedene Positionen hinsichtlich der Auswirkungen von Self-Tracking). Paraphrasiere am Anfang zu deiner Orientierung den Wortlaut dieses Schwerpunktes.
2. Lies dazu noch einmal deine Stichworte aus Aufgabe 4 und markiere in M2 und M3 die Textstellen, die du als Belege verwenden willst.
3. Formuliere abschließend ein Fazit zu den Ergebnissen des Vergleichs.

5. Setze nach der Darstellung der Aussagen die Materialien zueinander in Beziehung, d. h. du vergleichst die Positionen miteinander. Beginne mit dem Schwerpunkt (= Vergleichsaspekt) der Aufgabenstellung. Notiere deine Ergebnisse ebenfalls in der dritten Spalte deines Schreibplans und ergänze die Belege, die du in den Texten markiert hast.

   – vergleicht man die beiden in M2 und M3 dargestellten Positionen im Hinblick auf die Auswirkungen des Self-Trackings miteinander, ergibt sich ein sehr konträres Bild hinsichtlich des Nutzens und der Auswirkungen der Selbstvermessung mit digitalen Hilfsmitteln

   – einerseits wird Self-Tracking als Weg zur Verbesserung der körperlichen und seelischen Gesundheit gesehen (M2), andererseits entsteht durch das dauerhafte Erfassen der eigenen Werte und den direkten Zwang, dies nachhaltig zu tun und die Werte zu vergleichen, eine Gefahr der Beeinträchtigung der eigenen Gesundheit (M3)

   – auf der einen Seite ..., auf der anderen ... / während in M2 ..., wird im Blogeintrag gezeigt, ...

   – Insgesamt wird durch den Vergleich beider Positionen deutlich, dass die Chancen des ...

Lösungshilfen zu 1 d)

6. a) Lies die letzte Teilaufgabe (1 d), in der du Stellung zu einer Aussage nehmen sollst.
   b) Kannst diese Aussage teilen? Formuliere deinen Standpunkt dazu.
   c) Suche in den Materialien nach Aussagen, die deine Position stützen, und notiere diese in der letzten Zeile des Schreibplans.

   Ein Schüler meint, dass jeder danach streben sollte, ...
   Damit meint er, dass ...
   Damit will er darauf hinweisen, dass ...
   Ich teile diesen Standpunkt ... /... nur bedingt ... / ... nicht, denn ...
   Jeder muss persönlich abwägen, ob das Self-Tracking für ihn von Nutzen ist, da ...

TIPP zu 6.

In der letzten Aufgabe musst du zu einem Zitat aus dem Text oder zu einer Aussage zum Text Stellung nehmen. Gehe dazu so vor:

1. Gib die Aussage, zu der du Stellung nehmen sollst, wieder. Erläutere sie oder beziehe dich auf die schon erarbeitete Darstellung.
2. Stelle deine eigene Position dazu dar und begründe, warum du ebenfalls dieser Meinung bist oder warum du die Meinung nicht teilen kannst. Du kannst auch einen Kompromiss erarbeiten.
3. Beziehe dich in deiner Argumentation auf den Text. Ziehe dazu Textbelege heran.
4. Formuliere ein eindeutiges Fazit.

7. Formuliere deinen Text nach dem Schreibplan. Nutze nachfolgende Formulierungshilfen:
   1 a) Bei den mir vorliegenden Materialien handelt es sich zunächst um den Sachtext ...
   1 b) Im Sachtext von Christoph Koch „Führt Selbstvermessung zu Selbsterkennung)“ (M1a) ...
   1 c) In dem Sachtext „Immer schneller, besser, effizienter: der Trend zur Selbstoptimierung“ ...
   1 d) Ein Mitschüler hat zum Self-Tracking geäußert, dass jeder danach streben sollte, das ...

8. Überarbeite deinen Textentwurf mithilfe der CHECKLISTE auf Seite 55.

E 7 Aufgabentyp 4b: Selfies im Internet (selbstständiges Üben)

Teil II

Lies bitte zunächst die Aufgabe und dann die Materialien aufmerksam durch, bevor du mit dem Schreiben beginnst. Schreibe einen zusammenhängenden Text.

Untersuche die Materialien M1, M2 und M3. Gehe dabei so vor:

- **Benenne** das gemeinsame Thema von M1, M2 und M3.
- **Stelle dar**, warum die Menschen Selfies im Internet veröffentlichen (M1).
- **Erkläre**, warum das Posten von Selfies im Internet gerade für Jugendliche so wichtig ist (M2).
- **Stelle** die wesentlichen Aussagen von M3 kurz **dar**.
- **Setze** die Materialien M1, M2 und M3 zueinander **in Beziehung**, indem du **erläuterst**, welche unterschiedlichen Gefahrenbereiche es im Zusammenhang mit der Veröffentlichung von Selfies im Internet gibt.
- **Nimm Stellung** zu der folgenden Aussage und **begründe** deine Meinung. Beziehe dich dabei auch auf die Materialien.
  Ein Vater sagt: *„Meine Tochter macht ständig Selfies, das finde ich nervig, denn Selfies verändern den Blick auf die Welt, weil sich jeder ständig nur noch selbst fotografiert und seine Umwelt gar nicht mehr wahrnimmt."*

M1 Nur ich bin wichtig

Es ist ein nicht mehr ganz neues Phänomen[1]: Alle machen ständig und überall Selfies und zeigen sie der Welt, indem die digitalen Selbstportraits in sozialen Netzwerken, wie Facebook oder Instagram, gepostet werden.
Die Faszination am eigenen Bild ist jedoch nicht neu. Sie ist, wenn auch in unterschiedlicher Form, so alt wie die Menschheit. Schon im alten Ägypten haben sich die Reichen selbst verewigt, zum Beispiel in Form von Statuen. Und der in sein eigenes Spiegelbild verliebte Narziss[2] zählt zu den Lieblingsmotiven der Kunst von der Antike bis heute. Auch berühmte Maler wie Albrecht Dürer, Rembrandt oder Pablo Picasso schufen mehrere Selbstbildnisse von sich.
Heute kann sich im Gegensatz zu früher nahezu jeder selbst ablichten, das Smartphone macht es möglich. Eine Studie unter Facebook-Nutzern ergab, dass häufiges Posten von Selfies mit geringer sozialer Anerkennung zu tun hat. Das Selbstwertgefühl wächst nämlich mit der Zahl der Likes und Herzchen, die man in den sozialen Medien für sein Selfie bekommt. Selfies macht man also in erster Linie nicht für sich selbst. Vielmehr sie sind die Möglichkeit, auf schnellem Weg Anerkennung und Wertschätzung zu bekommen. Medienexperten weisen aber darauf hin, dass dies ganz normal ist, schließlich will jeder Mensch wertgeschätzt und anerkannt werden.
Forscher haben mittlerweile herausgefunden, dass es verschiedene Typen von Menschen gibt, wenn es um das Posten von Selfies im Internet geht.

a) „Die Kommunikativen", das sind Menschen, die mitteilungsfreudig sind und auch immer an den Sorgen anderer teilhaben wollen.
b) „Die Autobiografen[3]", das sind Menschen, die sich selbst daran erinnern wollen, was sie so alles erlebt haben, und auch andere daran teilhaben lassen wollen.
c) „Die Selbst-Veröffentlicher", das sind Menschen, die die Aufmerksamkeit anderer wie die Luft zum Atmen brauchen. Sie wollen sich selbst immer wieder bestmöglich präsentieren.

In Zukunft wird das Selfie aber noch einmal zusätzlich an Bedeutung gewinnen, und zwar auf ganz andere Art und Weise als bisher. So hat eine Kreditkartenfirma kürzlich angekündigt, dass ihre Kunden ihre Online-Käufe bald mit einem Selfie bestätigen können. Bestellt ein Kunde etwas im Internet und klickt auf den Bezahlbutton, wird er künftig aufgefordert, ein Selfie von sich aufzunehmen und abzusenden. Dadurch wird der Zahlungsauftrag bestätigt. Die Identifikation erfolgt anhand von biometrischen Merkmalen[4], die bei der Kreditkartenfirma gespeichert sind. Ob sich diese Bezahlweise in den nächsten Jahren durchsetzen wird, darüber streiten sich die Experten allerdings noch, weil nicht sicher ist, ob man der Erkennungssoftware hundertprozentig vertrauen kann.

Harald Stöveken, 2016

[1] Phänomen: hier: ungewöhnliches Vorkommnis
[2] Narziss: Figur aus der griechischen Sagenwelt; Narziss verliebte sich in sein in einer Quelle spiegelndes Bild und starb an ungestillter Sehnsucht
[3] Autobiografie: Beschreibung des eigenen Lebens
[4] Identifikation anhand biometrischer Merkmale: automatisierte Erkennung von Personen anhand ihrer gemessenen und ausgewerteten Merkmale durch Nutzung von Computertechnik, z. B. Gesichtsbild, Fingerabdruck usw.

M2 Interview mit einer Medienforscherin (Frau M.)

Reporter: Frau M., vor dreißig Jahren wurde nichts so oft fotografiert wie der Eiffelturm. Heute sind wir selbst unser liebstes Fotomotiv. Wie kommt das?

Frau M.: Selfies sind ein besonderes Phänomen. Sie zeigen, dass eine bestimmte Technik Rituale einer ganzen Generation prägen kann. Fast jeder hat das Smartphone heute ständig in der Hand, also fehlen nur zwei Klicks zum Selfie. Eine Million Selfies werden pro Tag weltweit gemacht und versendet.

Reporter: Aber dennoch warnen sie vor der Veröffentlichung von Selfies im Internet?

Frau M.: Wenn jemand alles per Selfie und Smartphone dokumentieren muss und auch mal 50 Fotos am Stück knipst, um alles perfekt hinzubekommen, dann ist er der Selfie-Sucht nahe. Besonders gefährdet sind Jugendliche, vor allem jüngere Mädchen.

Reporter: Gibt es dafür bestimmte Gründe?

Frau M.: Insbesondere bei Jugendlichen ist der Wunsch nach Anerkennung groß, weil gerade in dieser Lebensphase Verunsicherung und Selbstfindung mit im Spiel sind. Es geht darum, herauszufinden, wer man ist und wie man auf andere wirkt. Wer sich im Internet zeigt, indem er Selfies postet, und dabei von anderen nicht nur gesehen, sondern auch positiv bewertet wird, verschafft sich ein befriedigendes Gefühl, eine Art Selbstgenuss.

Eine Studie hat allerdings auch gezeigt, dass derjenige, der zu viele Selfies postet, auf andere schnell selbstverliebt und unsympathisch wirkt. Dadurch können Freundschaften und sogar Beziehungen beeinträchtigt werden.

Natürlich erfüllen Selfies für Jugendliche auch noch andere Funktionen. Oft bieten sie einfach nur die Möglichkeit, den Spaß, den man gerade hat, mit anderen zu teilen und so auch mit anderen in Kontakt bzw. im Gespräch zu bleiben. Statt miteinander zu telefonieren und von dem Erlebten zu erzählen, postet man heute einfach ein Selfie. Wer jung ist und z.B. gerade ganz cool Urlaub macht, spart sich so einfach die Urlaubspostkarten an die Freunde und die Familie.

Reporter: Aber birgt die Veröffentlichung von Selfies im Internet nicht noch weitere Gefahren?

Frau M.: Ja, ich bezeichne das Selfie auch manchmal als Sicherheitsrisiko. Wer Selfies postet, gibt damit einen Haufen Informationen von sich preis. Urlaubs-Selfies sind das, was früher ein überfüllter Briefkasten war. Einbrecher nutzen sie, indem sie in den sozialen Medien gezielt danach suchen, ob ein Nutzer mit seinem Klarnamen ein Bild aus den Ferien postet. Mit etwas Recherche können die Verbrecher dann herausfinden, wo er wohnt, und in Ruhe dort einbrechen.

Reporter: Was raten Sie also?

Frau M.: Wer mit seinem Selfie in die sozialen Medien geht, muss wissen, dass jeder das Bild verwenden kann. Auch wenn das nicht legal ist, kann man sich nur schwer davor schützen. Schnell können Selfies in falsche Hände geraten und missbraucht werden. Die Folge ist Rufschädigung durch sogenanntes Cyber-Mobbing[1]. Und selbst wenn man nur unverfängliche Selfies postet, ist es doch so, dass mithilfe von modernen Bildbearbeitungsprogrammen leicht die Gesichter daraus ausgeschnitten und in andere Bilder eingesetzt werden können, ohne dass auf den ersten Blick zu erkennen ist, dass es sich nur um eine Fotomontage handelt. Und im Internet sind Bilder oft für immer zugänglich. Deshalb sollte man sehr vorsichtig sein, wenn man Selfies postet. Wer auf Nummer sicher gehen will, verzichtet besser ganz darauf!

Interview geführt von Leon Behre, erschienen im Neustädter Tageblatt, 19.08.2016

[1] Cyber-Mobbing: Mobbing mithilfe elektronischer Kommunikationsmittel (Computer, Smartphone …) über das Internet

M3 Lena S.: „Warum ich keine Selfies mehr poste!“

Nachdem ich in der letzten Woche in meinem Blog ein Selfie von mir beim Kochen gepostet habe, ist mir erstmals richtig bewusst geworden, wie leicht so etwas vermeintlich Harmloses ins Negative umschlagen kann. In zahlreichen beleidigenden Kommentaren wurde mir vorgeworfen, dass ich zur Selbstverliebtheit neige, weil ich mich selbst beim Kochen und nicht das fertige Essen fotografiert habe. Außerdem gab es viele fiese Äußerungen zu meiner Figur. Als wären die gehässigen Kommentare noch nicht genug, hat jemand mein Bild dann auch noch geklaut und manipuliert, indem er mein Gesicht auf einen fremden Körper montiert hat, sodass ich unglaublich dick wirke. Dieses gefälschte Bild von mir geistert nun durch alle möglichen Internetforen, natürlich auch wieder mit den entsprechenden gemeinen Kommentaren versehen. Nach dieser Erfahrung habe ich mich entschieden, keine Selfies mehr zu posten. Zwar ist die Manipulation[1] meines Bildes rechtswidrig, aber trotzdem wird es mir wahrscheinlich nicht gelingen, dagegen vorzugehen und das Bild aus dem Internet entfernen zu lassen.

Textauszug aus einem Interview mit der Bloggerin Lena Stocker (2017)

[1] Manipulation: hier: absichtliche Verfälschung

E 8 Aufgabentyp 4b: Das Smartphone – Unser ständiger Begleiter (selbstständiges Üben)

Teil II

Lies bitte zunächst die Aufgabe und dann die Materialien aufmerksam durch, bevor du mit dem Schreiben beginnst.Schreibe einen zusammenhängenden Text.

Untersuche die Materialien M1, M2 und M3. Gehe dabei so vor:

- **Benenne** das gemeinsam Thema von M1, M2 und M3.
- **Fasse** den Inhalt von M1 kurz **zusammen**.
- **Stelle** mithilfe von M2 **dar**, welche Rolle Smartphones im Leben der Menschen heute spielen und wozu sie am häufigsten benutzt werden.
- **Stelle** die wesentlichen Aussagen von M3 **dar** (Verhalten der Handy-Besitzer ...).
- **Vergleiche** die Materialien M1, M2 und M3, indem du Vor- und Nachteile des Handys als ständiger Begleiter **erläuterst**. Beziehe dazu Textbelege ein.
- **Nimm Stellung** zu der folgenden Aussage und **begründe** deine Meinung. Beziehe dich dabei auch auf die Materialien.
  Eine Kassiererin klagt: *„Man fühlt sich behandelt wie ein Stück Vieh. Während ich bediene und die Einkäufe in die Kasse eingebe, reden sie (die Kunden) munter ins Telefon und beachten mich überhaupt nicht. Das ist sehr beleidigend."*

M1 Das Smartphone – Unser ständiger Begleiter

Nicht ohne mein Smartphone! In 99 Prozent der deutschen Haushalte gibt es mittlerweile mindestens ein Smartphone. Damit ziehen Smartphones mit dem klassischen Festnetzanschluss praktisch gleich. In der Altersgruppe der 12- bis 19-Jährigen besitzen ebenfalls 99 Prozent ein Smartphone.
Das Mobiltelefon hat unser Leben stark verändert, es ist aus dem Alltag nicht mehr wegzudenken. So wie sich die Ausstattung dieser Geräte ständig ändert, so haben sich auch die Möglichkeiten der Nutzung dieser Geräte immer mehr verwandelt. Sie werden ständig vielfältiger, flexibler und komplexer nutzbar[1].
Die Menschen sind immer erreichbar, ständig verbunden, nehmen permanent am Leben von anderen teil und sind live bei den Erlebnissen anderer zugeschaltet. Sie posten auf Facebook oder Twitter und verschicken ständig Nachrichten und Fotos. Ein Smartphone kann aber noch viele andere Dinge. Es ist ein Lexikon zum Nachschlagen wichtiger Begriffe, ein Fotoapparat, eine Videokamera, ein Vokabeltrainer, ein Musikabspielgerät, ein Kalender mit Terminen, eine Spielekonsole, ein Fotoalbum, ein Taschenrechner, ein Navi, eine Zeitung usw.
Immer mehr Menschen erwarten von ihren Mitmenschen, dass diese auch stets mobil erreichbar sind. Interessant dabei ist, dass viele nicht mit einem großen Kreis von Personen Kontakt haben, sondern dass mehr als die Hälfte der Telefongespräche, Nachrichten und SMS im Durchschnitt nur an vier bis sechs Menschen gehen, nämlich an die engsten Verwandten und Freunde, mit denen man sich ohnehin oft trifft. Forscher sehen in dieser Zahl den Beweis dafür, wie stark das Mobiltelefon zum festen Bestandteil der Privatsphäre geworden ist. Über das Smartphone wird mit den engsten

Freunden und Verwandten kommuniziert. Sich über Gedanken oder Gefühle auszutauschen, eine positive SMS zu verschicken oder ein lustiges Video weiterzuleiten, all das gehört heute zur Kommunikation innerhalb einer festen Bezugsgruppe dazu.

Die Finnen nennen ihr Mobiltelefon „Kanny“, was nichts anderes bedeutet als „Verlängerung der Hand“. Und so kommt es vielen Menschen mittlerweile vor – als wäre das Smartphone ein fester Bestandteil des Körpers, also quasi an der Hand angewachsen.

Jana Krause: Das Smartphone - Unser ständiger Begleiter. Limberger Tageszeitung, 01.10.2017

[1] flexibler und komplexer nutzbar: in den verschiedensten Situationen bzw. auf verschiedenste Weise nutzbar

M2 Smartphone als mobiler Alleskönner im Alltag

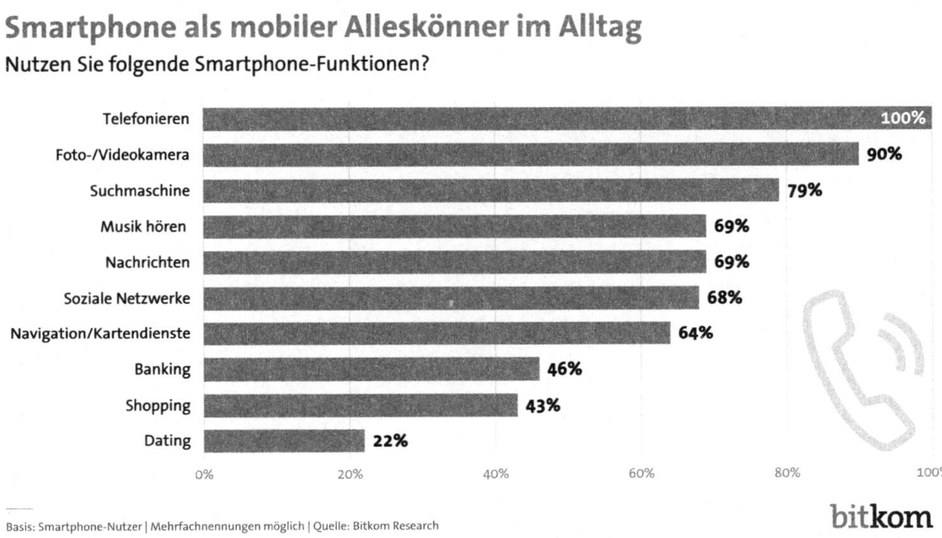

M3 Menschen, die auf Smartphones starren

Man kann das täglich beobachten, an jeder beliebigen Supermarktkasse, im Bus oder in der Schlange beim Bäcker: Tippen, surfen, quatschen – der moderne Mensch wartet nicht mehr einfach nur, er schaut auf sein Smartphone. Erstmals hat nun ein Bäcker seinen Kunden in der Warteschlange verboten, mit dem Handy herumzuspielen, zu telefonieren, zu surfen oder Nachrichten zu tippen. In dem Laden stehen große Schilder mit der Aufschrift: Wer telefoniert, wird nicht bedient!

Der Bäckermeister argumentiert, dass die Handy-Gucker den Betrieb aufhalten, weil sie oft nicht merken, dass sie an der Reihe sind. „Das ist unhöflich und auch eine Beleidigung für unser Personal“, sagt er. Mit seiner Anti-Smartphone-Aktion findet er mittlerweile viel Beifall und auch Nachahmer.

„Mit der einen Hand halten sie das Smartphone, mit der anderen fuchteln sie in der Gegend herum, um auf das zu zeigen, was sie haben möchten. Wünsche äußern können sie nicht, weil sie gerade telefonieren“, sagt ein anderer

Ladenbesitzer. Auch in bestimmten Restaurants werden Gäste nicht mehr bedient, die ihr Smartphone benutzen. „Andere Gäste, die nicht telefonieren, sondern gut essen und sich unterhalten wollen, ärgern sich maßlos darüber, dass sie das Gequatsche eines anderen Gastes mit anhören müssen. Darum habe ich es untersagt“, sagt ein Restaurantbesitzer.

Nicht nur in ICE-Zügen, wo es ganze Wagen gibt, in denen die Handynutzung untersagt ist, sondern auch in großen Einkaufszentren oder Warenhäusern wird mittlerweile darüber nachgedacht, vor den Kassen das Telefonieren zu verbieten. Eine der Kassiererinnen klagt: „Man fühlt sich behandelt wie ein Stück Vieh. Während ich bediene und die Einkäufe in die Kasse eingebe, reden sie munter am Telefon und beachten mich überhaupt nicht. Das ist sehr beleidigend“.

nach: Helmut Hetzel „Menschen, die auf Smartphones starren“, HAZ vom 16.1.2016 (gekürzt und ergänzt)

Glossar

Alliteration: → *Sprachliche Mittel*

Anapher: → *Sprachliche Mittel*

Anekdote: Eine Anekdote ist eine kurze, humorvolle Erzählung über eine Begebenheit, die für eine historische Persönlichkeit oder einen bestimmten Zeitraum bezeichnend ist.

Auktorialer Erzähler: → *Merkmale erzählender Texte*

Bericht: → *Journalistische Textsorten*

Diagramm: → *Grafik*

Direkte Rede: → *Merkmale erzählender Texte*

Ellipse: → *Sprachliche Mittel*

Epik: Unter diesem Begriff fasst man alle Arten der erzählenden Dichtung zusammen. Es gibt viele epische Kleinformen (→ *Erzählung*, → *Fabel*, → *Kurzgeschichte, Märchen, Sage, Schwank*). Zu den umfangreicheren epischen Texten gehört der → Roman.

Erlebte Rede: → *Merkmale erzählender Texte*

Er-/Sie-Erzählform: → *Merkmale erzählender Texte*

Erzählperspektive: → *Merkmale erzählender Texte*

Erzählung: In der Literatur versteht man unter einer Erzählung alle kurzen erzählenden Texte, die nicht eindeutig einer anderen Kurzform (→ *Fabel, Märchen, Sage, Schwank*) zugeordnet werden können.

Essay: → *Journalistische Textsorten*

Euphemismus: → *Sprachliche Mittel*

Fabel: Dies ist eine zumeist kurze Erzählung, in der Tiere oder Pflanzen sich wie Menschen verhalten. Häufig stehen sich zwei Tiere mit gegensätzlichen Eigenschaften gegenüber. Meistens wird nach einer kurzen Einführung die Handlung durch Rede und Gegenrede fortgeführt und endet mit einem überraschenden Schluss. Am Beispiel des erzählten Geschehens wird eine Lehre gezogen oder Kritik an bestimmten Verhaltensweisen geäußert.

Gedicht: → *Lyrik*

Glosse: → *Journalistische Textsorten*

Grafik: Grafiken stellen statistische Größen und Größenverhältnisse mithilfe von Diagrammen bildlich dar. Man unterscheidet folgende Typen von Diagrammen:
1. **Balkendiagramme** oder **Säulendiagramme,** die absolute Zahlen anzeigen. Die Höhe der Säule oder die Länge des Balkens gibt eine Anzahl an.
2. **Tortendiagramme** bzw. **Kreisdiagramme**, die eine prozentuale Zusammensetzung einer Gesamtmenge verdeutlichen. Der Kreis ist in mehrere Teile unterteilt, die jeweils den Anteil an der Gesamtmenge wiedergeben.
3. **Kurvendiagramme** oder **Liniendiagramme**, die eine Entwicklung anzeigen. Die Daten von verschiedenen Zeitpunkten können mithilfe eines solchen Diagramms miteinander verglichen werden.
4. **Flussdiagramme** oder **Ablaufpläne** stellen den Verlauf eines (Handlungs-)prozesses inklusive möglicher Variationen logisch dar. Sie eignen sich insbesondere, um Handlungs- bzw. Ablaufprozesse zu planen bzw. zu erklären.

Hyperbel: → *Sprachliche Mittel*

Ich-Erzählung: → *Merkmale erzählender Texte*

Indirekte Rede: → *Merkmale erzählender Texte*

Innerer Monolog: → *Merkmale erzählender Texte*

Interview: → *Journalistische Textsorten*

Ironie: → *Sprachliche Mittel*

Journalistische Textsorten:

Informierende Texte
Die **Meldung** ist die Kurzform der Nachricht. Sie enthält nur die wichtigsten Informationen (Wer? Wo? Was? Wann?). Sie steht häufig auf der ersten Seite und weist meist auf einen ausführlichen Bericht im Innenteil der Zeitung hin.

Der **Bericht** ist die ausführliche Form der Nachricht. Er liefert eine detaillierte und sachliche Darstellung eines Sachverhalts.
Merkmale:
1. Die Überschrift (häufig mit Unterüberschrift) informiert sachlich.
2. Ein halbfett gedruckter Vorspann fasst die wichtigsten Informationen (W-Fragen) zusammen.
3. Im Hauptteil erfolgt eine ausführliche Darstellung der Nachricht mit Erklärung der Zusammenhänge und Hintergründe.
4. Die Darstellung ist sachlich, wertende Äußerungen durch den Berichterstatter fehlen.
5. Aussagen von Personen werden in direkter und indirekter Rede wiedergegeben.
6. Häufig ergänzt den Text ein erklärendes Bild.

Die **Reportage** ist das Ergebnis vielfältiger Nachforschungen (= Recherchen). Die Reportage will nicht nur informieren, sondern die Leser auch durch die lebendige Art der Darstellung in besonderem Maße ansprechen.
Merkmale:
1. Die Überschrift ist so formuliert, dass sie die Neugier der Leser weckt.

2. Häufig informiert ein halbfett gedruckter Vorspann über den Inhalt der Reportage.
3. Der Anfang lässt die Leser oft ein Geschehen miterleben.
4. Sachlich-informierende Textstellen wechseln mit persönlich-schildernden Darstellungen.
5. Dadurch ergibt sich oft ein Wechsel von Zeitstufen (z. B. Präteritum für Rückblick).
6. Häufig werden Aussagen von Personen in wörtlicher Rede wiedergegeben.
7. Oft findet man wertende Meinungsäußerungen der Autorin/des Autors.
8. Illustrierende oder erklärende Bilder unterstützen die Aussagen des Textes.
9. Der Name der Autorin/des Autors wird angegeben.

Das **Interview** ist das Ergebnis eines Gesprächs, in dem ein Journalist/eine Journalistin gezielte Fragen an eine Person stellt, die von ihr beantwortet werden. Das Ziel kann darin bestehen, aktuelle Informationen über bestimmte Sachverhalte zu erhalten oder die persönliche Meinung zu einem bestimmten Problem zu erfahren.

Kommentierende Texte
Der **Kommentar** liefert eine Meinung zu einem Sachverhalt. Diese kann zustimmend oder ablehnend sein.
Merkmale:
1. Häufig wird er in Verbindung mit einem Bericht oder einer Meldung geschrieben.
2. In vielen Zeitungen erscheinen die Kommentare an einer bestimmten Stelle (z. B. Kommentare zu politischen Ereignissen).
3. Kürzere Kommentare beziehen sich oft auf einen Artikel auf der gleichen Seite.
4. Die Autorin/der Autor wird genannt.
5. In der Regel verwenden Kommentare keine Bilder.

Oft haben Kommentare einen typischen Aufbau:
1. Zunächst werden die wichtigsten Informationen dargestellt, die zum Verständnis der Stellungnahme nötig sind.
2. Die Autorin/der Autor legt seine Meinung begründet dar.
3. Als Abschluss wird meist ein Wunsch oder ein Ausblick formuliert.

Die **Glosse** ist ein locker geschriebener, häufig kritisch gehaltener Kommentar zu einem aktuellen Ereignis. Glossen stehen in vielen Zeitungen und Zeitschriften an einem festen Platz, haben das gleiche Layout und sind eine Form der persönlichen Meinungsäußerung.
Merkmale:
1. Sie sind oft zugespitzt formuliert und humorvoll geschrieben.
2. Aktuelle Themen oder neue gesellschaftliche Erscheinungen werden kritisiert oder verspottet.
3. Die Kenntnis des Sachverhalts wird vorausgesetzt.
4. Sie enden oft mit einer überraschenden Wende am Schluss (Pointe).
5. In Glossen tauchen immer wieder ironische Formulierungen, sprachliche Bilder, Wortspiele, Doppeldeutigkeiten und Anspielungen auf.

Der (oder das) **Essay** ist eine kürzere, sprachlich lebendige Abhandlung, in der ein Problem von verschiedenen Seiten betrachtet und in der die persönliche Meinung der Autorin/des Autors zum Ausdruck gebracht wird.

Karikatur: Durch Über- oder Untertreibungen werden in Zeichnungen menschliche Schwächen oder Missstände kritisiert und lächerlich gemacht.

Klimax: → *Sprachliche Mittel*

Kommentar: → *Journalistische Textsorten*

Konjunktiv: Die Verbform, die wir normalerweise verwenden, nennt man **Indikativ (Wirklichkeitsform)**:
Er sagt: „Ich komme morgen."
In der indirekten Rede (→ *Merkmale erzählender Texte*) verwendet man meistens den **Konjunktiv (Möglichkeitsform)**: Er sagt, er komme morgen.
Der Konjunktiv gibt an, was ein anderer gesagt haben soll.

Kurzgeschichte: Es handelt sich um einen kürzeren erzählenden Text. Die folgenden Merkmale sind zwar typisch für Kurzgeschichten, aber nicht immer treffen alle Kriterien in gleicher Weise zu.
Merkmale:
1. Die Handlung setzt unvermittelt ein. Es fehlen einleitende Angaben zu Ort, Zeit und Personen der Erzählung.
2. Gegenstand der Kurzgeschichte sind Alltagspersonen in Alltagssituationen.
3. Die Hauptperson ist einem Problem oder einer kritischen Situation ausgesetzt.
4. Oft nimmt die Handlung eine unerwartete Wendung.
5. Der Schluss ist offen. Der Leser soll über den Fortgang der Handlung selbst nachdenken.
6. Die Darstellung der Handlung ist kurz gefasst und auf das Wesentliche beschränkt.
7. Typische Merkmale der Sprache in Kurzgeschichten:
   - Wiederholungen, Aufzählungen,
   - Umgangssprache, Jugendsprache,
   - mehrere kurze Sätze, die aufeinanderfolgen,
   - unvollständige Sätze (Ellipsen).

Lyrik: Lyrik bezeichnet Dichtung in Versform (Gedichte). Früher wurden die Verse zur Lyra, einem alten Saiteninstrument, gesungen. Deshalb sagt man auch heute noch einfach: Lyrik ist liedartige Dichtung. Viele Gedichte sind vertont worden.
Im Gedicht drückt das → *lyrische Ich* seine Gefühle, seine Stimmungen, aber auch seine Erlebnisse, Einstellungen und Gedanken aus.
Viele Gedichte sind in **Strophen** gegliedert. Mindestens zwei Verszeilen werden in einer Strophe zusammengefasst. Oft beginnt mit einer Strophe ein neuer Gedanke. Es gibt Gedichte, die zwar einem bestimmten Rhythmus folgen, aber nicht am Wort- und Versende gereimt sind. Durch **Reime** erhalten Gedichte eine bestimmte Klangwirkung. Durch den Gleichklang der Reimwörter (z. B. *küssen – müssen; Fassaden – baden*) werden oft zwei oder mehr Verszeilen miteinander verbunden.
Drei Reimformen werden besonders oft verwendet (siehe S. 141):

Paarreim
a Sonne
a Wonne
b Eis
b heiß

umarmender Reim
a Sonne
b Eis
b heiß
a Wonne

Kreuzreim
a Sonne
b Eis
a Wonne
b heiß

Unter dem **Metrum** eines Gedichts versteht man die Folge von betonten und unbetonten Silben in den Wörtern eines Verses:

x x́ x x́ x x́ x (= Jambus)
Es war, als hätt der Himmel ...
x́ x x́ x x́ x x́ x (= Trochäus)
Als ich schläfrig heut erwachte ...

Eine besondere Gedichtform stellt das **Sonett** dar. Diese Gedichtform wurde im 14.–16. Jahrhundert häufig verwendet. Sie besteht aus zwei Strophen zu vier Zeilen und zwei Strophen zu drei Zeilen. Häufig wird in den beiden Vierzeilern das Thema vorgestellt, während die abschließenden Dreizeiler eine Auswertung oder Schlussfolgerung beinhalten.

Lyrisches Ich: Das lyrische Ich kann die oder der Sprechende im Gedicht sein. Das lyrische Ich kann, muss aber nicht die Einstellung oder Stimmung der Dichterin/ des Dichters wiedergeben.

Märchen: Märchen erzählen Geschichten, die sich in Wirklichkeit nicht ereignen könnten. Oft handeln sie von Zauberern, Hexen, Feen und sprechenden Tieren. In einer räumlich und zeitlich nicht festgelegten Welt steht die Hauptfigur vor großen Gefahren und kaum lösbaren Aufgaben. Die Zahlen 3, 6, 7, 12 spielen eine besondere Rolle. Auch formelhafte Sprüche sind typisch für Märchen. Am Ende siegt meist das Gute.

Merkmale erzählender Texte: Wenn man eine Erzählung analysieren will, ist die genaue Untersuchung von folgenden Merkmalen wichtig:

1. **Erzählform:** Ein Autor kann in unterschiedlicher Weise erzählen. Daher unterscheidet man:
   Ich-Form: Das Geschehen, aber auch Gedanken und Gefühle werden aus der Sicht einer bestimmten Figur in der 1. Person erzählt: *Meine Eltern schlafen sicher schon. Mir aber dreht sich der Kopf, und ich komm nicht zur Ruhe. Was soll ich nur tun? Könnte ich doch nur die Zeit um einen halben Tag zurückdrehen!*
   Er-/Sie-Form: Der Erzähler stellt seine Personen in der dritten Person vor. Er kann dabei **als auktorialer Erzähler (auktoriales Erzählverhalten/auktoriales Erzählen)** auftreten. Der Autor ist der Allwissende, der das Geschehen von außen erzählt und auch mehr weiß als die Figuren des Geschehens und daher Ereignisse voraussehen oder auf sie zurückblicken und sie kommentieren kann.
   Jan vermutete, dass seine Eltern schon schliefen, während er sich im Bett wälzte und sich heftige Vorwürfe machte. Ein bisschen tat er sich auch selbst leid. Seine Eltern schliefen jedoch keineswegs, sondern fassten einen Entschluss.
   Der Erzähler kann aber auch in der 3. Person aus der Sicht einer Person die Geschichte erzählen und kommentieren. Man spricht dann von einem **personalen Erzähler (personales Erzählverhalten/personales Erzählen):**
   Jan wälzte sich im Bett und fand keine Ruh. Sicher würden seine Eltern schon schlafen. Warum nur konnte er die Zeit nicht zurückdrehen, nur einen halben Tag?
   Der Erzähler kann die Ereignisse aber auch von außen schildern und sich dabei auf die reine Wiedergabe der Handlung beschränken. Er gibt keine Kommentare oder Erklärungen ab. Man spricht dann von einem **neutralen Erzähler (neutrales Erzählverhalten/neutrales Erzählen):**
   Jan fuhr mit dem Fahrrad zum Training. Auf dem Sportplatz war niemand. „Wo seid ihr?“, rief Jan. Er stellte sein Fahrrad ab und setzte sich auf eine Bank.

2. **Zeitverhältnisse:** Wenn ein Erzähler ein Geschehen, das in der Realität sehr kurz ist, sehr ausführlich darstellt und kommentiert, spricht man von **Zeitdehnung:**
   In diesem Augenblick des Fallens liefen die Ereignisse der letzten Tage in seinem Kopf wie in einem Film ab: die Begegnung mit seinem Vater, sein unbeherrschtes Verhalten Marion gegenüber und das Treffen mit dem großen Unbekannten, der ihn in diese ausweglose Situation gebracht hatte.
   Von **Zeitraffung** hingegen spricht man, wenn der Autor ein Geschehen, das in der Realität länger dauert, zusammenfasst, nur andeutet oder überspringt:
   Als Jan Stunden später im Krankenhaus aufwachte, hatte er Mühe, sich zurechtzufinden.
   Stimmen die erzählte Zeit und die Erzählzeit überein, laufen also die Handlung im Text und in der Realität ungefähr gleich schnell ab, spricht man von **Zeitdeckung.**

3. **Redeformen:** Der Erzähler kann unterschiedliche Redeformen verwenden.
   Direkte Rede: In wörtlicher Rede werden Äußerungen und Gedanken wiedergegeben: *Jan war aufgebracht: „Was wissen Sie schon, was geschehen ist!“*
   Indirekte Rede: Äußerungen werden vom Erzähler wiedergegeben, zumeist unter Verwendung des → Konjunktivs: *Vollkommen unbeherrscht machte er allen um ihn Stehenden Vorwürfe, dass schließlich niemand gekommen sei, ihm zu helfen, und er daher ganz allein auf sich selbst gestellt gewesen sei.*
   Erlebte Rede: Der Erzähler gibt die Gedanken und Gefühle in der 3. Person und meistens im Präteritum wieder: *Als alle den Raum verlassen hatten, war Jan sehr niedergeschlagen. War es nicht auch sein Fehler, dass es so weit gekommen war? War er nicht einfach zu stolz gewesen?*

Innerer Monolog: Die Gedanken und Gefühle werden in der Ich-Form dargestellt, häufig im Präsens: *Jan nahm sein Handy und suchte die Nummer von Marion. Ich werde ihr alles erklären. Ich werde sie nicht um Verzeihung bitten, denn mein Verhalten kann man nicht entschuldigen.*

4. **Satzbau:** Man unterscheidet folgende Möglichkeiten des Satzbaus:
   - **Satzreihe (Parataxe):** Es werden nur Hauptsätze aneinandergereiht. Häufig sind sie kurz: *Jan schwieg. Sein Puls raste. Blut schoss ihm in den Kopf. Dann sprang er auf.*
   - **Satzgefüge (Hypotaxe):** Darunter versteht man den Verbund von Haupt- und Nebensätzen: *Als er die Tür öffnete* (Nebensatz), *blies ihm ein kalter Wind entgegen* (Hauptsatz), *der schon vor geraumer Zeit begonnen hatte zu wehen und sich nun zu einem Sturm entwickelte* (Relativsatz).
   - **Unvollständige Sätze (Ellipse):** → *Sprachliche Mittel*

   Die Wirkung dieser Satzformen kann sehr unterschiedlich sein und kann nur aus dem Zusammenhang des Textes erschlossen werden.

5. **Sprachliche Mittel:** → *Sprachliche Mittel*

Metapher: → *Sprachliche Mittel*

Metrum: → *Lyrik*

Neologismus: → *Sprachliche Mittel*

Operatoren: In jeder Aufgabenstellung werden Anweisungen gegeben. Diese Anweisungen bezeichnet man als Operatoren. Wichtige Operatoren sind:
zusammenfassen (Inhalte, Aussagen und Zusammenhänge komprimiert und strukturiert wiedergeben),
beschreiben (Textaussagen in eigenen Worten strukturiert wiedergeben),
(be)nennen (Informationen zusammentragen),
darstellen (Inhalte, Aussagen oder Zusammenhänge sachlich und strukturiert formulieren),
erläutern (Textaussagen oder Sachverhalte auf der Basis von Kenntnissen/Einsichten darstellen und durch Informationen/Beispiele veranschaulichen),
erklären (Textaussagen oder Sachverhalte auf der Basis von Kenntnissen und Einsichten darstellen),
bewerten (zu einer Textaussage, einem Sachverhalt ein selbstständiges Urteil abgeben und dabei die eigenen Wertmaßstäbe offenlegen),
begründen (eigene Aussagen erklären, z. B. durch Konjunktionen (*weil, denn, ...*) einleiten),
schlussfolgern (auf der Grundlage gegebener Informationen zu eigenen Erkenntnissen gelangen),
Stellung nehmen (eine Problemstellung oder einen Sachverhalt auf der Grundlage von Kenntnissen, Einsichten und Erfahrungen kritisch prüfen und die Einschätzung sorgfältig abwägend formulieren),
verfassen (einen Text unter Beachtung der Vorgaben für eine bestimmte Textsorte formulieren).

Parabel: Eine lehrhafte Erzählung über eine allgemeine Erkenntnis oder Wahrheit, in der anders als im Gleichnis der direkte Vergleich mit dem Vergleichswort „wie“ fehlt. Die Parabel enthält eine Sachebene (Sachteil) und eine Bildebene (Bildteil). Die Leser müssen selbstständig von der Bildebene auf die Sachebene schließen.

Paradoxon: → *Sprachliche Mittel*

Parallelismus: → *Sprachliche Mittel*

Personaler Erzähler: → *Merkmale erzählender Texte*

Personifikation: → *Sprachliche Mittel*

Redeformen: → *Merkmale erzählender Texte*

Reim: → *Lyrik*

Reportage: → *Journalistische Textsorten*

Rhetorische Frage: → *Sprachliche Mittel*

Roman: Der Roman ist eine lange Erzählung, die zwischen hundert und mehreren tausend Seiten umfassen kann. Im Zentrum eines Romans steht oft die ausführliche Schilderung der problematischen Situation eines Einzelnen. Beschrieben wird, wie er in seiner Umgebung und mit seinen Mitmenschen lebt, sich verändert und entwickelt.

Rückblick: Vor allem in der → *Epik* (Erzählung, Roman) gibt es solche Einschübe, die vor der Zeit der eigentlichen Handlung spielen. Sie dienen dazu, die jetzige Situation oder das Handeln einer Figur zu erklären.

Sachtext: Ein Sachtext informiert über Tatsachen, Vorgänge und Sachverhalte. Er kann z. B. über die Tier- oder Pflanzenwelt informieren oder über bedeutsame Ereignisse. Sachtexte findet man in Zeitungen, Zeitschriften (→ *Journalistische Textsorten)* oder in Sach- oder Schulbüchern.

Satire: Eine satirische Darstellung zeigt menschliche Schwächen oder Fehler in stark übertriebener Darstellungsweise auf. Sie will diese lächerlich machen, zum Nachdenken anregen, kritisieren und häufig auch eine Änderung von Verhaltensweisen bewirken. Satire kann in den verschiedensten Textsorten auftreten.

Merkmale:
1. Ironie → *Sprachliche Mittel*
2. Übertreibungen und überzogene Vergleiche
3. Verspottungen durch ins Lächerliche gezogene Situationen
4. Wortspiele

Satzgefüge: → *Merkmale erzählender Texte*

Satzreihe: → *Merkmale erzählender Texte*

Sprachliche Mittel: Nahezu in allen Texten werden gezielt sprachliche Mittel eingesetzt, um bestimmte

Wirkungen zu erzielen (siehe Übersicht am Ende dieser Seite).

Sonett: → *Lyrik*

Strophe: → *Lyrik*

Umarmender Reim: → *Lyrik*

Vergleich: → *Sprachliche Mittel*

Vers: → *Lyrik*

Vorausdeutung: Vor allem in der → *Epik* (Erzählung, Roman) gibt es solche Hinweise auf das, was nach der Zeit der eigentlichen Handlung passiert. Vorausdeutungen dienen einerseits dazu, das Interesse an der weiteren Entwicklung zu wecken, ordnen das Geschehen aber auch in einen Gesamtzusammenhang ein.

Zeitdeckung: → *Merkmale erzählender Texte*

Zeitdehnung: → *Merkmale erzählender Texte*

Zeitraffung: → *Merkmale erzählender Texte*

Zeitverhältnisse: → *Merkmale erzählender Texte*

Sprachliche Mittel	Erläuterung	Beispiel	mögliche Wirkung
Alliteration, die	Wiederholung von Anfangslauten bei aufeinanderfolgenden Wörtern	Milch macht müde Männer munter.	emotionale Verstärkung des gewünschten Eindrucks
Anapher, die	Wiederholung derselben Wortgruppe an Satz-/Versanfängen	Worte sind verletzend. Worte sind unersetzlich.	Eindringlichkeit; Rhythmisierung erreichen
Ellipse, die	unvollständiger Satz, der aber sinngemäß leicht zu ergänzen ist	Feuer! / Je früher der Abschied, desto kürzer die Qual.	der wichtigste Aspekt soll hervorgehoben werden
Euphemismus, der	Beschönigung	vollschlank statt dick / eingeschlafen statt gestorben	abgemilderte Negativbotschaft, taktisches Verhalten
Hyperbel, die	starke Unter- oder Übertreibung	Es ist zum Haareraufen! / ein Meer von Tränen	Dramatisierung; starke Veranschaulichung
Ironie, die	Äußerung, die durchblicken lässt, dass das Gegenteil gemeint ist	Das hast du ja ganz toll hinbekommen! / Vier Wochen Regen. Super!	Herabsetzung; kritische Anmerkung; Stellungnahme
Klimax, die	Steigerung; meist dreigliedrig	Er kam, sah und siegte.	Dramatisierung
Metapher, die	verkürzter Vergleich, Verwendung eines Wortes in übertragener Bedeutung	Geldwäsche / Er war ein Löwe in der Schlacht. / Du bist meine Sonne.	Veranschaulichung
Neologismus, der	Wortneuschöpfung	Mobbing / Gammelfleisch / unkaputtbar (Werbesprache)	Hervorhebung
Oxymoron, das	Verbindung von sich ausschließenden Begriffen	Weniger ist mehr / Eile mit Weile / unblutiger Krieg	Verdeutlichung; Ausdruck von Widersprüchlichkeit
Paradoxon, das	Zusammenstellung von Wörtern, die sich eigentlich widersprechen	bittersüß / Vor lauter Individualismus tragen sie eine Uniform.	starker Anreiz zum Nachdenken
Parallelismus, der	Wiederholung gleicher Satzstrukturen	Ein Blitz leuchtete, der Donner folgte, ein Gewitter setzte ein.	Dramatisierung, Intensivierung
Personifikation, die	Vermenschlichung; Gegenstände oder Tiere erhalten die Eigenschaften oder Fähigkeiten von Menschen	Die Sonne lacht. / Die Smileys haben uns fest im Griff. / Mutter Natur	lebendige und anschauliche Darstellung
Rhetorische Frage, die	scheinbare Frage, deren Antwort jeder kennt; Leser und Zuhörer müssen zustimmen, da ihr Einverständnis vorausgesetzt wird	Gibt es den idealen Menschen? / Wer ist schon perfekt? / Wer glaubt denn das noch?	Mobilisierung einer bestätigenden Reaktion der Leser
Vergleich, der	Verknüpfung zweier Begriffe mit *wie*	Der Kämpfer ist stark wie ein Löwe.	anschauliche Darstellung